HBB+

史料で ひもとく 日本法史

村上一博
西村安博
編

畠山 亮
北 康宏
代田清嗣
著

法律文化社

はしがき

全国の法学部で教えられている専門科目を通覧すると、すべての大学で日本法［制］史が置かれているわけではなく、また置かれていても実質的に近代法史を内容としている大学が多いことに気付かされる。

前近代の法史は、法学部にとって学ぶ必要のない科目なのだろうか。何とか、前近代の法史を学ぶ意義と愉しさを、法学部生の皆さんに知ってもらえるような日本法史入門書を作れないものだろうか。こうした問題意識から生まれたのが、本書の旧版『史料で読む日本法史』（二〇〇九年十月刊。二〇一六年に新版刊行）であった。

同書は、従来の概説書のような、時代ごとの体系的な叙述スタイルをとらず、現代の法制度・観念から見て異質で興味深いと思われたテーマを選び、史料を読み解きながら解説を加えるという、新しい手法を用いたことが功を奏して、皆さんから好意的に迎えられ、版を重ねてきた。

版を重ねるごとに、少しずつ新しい項目を加え、先の時代からの接合と次の時代への展望を示す叙述を増やし、難解で読みづらい史料にルビを付けるなど、様々な補訂を行ってきたが、旧版の初版から既に一五年が経過し、この間に研究が大きく進展した分野も多く、それを反映させる必要を強く感じるようになった。そこで、項目を最初から見直し、新たな執筆者にも加わってもらって、全面的に改版したのが、本書『史料でひもとく日本法史』である。

本書で取り上げたテーマは、日本法史における重要問題のうちの、ほんの一部分にすぎない。各時代の政治・経済・社会状況や法・裁判制度の全体像などについては、日本法史の基本文献を参照してほしい。本書の理解に大いに役立つであろう。

本書の企画から編集作業に至るまで、編集部の舟木和久氏のご尽力に負うところが大きい。厚くお礼を申し上げる。

執筆者を代表して

村上一博

●基本文献

朝尾直弘・網野善彦・山口啓二・吉田孝編『日本の社会史』全八巻（岩波書店、一九八六～八八年）
浅古弘・伊藤孝夫・植田信廣・神保文夫編『日本法制史』（青林書院、二〇一〇年）
石井良助『日本法制史概説〔改版〕』（創文社、一九六〇年）
同『略説日本国家史』（東京大学出版会、一九七二年）
同『明治文化史（新装版）第2巻　法制』（原書房、一九八〇年）
伊藤孝夫『日本近代法史講義』（有斐閣、二〇二三年）
大竹秀男・牧英正編『日本法制史』（青林書院、一九七五年）
川口由彦『日本近代法制史〔第二版〕』（新世社、二〇一五年）
高柳眞三『日本法制史』（一）（二）（有斐閣全書、一九四九・六五年）
出口雄一ほか編『概説日本法制史』（弘文堂、二〇二三年）
日本近代法制史研究会編『日本近代法一二〇講』（法律文化社、一九九二年）
福島正夫編『日本近代法体制の形成』（上・下）（日本評論社、一九八一～八二年）
藤田正・吉井蒼生夫・小澤隆司・林真貴子編『日本近現代法史〔第二版〕』（信山社、二〇一五年）
牧英正・藤原明久編『日本法制史』（青林書院、一九九三年）
水林彪・大津透・新田一郎・大藤修編『新体系日本史2　法社会史』（山川出版社、二〇〇一年）
宮地正人・佐藤信・五味文彦・高埜利彦編『新体系日本史1　国家史』（山川出版社、二〇〇六年）
山中永之佑編『新・日本近代法論』（法律文化社、二〇〇二年）
同『日本近代法案内』（法律文化社、二〇〇三年）

目次

B 「法」と裁判

第二部　民刑事法の諸相

A　刑事法—犯罪と刑罰

コラム目次

●執筆者紹介

村上　一博（むらかみ　かずひろ）　※編者

一九五六年京都市生まれ。明治大学法学部教授。同志社大学法学部卒業。神戸大学大学院法学研究科博士後期課程単位取得満期退学。博士（法学・神戸大学）。

主な業績：（単著）『明治離婚裁判史論』（法律文化社、一九九四年）、『日本近代婚姻法史論』（法律文化社、二〇〇三年）、『日本近代法学の巨擘　磯部四郎論文選集』（信山社、二〇〇五年）、（編著）『日本近代法学の揺籃と明治法律学校』（日本経済評論社、二〇〇七年）、（共編著）『磯部四郎研究――日本近代法学の巨擘――』（信山社、二〇〇七年）、『日本近代法学の先達　岸本辰雄論文選集』（日本経済評論社、二〇〇八年）ほか。

執筆担当：はしがき、プロローグ、総論、第5講、第6講、第12講、第21講、第24講、コラム6。

西村　安博（にしむら　やすひろ）　※編者

一九六五年鳥取市生まれ。同志社大学法学部教授。九州大学法学部卒業。九州大学大学院法学研究科博士後期課程単位取得満期退学。博士（法学・九州大学）。

主な業績：（単著）「鎌倉幕府の裁判における和与について――和与の理解をめぐって――」（一）（二・完）（『法政理論』第三三巻第二号・第四号、二〇〇〇年・二〇〇一年）、「鎌倉幕府の裁判における問状・召文に関する覚え書き」（『同志社法學』第六〇巻第七号、二〇〇九年）、「日本中世における裁判手続に関する理解をめぐって――その理解の現状と課題――」（一）（二・完）（『同志社法學』第六四巻第七号・第六五巻第三号、二〇一三年）、（共編著）浅古＝伊藤＝植田＝神保編『日本法制史』（青林書院、二〇一〇年）ほか。

執筆担当：第2講、第3講、第7講、第8講、コラム2、第13講、第18講、第19講、第23講、あとがき。

畠山　亮（はたけやま　りょう）

一九七四年横浜市生まれ。龍谷大学法学部教授。東北大学法学部卒業、東北大学大学院法学研究科博士後期課程修了。博士（法学・東北大学）。

主な業績：（単著）「中世後期に於ける暴力の規制について——戦国期喧嘩両成敗法の成立まで——」（『法學』第六五巻第一号、二〇〇一年）、「中世後期村落に於ける領主についての一考察」（『法制史研究』第五一号、二〇〇二年）、「戦国期における喧嘩規制法について——戦国期喧嘩両成敗法の再定位——」（『法學』第七五巻第五号、二〇一一年）、「戦国大名武田氏における暴力の規制について（1）～（9・完）」（『龍谷法学』第四五巻第四号、第四七巻第四号、第四八巻第四号、第四九巻第四号、第五〇巻第四号、第五一巻第四号、第五二巻第四号、第五三巻第四号、第五四巻第四号、二〇一三～二〇二二年）、（共編著）浅古＝伊藤＝植田＝神保編『日本法制史』（青林書院、二〇一〇年）ほか。

執筆担当：第4講、第9講、第10講、コラム3、第14講、コラム4。

北　康宏（きた　やすひろ）

一九六八年大阪府生まれ。同志社大学文学部教授。同志社大学文学部卒業。同志社大学大学院文学研究科博士後期課程満期退学。博士（文化史学・同志社大学）。

主な業績：（単著）「律令国家陵墓制度の基礎的研究——「延喜諸陵寮式」の分析からみた——」（『史林』第七九巻第四号、一九九六年）、「国造制と大化改新——大化前代の支配構造——」（『史林』第九四巻第二号、二〇一一年）、「大王とウヂ」（『岩波講座日本歴史』第2巻・古代2、岩波書店、二〇一四年）、「弾正台と太政官との互弾関係に関する覚書」（『文化学年報』第六五輯、同志社大学文化学会、二〇一六年）、『日本古代君主制成立史の研究』（塙書房、二〇一七年）、『人物叢書　中田薫』（吉川弘文館、二〇二三年）、（解説・編者）中田薫『日本法制史講義　公法篇』（講談社学術文庫、二〇二四年）ほか。

執筆担当：第1講、コラム1、第17講、第22講。

代田　清嗣（しろた　せいし）

一九八九年静岡県生まれ。名城大学法学部准教授。名古屋大学法学部卒業。名古屋大学大学院法学研究科博士後期課程修了。博士（法学・名古屋大学）。

主な業績：（単著）『徳川日本の刑法と秩序』（名古屋大学出版会、二〇二〇年）、「徳川幕府刑法における贈収賄罪」（『名城法学』第六八巻第二号、二〇一八年）、「近世後期における一揆の変質と科刑」（『法制史研究』第七二号、二〇二三年）ほか。

執筆担当：第11講、第15講、第16講、コラム5、第20講。

プロローグ　日本法史への扉——法史学の存在意義と史料の諸形態——

Ⅰ　法史学の存在意義

1　法史学という科目があることを知っていますか

法学部の学生で、憲法・刑法や民法を学ばない人は、まずいないだろうけれど、「法史学」（あるいは「法制史」）を履修せずに卒業していく人は少なくない。こういう科目があることを知らない人さえいる。法史学を知らない、あるいは学ばないのは、不勉強だと非難しようというのではない。法史学は一般的に、「過去の法的制度、慣行及び法観念、法思想を探究する学問」だと理解されているから、司法試験などの資格試験をめざして、現行法（とくに法文解釈）を熱心に勉強する学生にとっては、敢えて履修する必要のない科目だと思われているのではないだろうか。法史学は、本当に、現行法を学ぶうえで、必要のない、学ぶに値しない科目なのだろうか。

2　法史学は学ぶ価値のない科目だろうか

こうした問いに真正面から答えようとしたのが、ドイツの著名な法史学者ハインリッヒ・ミッタイス（Heinrich Mitteis, 1889–1952）であった。法史学は、その名の通り、歴史学と法学という二つの学問分野にまたがる科目だが、彼は、法学の一分野としての法史学の目的について、次のように語っている。

現行法の複雑な体系が、その最も単純な基本要素から成立してきた過程を跡づけることで、〔法史学は〕現行法への入門としての役割を果たす。……法史学は、法を、存在したものとしてではなく、生成したものとして、生きた発展の流れの中に示してくれる。……歴史的経験はおよそ健全な法律政策の基礎であり、この経験から裁判官や立法者はいろいろな刺激を汲みとることができる。こうして、法史学は、現在を明らかにし、未来のためにつくすことで、歴史法学となるのである。歴史的教養をもった法律家は、決して民衆や生活から遊離したドグマティカーとなることはないであろう。法史学は、ひとびとを慣用語の強制から解放する。法が、盲目的な自然因果性からの解放という点で、常に人間を援けてきたことも明らかにしてくれる。法史学は一つの自由学（Freiheitlehre）なのである。

法学の一分野としての法史学は、現行法の制定過程を明らかにすることで、法学の入門的な役割を果たすだけでなく、現行法を歴史の中に位置づけることによって、私たちを、現行法の「慣用語の強制から解放」し、「民衆や生活から遊離したドグマティカー」にならないように導いてくれる、法学を学ぶ者にとって必要不可欠な科目だというのである（世良晃志郎訳『ドイツ法制史概説（Deutsche Rechtsgeschichte）』）。

こうしたミッタイスの主張の背景には、ナチスの暴虐非道に積極的に与《くみ》し、あるいは抵抗することができなかった戦前戦中期のドイツ法学に対する痛切な反省がある。法史学こそが、実証主義的硬直化から法学を守り、法学的ドグマへの信仰や誤った一般化に陥る危険から、私たちを解放してくれる、真に自由な学問なのである。「法をその歴史の基礎の上に見、そして歴史の中に法理念の確証を見る者には、法は決してもはや真の奴隷の形態で現れることはなく、自由と人間の尊厳の帝国における支配者として現れる」のである（林毅訳『法史学の存在価値（Vom Lebenswert der Rechtsgeschichte)』）。

3　法史学の面白さを少し覗いてみよう

明治三十一年（一八九八）に制定された、いわゆる明治民法が、「家」制度（家父長制的な戸主権と家督相続の制度）を、わが国に固有の伝統的な淳風美俗《じゅんぷうびぞく》として規定したことは知っているだろう。この、多くの人々が自明の伝統として疑わなかった明治民法の家族法制を、歴史的に根拠のない「前古無類の新制度」にすぎないと喝破したのが、日本法（制）史を近代的な学問として確立した中田薫であった（中田『徳川時代の文学に見えたる私法』）。

今日の民法［明治民法のこと］は、家族居住の指定、婚姻の承諾、離籍の言渡等三、四の軽微なる権利を掲げて、これを戸主権と名づけ、戸主権と戸主の財産権との相続を称して、家督相続という、前古無類の新制度というべし。

……封建制破壊後の新時代に編纂したる我が民法は、須く千五百年余年の久しきにわたって、普通法の原則たりし分割主義を以て、財産相続の根本原則となすべかりしなり。しかもいわゆる家督相続なるものを創定して、封建時代における家禄家封の相続原則を、家禄家封の停廃されたる今日に適用せんとす、歴史を無視したるの立法というべし。

中田はまた、大審院（最高裁判所の前身）が、大正七年（一九一八）五月二十四日判決において、江戸時代の土地は国有にほかならず、人民は土地の所有権をもたず、ただその使用収益権を有していたにすぎない旨を判示したことに対して、「徳川時代においては、土地は永代売買を禁止されたるが故に、私人の所有に属せずとの説が、今日尚一部法曹家の間に行はるるは、予の甚だ遺憾とする所なり」と慨歎し、「徳川時代における土地私有権」と題する論文を発表して、人民の土地所持権が、いかに生活に根差した強力な権利であったかを論証した（中田『法制史論集』第二巻）。

中田だけではない。法社会学の名著として知られる戒能通孝『入会の研究』もまた、大正四年（一九一五）三月十六日の大審院判決が、明治初年の地租改正において官有地に編入された土地について、編入と同時に、それまで慣行上村民が入会《いりあい》利用してきた関係も当然廃止されたとの見方を示したのに対して、これを法史学の観点から実証的に批判したものであった（ちなみに、この戒能説は、右書が刊行されてから三十年後の昭和四十八年（一九七三）に至ってようやく、最高裁判所によって採用された）。

中田も戒能も、ミッタイスが法史学の存在価値として強調した、現行法を疑問の余地のない当然の前提とする独善主義や「慣用語の強制」から人々を解放し、実証主義的硬直化から法学を救う役割を果たそうとしたのである。

歴史・伝統の名のもとに、あるいは安易な誤解であったり、あるいは明確な政治的意図をもって、根拠のない法規範が「創造」（捏造）されようとするとき、法史学は、その前に立ちはだかることができる、ほとんど唯一無二の武器となる。

法史学は、ややもすると、現代とは無関係な古色蒼然《こしょくそうぜん》とした好事家《こうずか》ごとのように思われがちだが、過去についての硬直した既成概念から私たちを解放し、権利と利害の関係が複雑に絡み合った現代の法社会にあって、種々な色で編まれた歴史の糸を解きほぐし、過去に生きた法の実像を生き生きと描き出し、その歴史的意義を手繰り寄せることで、現代の実践的な法学にも多大な、そして時には決定的な影響をもたらすことができるのである。

Ⅱ 法史料の諸形態

1 法史学にとって史料とはどのようなものか

法史学にとって、史料は立論の拠り所であり、史料分析なくして法史学は学問研究たりえない。では、どのようなものが法史料となりうるのだろうか。それぞれの時代の国家組織に関する法にはじまり、刑法や民法・商法などの法典を含む全ての立法およびその解釈運用に係る規範はもちろんのこと、それに携わった人々（法律専門家から一般民衆）の法思想・法意識などを窺い知りうる事物・事象も、法史料に含まれる。また、時の権力が発した制定法だけでなく、さまざまな共同体の慣習・習俗なども「生ける法」として、法史学の対象となる。およそ歴史全般を、「法」というフィルターを通して見るのが、法史学だとすれば、あらゆる歴史史料が法史料となりうると言ってもよい。「法制史学」から「制」の文字を取って、「法史学」と呼ぶようになったのは、こうした研究対象の広がりを反映した結果でもあるのである。

2　史料はどのように使用するのか

このように、法史料には、きわめて多様な性格のものが含まれるから、どのような史料を用いて、どのように法の歴史を描こうとするのかは、法史を叙述しようとする者によって様々である。例えば、江戸時代を例にとると、①幕府法と藩法の相違点を研究する人もいれば、②代表的な幕府法である公事方御定書の条文内容そのものや立法過程に注目する人、③徳川吉宗その人の法思想に焦点をあてる人、④評定所におけるその運用実態（判決例の分析など）を重視する人、⑤公事方与力の法知識伝授に関心をもつ人、⑥公事宿の機能あるいは公事師の実態を描こうとする人、⑦幕府の法運用に対して民衆が反発する姿や町村共同体の法にこそ価値があると考える人などなど、法を見る視点や問題関心の持ち様によって、浮かび上がってくる近世法史像は違ってくる。

本書を見てみよう。第1講と第6講は、立法関係の史料を使って、古代あるいは近代における法典編纂の経緯と特徴を探り、第3講では、書状などから御成敗式目を制定した北条泰時の立法意思を、第15講では、公事方御定書の判例法の展開を、第5講は、江戸の町触れなどを素材にして公事師・公事宿の実態を、第2講は、明法家による律令解釈の特徴を、第7講は、荘園領主が残した古文書を分析して鎌倉時代の裁判手続の実態と古文書学的理解を、第21講では、近世の地方文書を素材に土地売買および質入の実態を、第24講では、穂積八束という法学者の家族観を、それぞれ描き出している。

3　法史料を解釈する面白さ

これまで良く知られている史料でも視点を変えることで、あるいはまた、これまであまり知られていない史料を新たに用いることで、従来の学説から一歩踏み出すような見解が導き出されることもある。第8講では、従来その理解が必ずしも明確でなかった「私和与」に関して、訴訟手続が進行する中で成立しながらも裁判所の認可を受けていない状態の和与として存在していた可能性が指摘される。第14講では、従来、喧嘩両成敗法は、①理非判断の放棄と②暴力行使の禁止という二つの志向によって構成されていたといわれてきたが、既知の戦国大名諸法を詳しく比較検討した結果、例えば伊達氏は、紛争当事者が「理非披露」をしなかったことを処罰の理由としていたなど、戦国大名によってバリエーションがあったことが明らかにされている。さらに第24講では、穂積八束の有名な論文「民法出テ、忠孝亡フ」の内容を追いながら、この論文が決して、明治民法の「家」制度に繋がるものでなかったという大胆な見解を呈示している。ぜひ、本書と法史学の標準的な教科書とを読み比べてみてほしい。史料を発見する悦び、史料を読み込んで新たな見解を導き出す醍醐味、現行法の解釈論とは一味違う法史学の愉しさが、わかってもらえるに違いない。

【参考文献】

井ヶ田良治『法を見るクリオの眼』（法律文化社、一九八七年）
戒能通孝『入会の研究』（一粒社、一九五八年）
熊谷開作『法制史紀行――鳥海と阿蘇――』（法律文化社、一九八四年）
中田薫『徳川時代の文学に見えたる私法』（岩波文庫、一九八四年）
H・ミッタイス（世良晃志郎訳）『ドイツ法制史概説（改訂版）』（創文社、一九七一年）
同（林毅訳）『法史学の存在価値』（創文社、一九八〇年）

総論　法の移り変わり——古代法から近代法へ——

1　法と紛争処理の諸形態

現代のわれわれは、法といえば、何よりもまず成文法を思い浮かべる。『官報』あるいは『六法全書』などによって、どのような法が施行されているのかを容易に知ることができる。しかし、何時でも誰でも見ることができる『六法全書』などがなかった前近代社会の人々にとっては、法とは、どのような存在だったのだろうか。何らかの紛争が発生し、それを処理しようとした時に、法は初めて処理の基準として意識されることになるが、近代国家のような、およそ法を強行することができる中央集権的な一元的な権力が存在しなかった時代には、法もまた多元的な存在であり、その存在形態は時と場所により大きく異なっていた。

また、現代の法には、刑法にせよ民法にせよ、総論から各論にいたる、論理的・合理的で体系的な秩序だった解釈運用が求められているが、このような観点からみると、前近代社会の法は、未発達・未成熟な段階にあり、非論理的・非合理的・非体系的なもので、無秩序に解釈運用されていたように思われるかもしれない。しかし、ある時代のある社会には、そこに特有な、心性ないし思考様式（mentalité）があり、法によって、それなりに合理的な秩序が維持されていたのである——裏を返すと、現代の法秩序もまた歴史の一場面にすぎず、将来においてもそのまま通用するかどうかは保障の限りではないといわなければならない――。

以下では、各時代（厳密な時代区分はここでは行わない）における法の特徴を概観し、本論において個別事例を検討するための導入としたい。

2 古代法

推古天皇の時代（七世紀末から八世紀初めにかけて）、隋・唐から律令が継受される以前には、成文法は存在せず、法は、慣習と未分離の状態で（不文法）、地域共同体の内部秩序およびそれらを束ねる上位の政治的権力（族長）による規制として存在していた。この時代（氏族時代・固有法時代）の裁判は、族長により、もっぱら盟神探湯などの神判に委ねられていた。

中国法を継受して、近江令・飛鳥浄御原令、さらに大宝・養老律令が編纂施行される（律令法時代）と、成文法が最も重要な法規範となった。その後、律・令の条文を修正する格や施行細則としての式が、単行法令として随時発せられ（弘仁・貞観・延喜三代の格・式として纏《まと》められた）、律令法の内容は、次第に、日本社会の現実に適応するものへと変質していったと考えられるが、その適用・解釈に携わる法律専門家として明法家も登場してきた。

3 中世法

十一〜十二世紀頃（平安時代中期以降）になると、古代国家が解体衰退するなかで、形骸化していた律令法に代わる新たな公家社会の法として公家法が形成されていった。また、律令の公地公民制が崩壊していくなかで荘園が発達すると、荘園領主である本所領家は荘民に対する裁判権を認められ、法慣習と裁判制度を整えて荘園支配の準則としたが（こうした法の総体が本所法・寺社法と呼ばれている）、そこには、盟神探湯の復活とも解される湯起請が頻繁に見出される。

次いで、十二世紀末頃、武士の政権が東国を基盤として初めて成立したが、その成長過程で生まれた武士社会固有の法慣習と、公家法・本所法が部分的に混入して成立したのが、鎌倉幕府の法であった。武家法として新たな成文法（御成敗式目、式目新編追加、新式目、建武式目など）が制定されていったが、成文法より先例や傍例などが法の重要な部分を占めており、裁判手続では当事者主義が原則とされる一方で、紛争当事者による自力救済が広範に認められていた。

中世ではこのように、権力の分立状況を反映して、公家法・本所（寺社）法・武家（幕府）法が並存し、それぞれが固有の法圏をもちながら、裁判法を形成していった。

4　分国法

室町時代中期以降（十五〜十六世紀頃）になると、守護大名などによる領国化が進むなかで成長を遂げて分国支配を実現した戦国大名たちは、こぞって家法（分国法）を定め、成文法中心の統治支配が進行した。分国法は、家臣団を対象とした家法と領国民一般を対象とした守護領国法という二要素からなるが、用水法、逃亡下人の相互返還を定めた人返し法、家臣同士の紛争における自力救済を禁止した喧嘩両成敗法などが良く知られた法であり、御成敗式目や建武式目などの中世法的な道理の観念や慣習を引き継ぎながら、分国内の実情を反映させたものとなっている。

5　近世法

織豊時代の法は分国法とは異なり、全国的な統治組織・社会統制をめざしていたが、統一的な法典を編纂するまでにはいたらず、あくまでも単行法が中心であった。織田信長による越前国掟・楽市楽座令、豊臣秀吉による伴天連追放令・刀狩令・人掃令（関白秀次）などが知られている。

徳川家康により江戸幕府が開かれると、武家法である江戸幕府法（および藩法）が全国を実質支配する時代となるが、朝廷では公家法が依然として機能しており、観念上とはいえ、武家の政治的支配の正当性は律令制の国家組織に立脚していた。幕府法・藩法ともに、触書の形式による成文法が中心であったが、不文法の先例が法の重要な部分を占めており、奉行所役人の間では法曹法が形成運用され、民衆の間では慣習を主とした民衆法が機能していた。御触書集成は幕府が触書を収集分類したもの、「教令類纂」などは私撰の触書集である。寛保二年に編纂された公事方御定書は、幕府の先例を集大成したものだが、基本的に、役所内だけで用いられる法曹法的な性格が強い。判例集として「御仕置例類集」「裁許留」「長崎犯科帳」などが、在方支配（とくに年貢の徴収）について説明した地方書として「地方凡例録」「地方落穂集」などがある。

6　近代法

明治時代に入ると、西欧近代法が全面的に継受され、成文法が圧倒的に重要な規範となる。維新後にはまず、廃藩置県や秩禄処分などによって封建的支配機構が、また華士族平民間の通婚自由・田畑永代売買解禁などによって、不徹底とはいえ、封建的身分関係・経済的拘束が解体されたのち、中央地方の統治機構が整備された。次いで、中央集権的な治安維持に重要な刑事法として、新律綱領・改定律例を経て、フランス人お雇い法律顧問ボワソナードの起草による刑法および治罪法が編纂され、明治十五年から施行された。資本主義的発展の基礎となる、戸籍法、地券制度・地租改正条例、学制・教育令、国立銀行条例・日本銀行条例なども、相次いで発せられた。

明治十年代に入ると、条約改正問題も絡んで、本格的な法典整備の時期となる。大日本帝国憲法をはじめ、民商法・民刑事訴訟法・裁判所構成法の編纂が急速に進められ、いずれも明治二十三年の国会開設前に公布されたが、ボワソナードが起草した民法（いわゆる旧民法）とロエスレルが起草した商法（いわゆる旧商法）は、「法典論争」によって施行延期となり（その延期理由はきわめて複雑であり、評価は定まっていない）、再度の編纂作業により、民法は明治三十一年、商法は明治三十二年に施行され、ここに近代的な法典編纂と司法制度が一応の実現をみることになる。

7　さあ、本論へ

以上のように、古代には律令、中世には御成敗式目、分国法などを経て、近世には公事方御定書といった成文法、さらには法令集などが公的あるいは私的に編纂されており、一定の範囲でそれなりの効力を及ぼしていたけれど、同時に、種々なレベルの身分（社会）集団・領域に、多様な法（社会規範）が、錯綜し重なり合いながら存在していたのである。同時代に生きた人々にとって、法の実像を全体として掴み取ることは容易ではなかった。とはいえ、紛争が発生したとき、その処理の基準として、どのような法が機能し、どのような解決が導かれたのかを、現代のわれわれが検証してみることは可能である。

本論では、各時代における法をめぐる種々な諸問題の中から、ほんの一断片を拾い出して検討を試みるにすぎない。しかし、このような小さな針の穴からでも、各時代の法の状況や本質をどこまで見通すことができるだろうか、法史学の世界を存分に愉しんで欲しい。

第一部

法と紛争処理の形態

A 「法」の存在形態

第1講　日本古代法の特質と律令受容の位相

奈良時代から平安時代の国制を規定した法といえば、唐の律令に倣って七世紀末から八世紀初頭に制定された日本律令が想起される。天智天皇二年（六六三）の唐・新羅連合軍との戦争と白村江の敗戦という国際的な緊迫を契機として中央集権と軍国体制の確立の道具として導入されたもので、法と社会との間に大きな乖離が生じた。旧来の慣習が根強く残り、首長制的秩序と官僚制的秩序とが併存することになった。律令国家二重構造論と呼ばれる理解である。

しかし、律令法は日本の国制にとって単なる表層として終ったわけではない。その後の展開を俯瞰すると、成文法利用の必要が識字率を格段に向上させ、法を運用できる階層が次第に拡大、その結果、官司内で「例」や「式」と呼ばれる行政法の蓄積が進んでいく。同時に、日本固有の法意識が自覚化され、律令そのものも日本の法意識に従って独自に解釈され運用されていく。本講では、日本古代の法意識の基底にある「秩序の法」と「権利の法」という二つの系譜をトレースしつつ、律令法受容の実態を俯瞰する。

1 《秩序の法》の淵源

従来、律令法継受以前の法意識の顕現として注目されてきたのが、『延喜式』祝詞《のりと》にみえる「天つ罪」「国つ罪」の観念である。

天津罪・国津罪 ——罪・祓の観念——

史料 1

> 『延喜式』巻八、六月晦大祓
> 天津罪と、畔放《あはなち》、溝埋《みぞうめ》、樋放《ひはなち》、頻蒔《しきまき》、串刺《くしさし》、生剥《いけはぎ》、逆剥《さかはぎ》、屎戸《くそへ》、許許太久《ここたく》の罪を天津罪と法《の》り別けて、国津罪と、生膚断《いきはだたち》、死膚断《しにはだたち》、白人《しろひと》、胡久美《こくみ》、己母犯罪《おのがははおかすつみ》、己子犯罪《おのがこおかすつみ》、母與子犯《ははとことおかす》罪《つみ》、子與母犯罪《ことははとおかすつみ》、畜犯罪《けものおかすつみ》、昆虫乃災《はうむしのわざわい》、高津神乃災、高津鳥災《たかつとりのわざわい》、畜仆《けものたふ》し、蠱物《まじもの》なす罪、許許太久の罪、出《いで》む。……。

『古事記』にもみえるものだが、これらの罪を六月と十二月の晦《みそか》に大祓《おおはらえ》する。今日の罪の観念からは大きく逸脱するが、整理してみると、農業共同体を乱す行為、残虐行為、外皮に現われる疾病、近親相姦などの異常通婚、突発事故、呪術など、秩序《ハーモニー》の解体、日常性からの逸脱、不測の事態を生む事象である。「イレギュラーへの脅え」「秩序解体への不安」が罪の観念を基礎付けていることがわかる。こういった罪への対処が祓・禊によってなされるのも、「混乱や不安の原因の排除・追放」と「不安解消のための浄化・沐浴」と解すれば、私たちにも理解可能なものとなるだろう。

この祓を共同体による祓具の請求とみて、日本における賠償制＝財産刑の淵源と捉え、M・ウエーバーのいう「死闘―復讐―賠償刑」と展開する外部的刑罰の類型に位置づける説もあるが、西洋中世にみられるような氏族間の復讐から転換した賠償制ではなく、共同体の内部的刑罰とみるのが妥当であろう。本来的には個人の利害（権利）関係をめぐって発生する法意識ではなく、共同体の安心という契機を基礎にもつものなのである。

自然制御としての祭りと首長支配の正当化

こうした共同体の秩序維持を基礎にもつ法意識や秩序解体への不安を契機とする罪意識は、これをコントロールする族長法と結びついて新たな展開をみる。

史料 2

『常陸国風土記』行方《なめかた》郡

古老曰く、石村《いわれ》玉穂宮《たまほのみや》に大八洲《おおやしま》馭《しろしめ》しし天皇の世に人あり。箭括氏《やはずのうぢ》麻多智《またち》といふ。郡より西の谷の葦原《あしはら》を截《き》りて、墾闢して新たに田を治《は》りき。此の時、夜刀神《やとのかみ》、相ひ群れて引率《ひき》ゐて、悉尽《ことごと》く到来し、左右に防障して耕佃せしむることなし。（俗に云く、蛇を謂《い》ひて夜刀神となす。……。）是に麻多智、大いに怒情を起こし、甲鎧を着被し自身ら杖を執《と》り、打殺駈逐す。乃《すなわ》ち山口に至る。標《しめ》の杭《くい》を堺の堀に置き、夜刀神に告げて云く「此より以上は神の地となすことを聴《ゆる》さむ。此より以下は須《すべか》らく人の田と作《な》すべし。自今以後、吾、神の祝《はふり》となり、永代に敬ひ祭らむ。冀《ねが》はくは祟ることなかれ恨むことなかれ」と。社《やしろ》を設けて初めて祭りき。即ち還りて耕田一十町余を発《おこ》す。麻多智の子孫、相ひ承《う》けて祭を致し、今に至るまで絶へず。……。

ここにみられる首長による「祭り」とは、氾濫する水を象徴する夜刀神を「杖」（律令の五刑、笞・杖・徒・流・死の「杖」を想起させる）によって駈逐し、山の方へと「追放」（「流」を想起させる）すること、不規則な自然の力の暴走的発現たる祟りを「杖」により制御して人の地を確保することであり、その継続が「まつりごと」であった。共同体の秩序維持により首長は支配の正当性を保持し、その上に秩序維持を目的とする行刑権——自然的秩序解体ならぬ人為的秩序解体者への「決笞決杖」や犯罪者の「追放」——が上乗せされていく。

2 「利」の追求として発現する《権利の法》

旧俗廃止詔にみえる利の追求

秩序を法とみなす系譜とは別に、個人の権利意識を基礎とした法の系譜もまた、古代日本の史料のなかに原初的な形で見出すことができる。大化の旧俗廃止詔である。

史料 3

『日本書紀』大化二年（六四六）三月甲申条

甲申。詔して曰く、……。復《ま》た、奴婢ありて、主の貧困を欺《なげ》きて、自ら勢家に託《つ》きて活を求む。勢家、仍《よ》りて強《あながち》に留め買ひて、本主に送らざる者多し。復た、妻妾ありて、夫に放《す》てらるる日に、年を経て後、他に適《とつ》ぐは恒《つね》の理なり。而るに此の前夫、三・四年の後、後夫に財物を貪《むさぼ》り求めて、己《おの》が利となす者、甚《おお》だ衆し。復た、勢を恃《たの》む男ありて、浪《みだり》に他の女と要《むす》びて未だ納《むか》へざる際、女自ら人に適《とっ》がば、其の浪に要びし者、嗔《いか》りて両家の財物を求めて、己が利とする者、甚だ衆し。復た、亡夫の婦ありて、若しくは十年及び二十年を経て、人に適ぎて婦となり、并《あわ》せて未だ嫁がざる女、始めて人に適ぐ時に、是に斯《こ》の夫婦を妬みて、祓除せしむること多し。……。復た、しばしば己が婦の他に奸すと嫌ひて、好みて官司に向ひて決を請ふこと有り。仮《たと》ひ明かなる三証を得とも、倶《とも》に顕《あらわ》し陳《の》べて、然る後に諮《もう》すべし。……。復た、百姓の河に溺死するに逢《あ》へる者あり。乃《すなわ》ち謂《かた》りて曰く、「何の故か我を溺れたる人に遇《あ》はしむるや」と。因《よ》りて溺《おぼ》れたる者の友伴《ともがき》を留めて、強《あながち》に祓除せしむ。……。復た、役はるる民ありて、路頭に炊飯す。是に路頭の家、乃ち謂りて曰く、「何の故か情に任せ余が路に炊飯せるや」と。強に祓除せしむ。……。是等の如き類、愚俗の染へる所なり。今悉く除《や》断めて、復たせしむること勿《なか》れ。復た、百姓ありて、京に向かふ日に臨み、乗れる馬の疲れ痩せて行かざらむことを恐れて、布二尋、麻二束を以て参河・尾張両国の人に送り、雇ひて養飼《か》はしめ、乃ち京に入りぬ。……。而るに参河の人等、……。若し是れ細馬《よきうま》ならば、即ち貪愛を生して工《たくみ》に謾語を作《な》し、偸《ぬ》失《す》まれたりと言ふ。若し是れ牝馬《めすうま》にして己が家に孕《はら》めば、便《すなわ》ち祓除せしめて、遂《つい》に其の馬を奪ふ。飛《つた》へ聞くこと是の若《ごと》し。故に、今制を立てむ。……。縦《も》し斯《こ》の詔に違へは、将に重罪に科せむ。……。

帰京した第一次東国国司の報告に基づく描写であり、当時の社会の実態を生々しく伝えている。夫を亡くした未亡人が再婚したり、未婚だった女性が恵まれた結婚をしたりすると、村人たちが妬んで汚らわしいと称して祓除《ふつじょ》を要求する。人が河に溺れたりすると自分に溺れ死ぬ姿を見せたと言い掛かりをつけ、上京する百姓が路頭で炊飯していると家の前を穢したと言い掛かりをつけて祓除を強要する。上京する百姓から預かった馬に対し三河・尾張の人たちが自分の家で出産したと言い掛かりをつけて祓除を要求し、払えないとなると代償（賠償）としてその馬を奪うという当事者間での調停が行われている。

　ここにみえる祓除とは、罪に対する祓を意味し、先に述べた共同体秩序を守るための儀礼のようにみえるが、本質は別物に変化している。その直前をみると、自分の利害を考える奴婢が貧困した主人を見限るとか、結婚詐欺のようなことをして利を貪っている個人の姿が描写されている。共同体「秩序」を守ることを大義名分にして「利」を貪っているのである。最後の牝馬の例などは典型的で、本当に祓が必要ならば穢れを発生させた当の馬自体を祓の代償として求めるはずがない。

　興味深いのは、穢観念を利用してまで利を追求する個人が誕生し、新しいトラブルが生みだされていることである。関係を合法的に調停する基準は未確立だが、役所に妻の不倫を訴える夫に対して三証を得たうえ証人を伴って訴え出るようにと注意しており、呪術的神判以上の裁判制度の萌芽も想定される。

　こうした「個人の利の追求心」の現出とそれを基礎とする当事者間の賠償制の系譜が、すでに推古朝から確認されることはもっと重視してよい。断片的な記事だが、『隋書倭国伝』にも「盗者計㆑贓酬㆑物」「無㆑財者没㆑身為㆑奴」という中国法にはみられない賠償的な財産刑が確認される。こうした現実に対して、聖徳太子は十七条憲法で「和を以て貴しとなし、忤ふること無きを宗となす」と共同体意識を逸脱した個人や党派を批判して、秩序の重要性を強調し、「訟を治むる者、利を得て常とし、賄を見て讞すを聴く」ような状況を批判し、「餮を絶ち欲を棄て」「私に背き公に向く」「独断すべからず」と、「仏教の無私」と「中国の礼制」の観念を用いて「私利」を否定して共同体的秩序を維持しようとした。これに対して、改新政府の方は同じ社会問題を見つめながらも、「祓除」がすでに時代錯誤な「旧俗」と化し、個人の利追求の手段に利用されていることを見抜いて、旧俗自体の廃止の方向性を打ち出している。私利追求心を基礎とする社会を否定していないのである。ここに外部的刑罰の色彩を有する、個人の権利を基礎とする当事者主義的な法の現出を確認することができる。

大化の品部廃止詔と律令官人制

中央の支配者層においてもこれと同様の現象が進行していた。

史料 4

『日本書紀』大化二年（六四六）八月癸酉条

詔して曰く、「……。王の名名より始まれる臣・連・伴造・国造、其の品部を分ちて、彼の名名に別つ。復《ま》た、其の民の品部《かき》を以て交雑して国県に居らしむ。……、有てる所の品部は宜しく悉《ことごと》く皆な罷《や》めて、国家の民と為すべし。其《そ》れ王名を仮借して伴造となれる、其れ祖名に襲拠して臣・連となれる、斯等は深く情を悟らず、……。而るに、王名を以て軽しく川野に掛けて百姓を名に呼ぶは誠に畏し。……。今、汝等を以て仕へしむる状は、旧職を改去して、新たに百官を設け、及び位階を著し、官位を以て叙せむ。……」と。

大化の品部廃止詔である。難解だが、同様の状況を描いた史料とすり合わせると理解しやすい。

史料 5

『日本書紀』大化三年（六四七）四月壬午条

詔して曰く、「……。頃者《このごろ》、神名・天皇名々より始めて、或は別れて臣連の氏となり、或は別れて造等之色となれり。是に由りて、……、深く我・汝を生じ、おのおの名々を守る。また拙弱なる臣連・伴造・国造、彼の姓となれる神名・王名を以て自心の帰する所に逐ひて妄りに前前処処に付す。……。爰《ここ》に神名・王名を以て人の賂《まいない》の物となすが故に、……。旧俗を習へる民、未だ詔せざる間、必ずや当に待ち難かるべし。……」と。

臣連や伴造国造は王名・祖名（神名）を負って結集した奉仕団体であったが、名を人民や土地に付して自分のものと主張して排他的に占有している。建前では奉仕の由来たる名の永続を求めているが、本音では権益の保持と拡大を利己的に追求している。こうした事態をやはり「旧俗を習へる民」と呼んでいる。先の社会状況と同じく、古い伝統を名分として利を追求する意識が現出している。

注目すべきは、改新政府はここでも利の追求自体を否定するのではなく旧習の方を非難していることである。そして、名は政府が管理するからと、「旧職を改去して、新たに百官を設け、及び位階を著し、官位を以て叙せむ」と宣言する。考選（勤務評定）により位階に叙し、位階に相当する官職に任じて禄が支給されるという官位制は、現実には天智・天武朝に整備され、天武天皇十四年（六八五）には従来と構成を異にする新しい冠位が制定されるわけだが、その冠位の名称は明・浄・正・直・勤・務・追・進、つまり「明き浄き心をもって正直に勤務すれば追って進あり」との文言で構成された。個人の利益追求心を官人の奉仕のエネルギーへ昇華しようという新たな律令官人制の本質を象徴している言葉である。利の追求という形で現出した個人の権利意識を、国家権力によって否定するという選択肢を取らなかった、むしろ取り込み利用し、法化したのである。

3　日本律令裁判の特質——継受の具体的様相——

律令国家二重構造論と郡司裁判権　最初に述べたように、律令による法治国家の誕生は、社会の内的発展によって自発的に起こったものではないから、法と社会との間に大きな乖離があり、長らく旧来の慣習が根強く残り、首長制的秩序と官僚制的秩序とが併存した。

律令国家設立への第一歩である大化改新の時に出された法令、大化元年八月庚子条の「国司等、国に在りて罪を判ること得ざれ」をみると、中央から派遣される国司が在地で裁判をすることを禁止している。国造などの地位にあった在地首長、後の郡司がなお裁判権を保持し続けているのである。

大宝・養老律令により新しい裁判制度が導入されると、いったん郡司が全刑罰にかかわる量刑を行うものの、杖罪以上は国司が覆審するようになる。

史料 6

養老獄令1犯罪条
凡《およ》そ犯罪は、皆な事発処の官司、推断せよ。在京諸司の人、京および諸国の人、在京諸司に事発せば、犯徒《ず》以上は刑部省に送れ。杖《じょう》罪以下は当司決せよ。其れ衛府、罪人を糺捉せば、京に貫属せざる者も、皆、刑部省に送れ。

史料 7

養老獄令2郡決条
凡そ犯罪、笞《ち》罪は郡決せよ。杖罪以上は郡断じ定めて国に送れ。覆審訖《おは》らば、徒・杖罪、及び流の決杖すべき、若しくは贖《しょく》すべきは、即ち決配・徴贖せよ。〈其れ刑部の断徒以上も亦た此に准《なずら》へよ。〉刑部省及び諸国、流以上若しくは除免官当を断ぜば、皆な案《あん》を連写して、太政官に申せ。按覆し理尽きなば申奏せよ。即ち按覆するも事尽きざること有らば、在外は、使を遣して就きて覆せよ。在京は、更に省に就きて覆せよ。

中央では当該諸司が、地方では郡司が断（量刑）にあたり、律に規定された笞・杖・徒・流・死の五刑の何れに当たるかを判断する。ただし、郡司が決（行刑）することができるのは笞罪のみで、杖以上の犯罪は国司が覆審したうえで杖・徒の行刑と贖銅徴収を行うようになる。流・死罪や除免官当はさらに太政官に送られ、按覆のうえ天皇に奏上される。中央諸司でも執行できるのは笞・杖罪に限られ、徒以上は刑部省が覆審して行刑（配）と贖銅を行う。太政官が流・死罪・除免官当の按覆、奏上を行う点も同じである。国司と刑部省がほぼ対応する位置を占め、中央諸司と郡司の違いは杖の行刑権限の有無にすぎない。整理すると、現場で行刑できるのは身体刑のみで、刑部省や国司が労働刑を管轄し、追放刑・死刑は太政官を経て天皇に奏上したのである。

杖罪の行刑権限が国司に吸収されているのは、地方支配における国司と郡司の微妙な関係が反映しているためであろう。律令制下になると、国司と郡司との間には律令制的な位階秩序を超えた強力な上下関係が設定され、在地で伝統的権威を有してきた郡司層を中央から下向した国司が統括することが求められるようになる。国司（史生以上）に対して郡司は位階の高下を問わず下馬することが原則とされ、五位以上の郡司であっても六位の国司に対し、馬を斂めて側立することが求められる。こうした流れの一環として郡司の決杖権が国司の方へ吸収されたのであろう。

被告の本司本属という日常的主従関係が裁判のあり方に影響を与える点も、日本律令裁判の特徴である。

史料 8

養老公式令63訴訟条
凡そ訴訟は、皆な下より始めよ。各、前人の本司本属に経《ふ》れよ。若し路遠からむ、及び事に礙《さわ》りあらば、随近の官司に経れて断ぜよ。断訖りて訴人服せず、上訴せむと欲さば、不理状を請ひて、次を以って上陳せよ。若し三日の内を経るまでに給はずば、訴人、給はざる官司姓名を録し以って訴ふることを聴《ゆる》せ。官司、其の訴状に准へて、即ち給はざる所由を下推せよ。然る後に断決せよ。太政官に至りて理せずば、上表することを得。

これを母法たる唐令《とうれい》の該当条文と比較してみると、興味深い変更が加えられていることがわかる。

史料 9

唐公式令四〇
諸《すべ》て、諸の辞訴は皆な下より始めよ。先ず本司本貫に由れ。或いは路遠く躓礙あらば、随近の官司、断決せよ。即し伏せず、当に不理状を給はらむことを請ふべし。……。

「各、前人の本司本属に経れよ」の部分が唐令では「各、本司本貫に由れ」となっている。後半に不理状請求の規定があるように、唐令の文脈は訴人（原告）の視点で書かれており、「本司本貫」とは自分の所属や本貫たる官司に提訴することを意味する。しかし、これを日本令では被告の所属する組織に告言するという規定に修正されているのである。『唐令拾遺』の復元の根拠が『大唐六典』のなかの取意文であるという危うさは残るが、被告を裁くことができるのは日常的に従属関係を有する組織の上司、所属する共同体の長であるという伝統の残存がうかがわれる。

律令裁判をめぐる二系統説・一系統説

日本の律令裁判制度をめぐっては、民事・刑事の別があり、二系列の裁判手続きがあったとする利光三津夫らのいわゆる二系統説と、それを否定する奥村郁三らの一系統説との間で激しい論争があった。二系統説は、獄令1犯罪条・獄令2郡決条を刑事裁判たる「断獄」の手続き（罪責追及訴訟）を規定したものとし、公式令63訴訟条や雑令17訴訟条を財物・身分に関する民事訴訟手続きを規定したものと考える明治以来の伝統的理解である。

これに対して一系統説は、「事発処官司」を「犯罪が発生した場所の官司」と解してきたのは誤りで、「告言により犯罪事実が発覚した場所の官司」と解すべきもので、推断手続きはあくまで一系統であると主張した。今日では、公式令63と雑令17の規定を前人（被告）の本司・本属に告言する提訴手続きと提訴期間を定めたものとする理解が通説になりつつある。

ただし、利光からの反論もあり、二系統説にもなお傾聴すべき点がある。奥村は模範とした唐の裁判手続きがあくまで一系統であることを念頭において日本律令の規定を理解したのだが、梅田康夫も認めるように、律令の規定自体が一系統であるとしても、当時の明法家たちの律令解釈を示す『令集解』に収められた諸説が、そろって二系統の理解を「強弁」をもってしても主張している事実は重要である。中国律令をそのまま継受したかにみえる日本律令だが、現実には明法家たちによって柔軟に運用されていたのである。

専制的な唐の裁判制度が一貫して「糾問主義」であるのに対して、日本古代の裁判には「弾劾主義」的な傾向が読み取られる。被告召喚の期限を定めた公式令62受事条が、唐令で確認できないこともそれを暗示している。この事実は、先に述べた古代日本の二つの法意識の系譜――「秩序の法」と「利を貪る個人に胚胎する法意識」の併存――と響きあう現象である。集権的で職権主義的な中国法が一貫して「内部的刑罰」に集約されるのに対して、日本の法はゲルマン法などにみられる「外部的刑罰」の色彩を併せ持っており、日本中世の証拠文書を用いた当事者裁判（民事訴訟）の前史として位置付けることができる。大化前代から中世につながる重要な水脈である。

太政官裁判と刑部省

日本の律令裁判では太政官の権限が唐と比べて大幅に強化されている。大理寺と尚書省刑部の機能のうち日本の刑部省が引き継いだのは前者の罪名審議のみで、後者の覆審機能の大部分は太政官に吸収された。

流・死罪および除免官当は太政官で按覆のうえ奏上される。十世紀初頭の『延喜式』刑部省によると、毎年十月に刑部省が年終断罪文を作成して太政官に一括申上、これを受けて太政官が論奏形式で奏上することになっている。当規定が九世紀初頭の『弘仁式』、さらには奈良時代に遡ることは次の史料から確認できる。

史料 10 『類聚三代格』弘仁六年（八一五）十一月廿日官符

太政官符。

応三改二申死罪期限一事。

右、太政官去延暦十四年八月十四日下二刑部省一符偁、「得二省解一偁、『断決囚徒令有二正文一、順時粛殺不レ可二虧違一。今検二承前行事一、或過二秋分節一延入二立春一、或軽罪之徒禁経二歳月一。是既乖二法式一、都無二准的一。望請、依二令条一、流罪者、不レ待レ時以且断申。其死罪者、悉待二年終一断申。謹請処分』」者。右大臣（藤原継縄）宣、『奉レ勅依レ請』」者。今被二右大臣（藤原園人）宣一偁、「奉レ勅、於レ行二大辟一、秋冬無レ妨。而頃年、有司必至二于年終一乃奏二刑書一、施行之後、計二其行程一、令レ入二春月一以到二遠国一。宜二自今以後十月初断奏訖一。但始レ自二十一月一日一至二于十二月十日一常行二祭事一、不レ得レ令三京官此限内決二戮刑一」。

弘仁六年十一月廿日

ここに引用された刑部省に下した延暦十四年の太政官符では、流罪は滞ることなく順次断申し、死罪は年終のうちにすべて断申するようにと命じられている。獄令8五位以上条に「立春より秋分に至るまで決死刑を奏すること得ざれ」とあるにもかかわらず立春を過ぎてから死罪の申上がなされたり、流刑者が長期にわたって抑留されたりすることが常態化しており、本来の法式に戻すべきだというのである。さらに弘仁六年には、死罪（大辟）は秋冬に執行されるべきだが、奏上が年終に行われた場合には新春に入ってしまいかねないので、今後は十月初めには奏上を完了するようにと命じられている。

しかし、この年終断罪文も『貞信公記抄』延喜十四年（九一四）十二月二十二日条の「年終断罪を奏す」という記事を最後にみえなくなり、源高明の『西宮記《さいきゅうき》』恒例十月は「一、大臣、断罪文を奏す事。〈勅して云く「死罪一等を減じて遠流に処せ。余は省の断に依れ」と。近代は行はず〉」と記す。『政事要略』所引の天暦四年（九五〇）十月十三日官符に引用された刑部省解では「議獄・決罪は省の職掌に非ず」と公言するようになっている。

これに代わって太政官から諮問を受けた明法家の罪名勘申による量刑が定着する。官人の害政・抑屈については、早く公式令65陳意見条の集解所引「古記」（天平十年の大宝令注釈書）に「今行事、弁、之を受推す」とあり、『続日本紀』天平七年（七三五）九月庚辰条には美作守阿部帯麻呂らによる故殺事件の申訴を受理しなかった右大弁大伴道足ら六人が不理訴罪に問われていることが知られる。太政官事務局たる弁官が受推し、公卿が断案を作成して奏上していたのである。『続日本後紀』承和十三年（八四六）十一月壬子条にも「弁官に於て訴訟を推すは、是れ往古の旧貫にして、昨今の新意に非ず」とみえるが、官人の不法が弁官で受理され、勅裁を仰ぐのは、五位以上官人が天皇と人格的な仕奉関係にあったからである。

刑部省の機能が低下した十世紀以降、太政官裁判の枠組みが《太政官奉裁（勅裁）》へと展開するのは、こうした伝統をふまえたものである。天皇の指示を受けた上卿《しょうけい》が弁・史を指揮して被疑者の召喚、被告の逮捕を行う。事情聴取を行ったうえで弁官と検非違使が審理して勘状と問注記を作成、上卿に報告する。有罪の場合は明法博士や大判事に罪名勘文を提出させ、勘文内容を審議する罪名定を経て天皇が勅断を下す。対象は五位以上官人、公家の使者侍臣、大寺社の関係者で、国家反逆罪、国政神事に関する犯罪、天皇・院宮・五位以上官人・大寺の所有物への侵害、合戦・濫行などの重犯や大事を扱った。したがって刑罰も京外追放・移郷・配流・左降などの広義の追放刑が中心で、明法勘申にいたらない場合は散禁・肱禁・着鈦・停釐務・停任・解官・除名で処理した。国政の根幹が陣定に集約されるに従い、明法家や判事も太政官から直接諮問を受けて答申するようになる。これは律令解釈を担ってきた令官・令師・明法曹司と異なり、川尻秋生が注目した「議」や諸道勘申制という太政官から文章博士・明経博士らに直接専門的意見を求める制度の一環として成立したものだといえる。

他方、九世紀以降に形成されてくる殿上人などの侍臣や所々の職員などの「侍臣集団」（天皇との個人的関係によって任じられた職員）は、《蔵人等奉裁》による勅裁を受けた。こちらでは軽微な犯罪が扱われ、怠状（過状）提出と訓戒放免、禁中各所に拘禁する召籠、閉門蟄居の勅勘、侍臣身分を剝脱する除籍などが行われたが、これらを刑事罰と同次元で論じてよいのか疑問も残る。十世紀以降になると諸司・諸家の内部でも勘事と呼ばれる懲戒罰がみられるようになるのであり、こうした主従制的・家産制的な罰則の発生の一事例として天皇からの勅勘も位置づけるべきであろう。実際、貴族の従者が闘乱・濫行を起こした場合には、主人が蔵人所に召喚されて尋問・処罰を受け、下手人を捕進することが命じられた。加害者側の主人が下手人を引き渡す中世下手人制の萌芽である。

4　おわりに——検非違使の裁判——

最後に検非違使庁の裁判について概観しておく。弘仁年間に「京中非違」を取り締まる職務として誕生した検非違使は、次第に刑部省・弾正台・左右京職の権限を吸収し、十世紀以降には警察権力と裁判機能を統合した巨大組織に成長する。重犯・大事を除く日常的な犯罪全般が扱われ、こちらは六位以下の官人や庶民を対象とした。

その裁判には、毎日使庁で行われる「使庁政」と五月・十二月に東西市で行われる「着《ちゃく》鈦政《だせい》」の二つがある。使庁政では、禁制違反などの軽犯雑犯に対する見決（決笞決杖）と禁制物の破却が行われ、従来の中央諸司・国司郡司の笞杖罪に相応する。着鈦政は、徒罪を犯した者に鈦（かなき）という首枷を付けて東西市から獄まで連行する見せしめの儀式である。

着鈦政は弘仁九年（八一八）宣旨で強窃盗専決権を獲得したことを受けて成立、使庁の刑罰の過酷さを象徴するものである。貞観十七年（八七五）の「検非違使式」逸文（『政事要略』所引）は、検非違使が臨時の宣旨を受けて活動し、刑部省の盗人量刑権限を奪って使別当が直ちに着鈦・行刑できるようになったと記している。

また、これに先行する弘仁十三年（八二二）二月七日官符（『類聚三代格』）には罪人の配役年限が規定されるが、その中で弘仁九年の「犯盗の人、軽重を論ぜず皆な役所に配せ」という宣旨を根拠に強窃盗犯を拘留し続けて死に至らしめる現状が問題視されている。この記載から先の「検非違使式」の起源が遅くとも弘仁九年宣旨に遡ることがわかる。従来は刑部省被管囚獄司が獄を管理して未決拘留の原告被告・徒囚を収監していたが、廃絶以降は、使庁の左右獄が用いられるようになる。この官符で配役年限の設定と未決拘留の改善が目指されてはいるが、実際には強窃盗以外は未断として拘留され続け、強窃盗も着鈦後も禁獄されることが常態化した。十一世紀には別当の判断による禁獄という拘禁刑が制度化されている。律令とは異質な慣習法（庁例）が蓄積され、中世公家法の淵源となっていく。

【参考文献】

青木和夫ほか『シンポジウム日本歴史4　律令国家論』（学生社、一九七二年）
石井紫郎『日本人の法生活（日本国制史研究Ⅲ）』（東京大学出版会、二〇一二年）
石尾芳久『日本古代法の研究』（法律文化社、一九五九年）
井上光貞『日本古代国家の研究』（岩波書店、一九六五年）
梅田康夫「律令制下における「訴訟」手続の変遷」（『法学』第四〇巻第三号、一九七六年）
大饗亮『律令制下の司法と警察』（大学教育社、一九七八年）
小川清太郎『検非違使の研究　庁例の研究』（名著普及会、一九九八年）
奥村郁三「唐代裁判手続法」（『法制史研究』第一〇号、一九五九年）
同「断獄律・依告状鞠獄の条について——律令の糾問主義と弾劾主義——」（『法学雑誌』第一一巻第二号、一九六四年）
同「律令裁判手続小論」（『関西大学法学論集』第二五巻第四、五、六合併号、一九七五年）
坂上康俊「古代の法と慣習」（『岩波講座日本通史』第3巻・古代2、一九九四年）
坂本太郎「郡司の非律令的性質」（同『日本古代史の基礎的研究』東京大学出版会、一九六四年、初出は一九二九年）
長谷山彰『日本古代の法と裁判』（創文社、二〇〇四年）
利光三津夫・長谷山彰『新裁判の歴史』（至文堂、一九九七年）
前田禎彦「平安時代の法と秩序」（『日本史研究』第四五二号、二〇〇〇年）
同「古代の裁判と秩序」（『岩波講座日本歴史』第6巻・古代5、岩波書店、二〇一五年）
義江彰夫「王朝国家刑罰形態の体系」（『史学雑誌』第一〇四編第三号、一九九五年）

第2講　律令の解釈と明法家

わが国では八世紀初頭に大宝律令が編纂されて法制度の基盤が一応整えられて以降、律令を本格的に運用していくための法律専門家が必要とされた。法律専門家は当時、明法家と呼ばれていたが、本講では、明法家とはどのような人々であり、どのような活動を行っていたのかについて考えてみよう。

1　律令法曹の養成と明法家

明法家の養成

中央集権的な統治機構の基盤を整備していく過程にあった八世紀前半のわが国では、隋唐において体系的に完成した律令法原理を継受するなかで編纂され大宝元年（七〇一）に完成し頒布施行された大宝律令（後には養老律令）が、それ以降の法実務を支える成文の基本法として本格的に運用されるようになった。そのなかにあっては、精緻なまでに組織化された官僚機構を有効に機能させることが要請され、優秀な官人を養成し確保することが最も重要な課題の一つとなった。そこで中央には式部省が管轄した大学（大学寮）が置かれるとともに、地方には国学が置かれることになった。大学では後に、それぞれの課程の修了者を官人として登用することを前提に四種の学科が分立するにいたった。例えば、天平二年（七三〇）には律令を学ぶための明法科が実体化され、これにより法律の専門知識に秀でた明法官人や学者（明法博士）が本格的に養成され始めることになった。明法科で学ぶ明法生に律令を教授したのは明法博士と呼ばれる教官であり、これは神亀五年（七二八）に新設された律学博士が天平勝宝九年（七五七）頃に改称されたものと推測される。

その一方で、徳主刑補主義をとる唐の諸律令を継受したわが国では、明法博士が正七位下相当とされており、明法生には雑任（衛士・使丁など）や白丁といった卑姓身分の中から秀でた者が撰び取られていた。彼らは算生とともに雑生と呼ばれていたことなどからすれば、遅れて九世紀後半以降に確立した明法道は算道とともに、紀伝・明経の二道に比して意識的に低い位置に置かれていたといえよう。

ところで八世紀中葉頃になると、太政官から律令の解釈・運用に関する諮問を受けた個々の官庁が、本来の行政上の職掌とは別の「明法」作業を行い、その結果報告を明法曹司解という形式の文書で上申している。この明法曹司とは報告を行う主体としての明法博士あるいは刑部省などのことを意味しており、ある特定の集団ないし組織を指しているのではない。そして、その報告内容（解）は当該事案を規定する法（案）の根拠としての性格をも有していた。後半になると、問題を抱える官司から直接質問を受けるようになり、明法博士の個人名あるいは連名で問答体の形式による回答が行われる一方、その回答は当該官司が太政官に対して官裁などを申請する際の理由書の役割をも担うことになった。弘仁年間以降、明法曹司は姿を消すが、それに代わって史料の上に現れるのが法家や法家問答（明法家が官人や私人との間で交わした法文解釈をめぐる質疑応答を記したもの）である。これにより、法文解釈をめぐって行われる作業は本格的に法家勘申制へと移行していくことになる。

明法家の経歴

他方で、九世紀以降、明法博士に任官された人々の経歴は具体的にはどのようなものであったのだろうか。これまでに、明法博士への任官を受けた者は検非違使もしくは外記の経歴を有していたことや、十二世紀中葉以降、外記系統の明法博士が姿を消したことにより、明法博士は検非違使の経歴を有する者で占められるようになったことが明らかにされている。そうすると、明法博士と検非違使の間にみられるこのような関係は、どのような事情によって生じることになったのであろうか。

九世紀に令外官の一つとして設けられた検非違使は、司法警察機関としての内実を整えながらも、その権限を拡大していった。そのなかにあって、基本的に簡潔・敏速が企図された裁判を実施するためには、量刑の適正な判断を行うことが必要とされた。そこに白羽の矢が立ったのが明法道成業者であったのである。彼らのなかには、後に明法博士となる者が多数含まれていた。そして、明法博士に叙位・任官された者は大学寮の明法道で教官を務める一方、検非違使庁においては兼官の法律実務家として活動することになった。なお、後になると、検非違使（尉・志）には中原・坂上両氏出身の明法家が叙位・任官されることが多くなった。

このように、明法家の活動は司法官・行政監察官としての法律実務の経験に支えられながら、官司官人からの要請に対して新しい法的基準を創造していくものであった。ところが十世紀以降になると、公家社会が故実・先例を重視する傾向に陥ったため、明法家の活動にも徐々に変化が現れるようになった。明法勘申のなかでは故実や先例に依拠することが強く要請されるようになり、法的安定性が最も重視されるにいたった。かつては律令の創造的な運用の担い手であった明法博士は、このような状況のなかで形式的な思考に傾斜していき、あくまで先例を勘申するにとどまる実務官僚へと凋落していった。

明法家の変貌

さらに、十二世紀以降になると、検非違使を務める坂上氏と中原氏が同時に明法博士のポストを独占するようになった。この時期の明法道は、九世紀以降から進行していた潮流（官司請負制）のなかに位置づけられる。蔵人や検非違使などの令外官と呼ばれる新しい形態の官司が生まれるなかで、個別の官司は特定の氏族が独占的に運営するという傾向が生じていたのである。明法道はこのような潮流の中にあって、「先例のないことに関しては一切勘申を行えない」という状態にまで衰退しており、明法博士に求められる本来の資質が問われることはもはやなかった。その代わりに「本人に家学が伝承されているか否か」が最も重要な資格要件とされたのである。

このように、明法家は時代とともにその性格を変えていった。この間に彼らは、『令義解』『令集解』あるいは『律集解』などの注釈書の編纂に携わる一方、長い年月にわたって蓄積された法家問答や明法勘文を重要な法源として、『政事要略』『法曹至要抄』あるいは『裁判至要抄』などといった法律書の編纂も手掛けていた。そして、これらが学術的な著作というよりも、法律実務において参照されるべき手引書とでもいうべき性格のものであったことはあらためて注目される。

そこで、以下では法律実務家としてその名を馳せた明法家の活動の実態を垣間みることにしよう。

2 明法家の法解釈

明法勘文（公事勘文）の一つの事例

明法家（明法博士）の活動内容の一端は、九世紀以降、法家問答や明法勘文（罪名勘文、公事勘文など）というかたちで知られている。明法勘文は法家問答におけるのと同様に律令以下の法源を引いて（断獄律の断罪引律令格式条（逸文）が「凡断レ罪、皆須二具引二律令格式正文一、違者、笞卅」と規定する）、これの解釈・適用を行うことに重点をおいていたから、明法家による法解釈の実態を知り得る絶好の史料である。

そこで、所領の権利関係をめぐる訴訟（相論）において作成された一つの公事勘文（「嘉承元年（一一〇六）五月廿九日付官宣旨案」［内閣文庫所蔵「摂津国古文書」所収］）を素材として、現実の訴訟事案に対して明法家がどのような内容の判断を下そうとしていたのか、主としてその判断の形式に注目することにより少しく考えてみることにしよう。

この訴訟は、摂津国長渚御厨（散所）の所有権限を主張する東大寺（別当永観）が、長渚御厨の元の所有者である職家（小野皇太后宮）に働きかけて応徳元年（一〇八四）に鴨御祖社との間で行われた当該所領の相博（「土地・家屋・その他の財物を交換すること」『日本国語大辞典』）を悔い還そうと図るなかで、新たな領有形態として在家に対する支配権を主張する鴨御祖社（社司惟季）を相手取って争ったものである。以下では、この訴訟に関する判決（東大寺に宛てて下された官宣旨）を参照することにしよう。

この判決の中には、太政官の命を承けて諮問を行った明法博士中原範政が両当事者の主張内容を丁寧に引用し、同時にまた自らが下した法的判断の内容を記した公事勘文（康和四年（一一〇二）十二月十五日付）が引用されている。判決はこれらの内容を根拠として鴨御祖社の主張を実質的に認容するにいたっている。そこで、この判決が依拠する公事勘文の中に詳しく引用される社司惟季の主張内容を確認することにしよう。

訴訟当事者の主張内容

第一に、「長渚はこれまで宣旨によって保護されてきた御厨である」として、次のような主張が行われる。

史料 1

去寛治三年春日行幸間雑事事、同四年、淀狩取等濫行事、被下宣旨之日、注子細経奏聞之処、事無停滞、皆有裁許、是依為当社之御厨、殊被崇敬之故也、仍件宣旨等、副進之、

第二に、「長渚は鴨社にとって鮮物備進のための最も重要な御厨である」として、次のような主張が行われる。

史料 2

至于長渚者、已為咫尺地之上、備進鮮物之条、尤為専一之御厨、

第三に、「応徳元年の相博状には年月が経過しても変改があるべきではないとの趣旨で、「永」の

文字が記されている」として、次のような主張が行われる。

史料3

抑件長渚相博之日、已書永字、是則雖歴年歳、敢不可有変改之謂也、

第四に、「寛治六年（一〇九二）十二月二十二日には「不可有牢籠」との託宣があったことが根拠となり得るうえに、人用物は売買後に数日経過すると取り返せないなどとする雑律三四買奴婢馬牛立券条（史料5）の反対解釈を行うならば、相博の後に多年を経過している馬牛以外のこの神領物に関してはなおさら悔い還すことはできない」として、次のような主張が行われる。

史料4

就中至于長渚御厨者、不可有牢籠之由、去寛治六年十二月廿二日有御託宣、仍件記文所副進也、子細之旨見記文也、職家称為東大寺之領、可返領掌之由、今被訴申之條、更無其謂、但売買人用物之間、自隔数日、互無取返、況相博神領田之後、已経多年、何有悔還哉、

この中で言及されている雑律三四の条文には、次のような内容が記されている。

史料5

買馬牛立券之後、有旧病者、三日内聴悔者、挾此文、至于馬牛者、売買之後有旧病日、雖有悔法、於他物者、無有悔者、

明法家の法解釈

このようなかたちで示された鴨社司惟季の主張、そしてその中で行われた該当条文の引用や法理の新たな解釈は、はたして明法家が行う判断の中に直接的に

反映されることになった。両当事者の主張を受けた範政は判断を下すにあたり、①百姓による田宅園地の売買禁止を定めた延暦十四年（七九五）四月二十七日格、そして、②―1宅地売買の際に所部官司を経るべきことを規定した田令第一七売買宅地条、②―2同義解、さらには、③奴婢馬牛売買の際に立券を義務づけるとともに旧病のある場合には立券後三日以内は悔い還せると規定した雑律三四買奴婢馬牛立券条を引用し、証拠文書の吟味を行っている。範政の下した最終的な判断は、（1）長渚の土地については東大寺の領有を認める一方で、在家については鴨御祖社の社領であることを認める、（2）職家の主張する、相博の停止を命じた宣旨が下されていることが事実であるならば、相承の理非に拘わらず宣旨の通りに悔い還すべきである、とするものであった。

このように、公事勘文の中では該当する法文の内容が丁寧に引用されながらも、その大部分は相手方当事者が提出した証拠文書に関する審査や事実関係の究明、あるいは勘申のために必要な新たな証拠の提出などを要求する内容で埋め尽くされていた。したがって、不利な勘申が行われることになった一方当事者は、他の明法家に直接働きかけることによって、より有利な勘申を獲得しようと図っていたのである。そして、訴訟の展開次第では明法家相互の代理訴訟ともいえる様相を呈することにもなったといえよう。

法家問答や明法勘文に現れた明法家による律令の解釈は、確かに精緻かつ論理的な性格を有するものであったことは明らかである。そこで、われわれは少し視点を変えて、量刑においてより高い精密度の要求されたことが予想される刑事事案に関する裁判事例の一つを素材とすることにより、明法官人の行った律令解釈の現実について、あらためてその一端を探ってみたいと思う。

3　律令解釈の現実

明法官人の判断

清和天皇貞観八年（八六六）には、摂関政治が本格的に成立する契機ともなった応天門の変が生じたことが知られているが、これを伝える『日本三代実録』（巻十三）の同年十月二十五日条にはその事件とは別の一つの注目すべき裁判事例が取り上げられている。この中には明法官人の行った律令解釈の内容が詳しく記されているので、以下にその内容を引用することにしよう。なお、当時の裁判制度においては覆審制がとられており、この裁判事例（**史料6**）においても国司→刊部省→覆断→太政官という裁判手続の一連の過程をみることができるが、この中には同時にまた、最終的な判断を下す立場にあった太政官による判断の内容が記されている。

史料 6

太政官論奏（A）に曰く、〈刑部省断罪文に云く「讃岐国浪人江沼美都良麿、香河郡百姓縣春貞を殺す、春貞の妻秦浄子申し訴え云く『美都良麿、春貞宅において相共に飲酒し、言論を相闘わす、春貞叫びて曰く、〝吾、美都良麿のために刺さる〟、驚きてこれを見るに、血左脇より出で、すなわち死す、同郡の人秦成吉らと春貞・美都良麿らとは同飲の人なり、しかして相闘うの場、言詞をもって相諫むと雖も、しかしてついに相救助せず』、国司の断（A）に云く『闘訟律（B）に云く、〝闘殴して人を殺さば、絞、刃をもって、および故に人を殺さば斬、闘によると雖も、兵刃を用いて殺さば、故殺と同じ〟、犯に准い律に拠るに、斬刑たるべし、また捕亡律（C）に云く、〝隣里殺人せられ、告して助救せずば、杖一百〟、成吉ら人を殺す所に在りて助救せず、律條に准い、おのおの杖一百に処す』、刑部省覆断（A）に云く『国の断（D）失有り、なんとなれば、律を案ずるに、闘にして刃を用いるは、即ち害心有り、よって斬刑に処す、ただし故殺に同じからず、しかるに故殺および兵刃を用いて殺すなどの文を引くは、これ国司の謬断なり』、また浄子の詞に云く『成吉らは春貞・美都良麿と相闘うの場にて、言詞をもって相諫むると雖も、しかしてついに救わず』、浄子、春貞の叫びを聞きてわずかに刺さるを知る、しかればすなわち、成吉ら酔中にして美都良麿、春貞を害するの心を覚らず、告を聞きて助けざるにあらず、刺すを見て救わざるものなり、よって改め無罪と断ず、断獄律（E）に云く『官司罪を断ずるに、入るるに失するは、三等を減ぜよ』、名例律（F）に云く『五位および七位以上、流罪以下を犯さば、おのおの一等を減ぜよ』、判断（GG′）の失、既に判官に由る、よって正七位下行掾高階真人全秀（a）・正六位上行左近衛将監権掾藤原朝臣房雄（b）は首なり、全秀身に七位を帯す、例、一等を減じ杖六十贖銅六斤たるべし、房雄遥授にしてその事に預からず、その罪を免ずべし、従五位下行介藤原朝臣有年（c）は第二の従なり、四等を減じ杖六十たるべし、身に五位を帯し、謂、一等を減じ、笞五十贖銅五斤たるべし、参議正四位下行右衛門督兼守藤原朝臣良縄（d）・従四位上行皇太后宮大夫兼権守藤原朝臣良世（e）は第三の従なり、またこれ遥授、その罪を免ずべし、正六位上行大目秦忌寸安統（f）・正七位上行少目阿岐奈臣安継（g）は第四位の従なり、六等を減じ笞四十たるべし、身に七位以上を帯す、例、一等を減じ笞三十贖銅三斤たるべし」……（以下省略）〉

以上には、おおよそ次のような内容が記されている。

第一に、讃岐国香川郡の百姓である県夫春貞の殺害事件について、殺害犯人を浮浪人の江沼美都良麿であると糺弾したうえで、その現場に居合わせた秦成吉等が制止しなかったことを春貞の妻秦浄子が国司に訴えたところ、判決が下されるにいたった。判決の内容は、闘訟律の闘殴殺人条を適用し美都良麿に斬首（B）、捕亡律の隣里被強盗および殺人不救助条に基づき、成吉らに杖罪（C）というものである。しかし、このような判断を下した国司は実のところ、約五〇〇条にも及ぶ律の条文や約九五〇条にも及ぶ令の条文には必ずしも精通していなかったことが推測される。

第二に、この判決を不服とする美都良麿ならびに成吉らは、国司の誤判を刑部省に訴え出た結果、国司らに対する譴責と処分が審理されることになった。ここで審理を担当したのが刑部省の明法官人らであった。彼らは、獄令（郡決条）が規定する手続（A）により、以下（B）〜（G）の条文を選択するにいたった。それらの条文は、（B）闘訟律（闘殴殺人条）、（C）捕亡律（隣里被強盗及び殺人不救助条）、（D）断獄律（断罪引律令格式条）、（E）断獄律（入人罪状）、（F）名例律（減条）、（G）名例律（同司犯公坐条）、（G′）獄令（公坐相連条）である。

明法官人は主として（B）・（C）により国司の判決における律令条文の引用方法の誤りを指摘するとともに、加えて（D）により条文解釈の誤りも糺している。これによって国司の下した判決が破棄されることになり、被告の中で成吉らの無罪が確定した。そして、明法官人は（E）〜（G′）により国司の誤判に対する譴責・断罪を内容とする判断を下した。国司のうちで、遥任（遙任国司）で現地には居なかった三名を無罪としたが、その一方で、現地の関係役人の四名に対しては換刑としてそれぞれに銅三〜六斤の支払いを命じるにとどまった。これは、本来ならば笞罪三十あるいは同五十という肉体刑を受刑すべきはずであった現地の四名が、それを免れるにいたったことを意味するのである。

折中と因准

いかにもバランスを失したものと思われても仕方のないこのような判断は、それ自身が自己目的化されかねない精緻な法の解釈の作法のあり方に起因するものである。とはいえ明法家は元来、法が現実をとらえ得ないという状況に直面した際に取るべき対応を熟知していたのである。新しく立法作業を行う場合あるいは事実関係に法規範を適用する場合に、彼らはそれに関わる正当性の根拠を権威ある既存の法規や法典に求めようとした。この時には、相手方を説得するに足る拠り所を求めるための手法として因循（因准）を、そして「刑法慎於開塞、一律不可両科、執憲履縄、務従折中」（養老賊盗律一・謀反大逆条疏文）にいう折中（法を司る官吏は法規の解釈や適用に際して人々を納得せしめるに足る中正な判断を下すことに努めなければならないとする考え方）をすでに自分のものにしていた。同時にまた、折中は因准という操作に対して方向づけを与える一方、因循はその法的決定が折中にかなっていることを証明するための理由づけの操作であることをも理解していたはずなのであった。しかし、彼らに寄せられ続けてきた期待に反して、このような法的思考さえもが徐々に停止していくことになったのである。

【参考文献】

梅田康夫「前近代日本の法曹――明法を中心に――」（『金沢法学』第四九巻第二号、金沢大学法学部、二〇〇七年）
岡本静心編集代表『尼崎市史　第1巻・本編1［原始時代・古代・中世］』（一九六六年）
香川県編集『香川県史　第1巻　通史編［原始・古代］』（四国新聞社、一九八八年）

小林宏『日本における立法と法解釈の史的研究　第1巻　古代・中世』（汲古書院、二〇〇九年）
棚橋光男『古代と中世のはざまで——時代を撃つ王朝知識人——』（北國新聞社、一九九七年）
長又高夫『日本中世法書の研究』（汲古書院、二〇〇〇年）
兵庫県史編集専門委員会編『兵庫県史　第1巻　原始・古代編』（一九七四年）
布施弥平治『明法道の研究』（新生社、一九六六年）
水本浩典『律令注釈書の系統的研究』（塙書房、一九九一年）
桃裕行『桃裕行著作集　第一巻　上代学制の研究（修訂版）』（思文閣出版、一九九四年）

コラム1　古代

「法源」「史料」とその活用

法史（法制史）は、基礎法学と呼ばれる法学の一部をなすとともに、法現象を対象とする歴史学の一分野でもある。実際、法制史家は法学部の出身者ばかりではなく、文学部出身の者もいる。漢文で書かれた古文書などの読解トレーニングの場が僅少であるため、法学部で学んだ法学的知識を基礎としつつ文学部の演習や研究会に参加する学生がいる一方、文学部で歴史研究の基礎を学んだうえで大学院から法学研究科に移る学生もいる。その結果、同じ法史を研究していても微妙に問題意識に違いが生じる場合がある。この現象は近年始まったものではなく、日本法制史研究の草創期から存在し、法科派・文科派などと呼ぶ者もいた。

とはいえ、両者に共通して不可欠な能力は、「史料」から情報を抽出して歴史を復元する実証的手続きである。裁判官が実定法や判例をリソースとして法を抽出し裁判を行う行為と響き合うものである。六法全書や判例の知識がなく、法学用語もわからず、その文章すら読めないとなると、裁判官や弁護士の職務を遂行することはできない。法の抽出能力が不可欠である。その意味で、伝統的古典的な法制史の世界では史料のことを「法源Quelle, Rechtquelle」、すなわち「泉」、法の情報「源」と呼んできた（中田薫『日本法制史講義』参照）。近年ではあまり用いられず、本書の題名も史料の語を冠しているが、史料を源泉として各時代の法を汲み出して、法意識の変化の位相を時間軸にそって把握する営為であるということは、念頭に置いておいてもいいだろう。

過去の法・法意識を復元し、その推移を時代と地域の特質を考慮に入れながら捉えようとするとき、過去の史料と向き合い、それと対話しなければならない。すなわち、史料を見つけて、読解し、理解する必要がある。近世・近代の場合は史料調査によって新たな情報を発見し、保存・継承することも重要な作業だが、古代・中世の場合はさほど難しいことではない。文化的拠点だった京都が応仁の乱で甚大な被害を受けたことで、古代・中世の典籍や文書の多くが失われた。損失を免れた典籍（古写本）やその写本（新写本）のほとんどは、すでに限られた研究機関（東京大学史料編纂所・国立公文書館・国立国会図書館・国立歴史民俗博物館・前田尊経閣文庫・歴彩館・天理図書館など）に保管されている。活字に翻刻・出版され（群書類従、新訂増補国史大系など）、また影印本（写真）として公刊されている（八木書店の前田尊経閣文庫影印集成など）。ここでは、上記の機関のうち東京大学史料編纂所、国立公文書館、歴彩館を紹介しよう。

①東京大学史料編纂所

明治政府の修史事業のなかで全国に散在する古文書や古典籍の調査・蒐集が国家的プロジェクトとして開始された。明治二年（一八六九）明治天皇が宸筆の勅書を下して、三条実美を総裁とする史料編輯国史校正局が、江戸時代の国学者塙保己一の和学講談所の跡に設置されたことに遡る。同五年には太政官正院歴史課となり、さらに内務省地誌課と統合され修史館に、内閣の発足とともに内閣臨時修史局となった。当初は期限付きの組織であったが、明治二十一年（一八八八）帝国大学に国史科が設けられ、修史事業も移管された。臨時編年史編纂掛である。漢文で編年史を編纂する方針をめぐって意見が分かれ、蒐集した史料を編年順に集成する方針に転換、明治二十八年（一八九五）に史料編纂掛として再出発する。その成果が、現在も編集が続けられている『大日本史料』

『大日本古文書』である。昭和四年（一九二九）に史料編纂所と改称、昭和二十五年には大学附置研究所となる。二十七年からは日記史料を集成する『大日本古記録』、翌年には編集の遅れていた近世史料を対象とする『大日本近世史料』の刊行もスタートする。東京大学本郷キャンパス、赤門を入って少し左（北）に歩いたところに位置する（https://www.hi.u-tokyo.ac.jp/ships/）。

②国立公文書館

内閣府所管の独立行政法人（行政執行法人）。昭和四十六年（一九七一）七月に総理府附属機関として創設、総理府および各省庁から移管した行政資料を保存してきた。所蔵資料は近代のものだけではない。明治十七年（一八八四）創設の太政官文庫を引き継ぐ内閣文庫と呼ばれる史料群も継承する。その根幹は江戸幕府の図書館（紅葉山文庫）や昌平坂学問所が所蔵していた和漢古書五十二万冊。徳川家康や林羅山の蒐集に始まる蔵書群で、古代・中世の典籍のコレクションである。寛永十年（一六三三）以降は若年寄配下の書物奉行の管理のもとに置かれ、将軍・幕府要職者の閲覧に供していた。東京都千代田区北の丸公園三―二（東京メトロ東西線竹橋駅から歩いてすぐ）（https://www.digital.archives.go.jp/）。

③歴彩館

正式名称は京都府立京都学・歴彩館。京都市左京区の図書館・文書館・博物館、また京都府立大学付属施設の機能を兼ねた総合文化施設である。京都府立総合資料館を引き継ぎ、翌年四月にグランドオープンした。古文書・行政文書・写真資料など八十五万点を収める。東寺に伝来した奈良時代から江戸末期にいたる史料群「東寺百合文書」を継承し、東京大学史料編纂所と連携、藤原氏五摂家筆頭近衛家の資料「陽明文庫」（藤原道長の直筆日記『御堂関白記』など）のデジタルデーター約五万コマを閲覧できることでも貴重である。明治以降の京都府行政文書も多く保存する（https://www.pref.kyoto.jp/rekisaikan/index.html）。

興味のある方は、奈良文化財研究所ＨＰ、宮内庁書陵部ＨＰなどにもアクセスしてみよう。

第3講　中世における法の世界

1　中世社会の特色

日本の歴史の上で初めての武家政権として鎌倉幕府が開かれると、それ以降は明治期を迎えるまで武士が歴史の表舞台に立ち続けることになった。その一方で、それまで時代を主導してきた朝廷や公家などはほとんど姿を消してしまったかのような印象を与えるが、実のところはそうではない。武家政権と朝廷は並立的な存在であったのであり、そのかたちは武家政権の誕生のときに既にみられていた。

では、そのかたちとは具体的にどのようなものだったのであろうか。鎌倉幕府は承久の乱を経た後の貞永元年（一二三二）、三代執権北条泰時は中世法の代表ともいえる御成敗式目（以下、「式目」と略す）を制定した。「武家の基本法」として評価されるこの法を、中世法全体の中にあらためて位置づけてみることにより、そのかたちがより明らかになるものと思われる。

御成敗式目の意義

御成敗式目はわずか五一ヶ条からなる幕府の基本法であるが、武士の社会における独自かつ初めての法として後代にいたるまで尊重され、江戸時代には寺子屋の手本としても普及するなど、単に基本法としてだけにとどまらない重要な存在として理解される。このようなことから、例えば式目が既存の法体系から独立した、武家独自のまったく新しい法として画期的なものであり、制定当初から当然に中世社会のすべてを覆い尽くす法であった、という常識が共有されることにもなっているが、これは強調すべくもなく大きな誤解である。なぜ誤解なのかについて、制定者である北条泰時の見解を聞くことからはじめよう。

泰時書状

史料 1

六波羅探題北条重時宛て北条泰時書状

御成敗候へき条々の事注され候状を、目録となつくへきにて候を、さすかに政の体をも注載られ候ゆへに、執筆の人々さかしく式条と申字をつけあて候間、その名をこと〳〵しきやうに覚候によりて式目とかきかへて候也、其旨を御存知あるへく候歟、さてこの式目をつくられ候事は、なにを本説として被注載之由、人さためて謗難を加事候歟、ま事にさせる本文にすかりたる事候はねとも、たゝとうりのおすところを被記候者也、かやうに兼日にさため候はすして、或はことの理非をつきにして其人のつよきよはきにより、或は、御裁許ふりたる事をわすらかしておこしたて候、かくのことく候ゆへに、かねて御成敗の体をさためて、人の高下を不論、偏頗なく裁定せられ候はんために、子細記録しをかれ候者也、この状は法令のおしへに違するところなと少々候へとも、たとへは律令格式は、まなをしりて候物のために、やかて漢字を見候かことし、かなはかりをしれる物のためには、まなにむかひ候時は人の目をしいたるかことくにて候へは、この式目は只かなをしれる物の世間におほく候ことく、あまねく人に心えやすからせんために、武家の人へのはからひのためはかりに候、これによりて京都の御沙汰、律令のおきて聊も改まるへきにあらす候也、凡法令のおしへめてたく候なれとも、武家のならひ、民間の法、それをうかゝひしりたる物は百千か中に一両もありかたく候歟、仍諸人しらす候処に、俄に法意をもて理非を勘候時に、法令の官人心にまかせて軽重の文ともをひきかむかへ候なる間、其勘録一同ならす候故に、人皆迷惑と云云、これによりて文盲の輩もかねて思惟し、御成敗も変々ならす候はんために、この式目を注置れ候者也、京都人々の中に謗難を加事候はゝ、此趣を御心え候て御問答あるへく候、恐々謹言、

武蔵守在—

貞永元

九月十一日

駿河守殿

この書状は、北条泰時が、京都で六波羅《ろくはら》探題《たんだい》を務める弟重時《しげとき》に宛てて書いたもので、式目制定の事実・目的およびその事情について説明したものである。泰時の書状は右記のものと八月八日付のものの二通が伝わっている（式目制定の目的については、『吾妻鏡』貞永元年五月十四日条にもみえる）。二通は式目の制定趣旨を説いていることには変わりはないものの、若干の相違もある。八月八日付のものは、律令法が既に存在するにもかかわらず、敢えて式目を制定した理由（そのほとんどが律令

法を知らない武士たちに非法を起こさせないことなど）が記されている。九月十一日付のものは、武家が新たに法を制定することなどを宣言した八月八日付のものに対する非難を受けて、あらためて式目制定の趣旨を丁寧に説いたものであり、朝廷への対抗意思のないことを再度宣言した内容になっている。

「武家の人への計らひ」

ここではまず、「この式目は只《ただ》かなを……聊《いささか》も改まるべきにあらず候《そうろう》なり」という部分に注目してみよう。ここで泰時は、この法典が「武家の人」のためだけのものであり、「京都の御沙汰、律令」には影響を与えない、と明確に宣言していることはきわめて重要がある。

いわゆる「武者の世」は、周知の通り、保元・平治の乱に端を発し、やがて平氏が政権を確立した後、治承・寿永の内乱を経て源氏が鎌倉幕府を開創するにいたる、という展開をみせる。しかしながら、この間はせいぜい三十年ほどにすぎず、それ以前の長きにわたって公権力を一元的に掌握していた律令国家の存在を全面的に消し去るものではなかった。源頼朝が発足させた政権の本拠が鎌倉であったことの意義は、あえて京都という朝廷の本拠地を避け、そこから離れた東国に政権を打ち立てた、というところに見出されるべきであり、何よりも朝廷の存在・力を重視するがゆえの選択であった、とみるべきである。

こうした中で成立した中世社会では、大きく分けて朝廷・本所・幕府という三つの公権力が併存し、それぞれの支配領域内を対象とした法圏が厳密には区別し得ないまでも、公家法・本所法・武家法という具合に大別されることになった。ここで大切なのは、古代から長年にわたって律令格《きゃく》式《しき》を中心とする法体系が厳然と存在していたことが、その前提としてきわめて大きな意味をもち、そしてその重要性が鎌倉時代にいたってもなお維持されていた、ということである。こうした状況の中に、当初はその対象を東国御家人に限定すること、公家法の領域には踏み込まないよう慎重に対応すること、などをはじめとする式目のいわば抑制的側面が見出されるのであり、このことは泰時が先の書状に認るにいたった要因として理解されるのである。

このように考えてみるならば、この書状は、泰時が重時に対して堂々と制定趣旨を語っているものというよりはむしろ、朝廷・公家などの「京都人々」を真の読み手として意識して書かれたものであるということになる。

制定者意思と社会の反応

ところが、このような抑制とは裏腹に実際には、式目は早い段階から、本来対象外としていた領域を含め、社会の中で広く受容されていくこととなった。

その大きな理由としては、後鳥羽上皇を中心とする朝廷勢力が幕府方勢力を敵にまわして敗北した承久の乱が、東国政権としての幕府が西国へと進出する画期となり、幕府と朝廷の関係を決定的に転換させる結果をもたらしたことを挙げることができる。そして鎌倉時代後半、とりわけ蒙古襲来以降の土地秩序の混乱に対応せざるを得なくなった幕府が発した諸法がその重要性を増していったことも、同様の事態として考えて良いだろう。

もう一つ注目すべきこととして、そもそも当初より制定者と受容者との間で、式目の適用対象に関する意識に乖離《かいり》があった、ということが指摘できる。それは、式目が制定当初から社会の中で不安定な状況にあり、その適用が有効か否かの決定が少なからず受容者に委ねられ、制定者ですらそれを十分にコントロールすることができなかった、ということを意味する。このことは、中世における「法」とは何かという根本的な問題にもかかわる。当時の法は今日的な感覚とは大きく異なり、あらかじめ客観的に決まったものでは必ずしもなく、それが適用される具体的な場面において初めて決定されるものであった。近代法的視点からは理解しがたい、中世法における極めて特徴的な要素の一つであるかような状況をどのように理解していくのかが、中世法を学ぶ上での課題である。

2 御成敗式目と道理

泰時書状の中で注目すべき箇所の一つに、「ただ道理のおすところを記され候ものなり」という一文がある。これを額面通り受け止めるならば、式目の内容は、ひとえに「道理」を法文化したものである、ということなのだが、この趣旨が律令の「本文」を持たないという批判への開き直りとして記されていることにはさらに注目されるところであろう。

「道理」とは、平安時代以来、武士社会の中で慣習的に成立してきた常識的生活規範を核とする実践道徳であり、武士社会独自の道徳的規範を指している。鎌倉時代においては、法とは「道理」そのものであり、権力者が任意に定めることはできない、という考え方が支配的であった。泰時は、公家社会に通用している律令格式に依拠するのではなく、このように武士社会に広く行きわたっている「道理」を基準として採用することにより、幕府が武士層を統制していくことや彼らを朝廷の影響の下から自立させることを促そうとしたのである。

では、式目の内容は本当にただ「道理」を文字にしただけのものなのか、そしてそれに対置される公家法（律令法）との関係はどのようなものだったのであろうか。

式目の最重要な条文の一つとして、第八条を挙げることができよう。

廿ヶ年年紀法

史料 2

御成敗式目　第八条

一　雖帯御下文不令知行経年序所領事

右、当知行之後過廿ヶ年者、任大将家之例、不論理非不能改替、而申知行之由、掠給御下文之輩、雖帯彼状不及叙用、

この条文は、ある所領を二十年以上継続して「知行《ちぎょう》」（占有）していることが判明すれば、時効により、現在の知行を変更しない、というものである。「廿ヶ年（知行）年紀法」などと呼ばれ、現代の時効制度の原点ともいわれる有名な法令である。

ただし、実は知行年紀法それ自体は、平安中期くらいから荘園制の展開の中で認められるようになっており、この条文の画期性がそこにあるわけではない。本条の主旨は、実際には不知行なのに当知行と偽って「御下文《くだしぶみ》」をもっていても効果を認めない、とした点にあり、その期間を「廿ヶ年」と定める点も、あくまでこれに付随するものにすぎない。

注目すべきは、「任大将家之例」という部分である。「大将」とは「右大将」頼朝を指す言葉であり、この法令の根拠をまさしく頼朝時代の先例に求めていることを示しているのである。しかしこ

写真1　御成敗式目

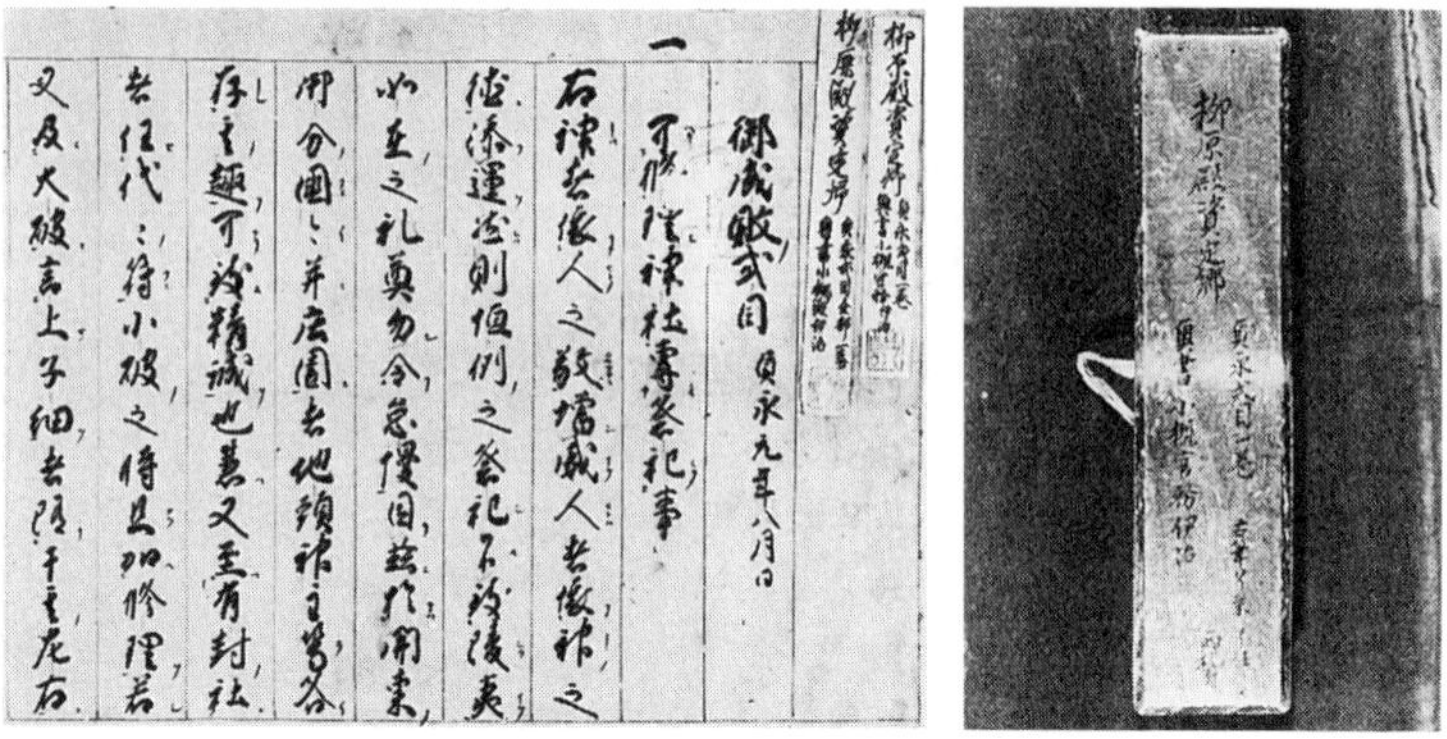

れは、実際の根拠というよりはむしろ、初代将軍頼朝の権威に仮託することで、「廿ヶ年」などの新しい要素を含む本条の、法としての価値・妥当性を高める意図が込められていたと考えるべきであろう。初代将軍頼朝から北条政子の執政期までの間に下された幕府の判決は以後変更しないとした第七条「不易《ふえき》の法」と併せて考えるならば、その意図はいよいよ明白となるであろう。

　このように、式目の内容は、既存の法・慣習を基盤においていたことも確かなこととして理解されうるが、仮にそうだとしても、単純に物事の個別事情という漠然とした意味としての「道理」を採用し文字にした、とみるだけでは十分ではない。律令と式目の関係に拘る京都の人々、そして各人の個別事情を反映した「道理」を主張する武士たちに向けてなされたところの、幕府という権力による主体的な立法姿勢をもみて取るべきである。

　そうした式目の性格に導かれるように、幕府法は、独自の法世界を築きながら、武士の世界だけにとどまることなく、中世における法の世界全体の中にその位置を見出していくことになるのであり、式目が、その画期をなすものであったことは間違いない。

3　中世法の世界

ところで、日本の中世においては紛争当事者が訴えを裁判所に提起する際に、自らの要求の正当性をどのような方法によって主張していたのであろうか。ここでは、中世における法の世界の最大の特徴である当事者主義の原則について述べた後に、その原則のもとで訴訟当事者はどのような方法によって「法」を見出していたのかについて考えてみよう。

当事者主義とは

中世における訴訟手続を眺めるときに、われわれはその中に近代法の世界からはおよそ想像もつかない独特の法秩序が存在することに気づく。三問三答の原則のもとで訴状および陳状の応酬による書面審理手続を実質とする訴訟手続の第一段階において、争われる対象が今日でいうところの事実認定や法の解釈・適用などの問題ではなく、例えば当事者が証拠とする該当法源の存否の問題にあったことを知るならば、はたしてこれをどのように理解すべきなのであろうか。該当法源が実在することが明らかな場合には、その真偽を誰がどのような方法によって証明していたのであろうか。

こうした問題に関しては、当時の訴訟手続における当事者主義のあり方を具体的に理解する必要がある。このことはすなわち、証拠法のあり方を理解することでもある。証拠法に関してこれまでに得られている基本的な理解は、証拠は当事者自らが裁判所に提出するか、あるいは証拠を特定してその蒐集の依頼を裁判所に申請すること、また、裁判所は当事者からの申出のない証拠の職権による蒐集は行わなかったこと、さらには、証拠文書の真偽については、一方当事者による論難の有無にかかわらず裁判所は自ら進んでその審査を行わなかったこと、すなわち、証拠文書の真偽については訴陳状の応酬、あるいは対問（口頭審理手続）の中で明らかにされることになっており、裁判所はこれらの手続に積極的に関与しない方針をとっていたこと、などである。

中世の裁判はかような意味において理解される当事者主義を原則としていたが、訴訟当事者には、自らの主張の根拠となる該当法源の具体的な内容を記す証拠文書を提出し、該当法源の出所を明確に証明することが最大の責任として課されていたのである。

このように考えると、法源はどのようなかたちで保存されていたのか、あるいはまた、法源を見出した訴訟当事者はどのような方法でそれを「法」であると証明していたのか、という疑問が湧いてこよう。

4　法源の保存

訴訟当事者が自力で蒐集した法源は、そもそも鎌倉幕府の裁判所の中ではどのように取り扱われていたのであろうか。換言すれば、裁判所は自らの発した法や判決などを法源として、いつでも参照し利用できるような状態で保管していたのであろうか。

訴陳状の応酬が行われる中では、例えば幕府法の内容を伝える文書が敢えて副進文書として提出されている場合がみられる。この文書は単に立法の年月や事書の内容が記される簡易なものではなく、その全文が詳細に書き写された案文（写し）である。はたしてこのことは何を意味するのであろうか。おそらく、裁判所では奉行人がいつでも参照し利用することが可能な状態で法源が保管されているという期待はなかったのであろう。訴訟に関わった経験のある訴訟当事者にとってみれば、法源としての幕府法を「傍例として尋ねまいらす」ことはこの意味においてまさしく「訴訟の習」であったのである。

しかし、こうした状況は鎌倉中期から後期にかけて変化を遂げていく。奉行人の「家」では自らの担当した訴訟事案に関わる文書群が保管されていく一方、幕府の「文庫」（「文倉」）においては幕府の関与した訴訟事案に関わる文書をはじめとする、さまざまな文書が整理・保管されるようになっていった。とはいえ、この段階においては期待されるような体系的な整理や保存は必ずしも志向されていたわけではなく、後の室町幕府において漸くそれが意識の俎上に載せられることになった。

室町幕府のもとでは、さまざまな方面において記録業務が次第に拡大していくことになり、文書を整理し保管することの重要性が幕府自身によってあらためて認識されるようになったことから、訴訟資料の集積や保存の機能を担う専門の部局が設けられることになった。そして、こうした状況の中では、既成の法や判例の中から規範となるべき法を発見することにより、これを解釈し適用していこうとする新たな法的発想が現れるようになった。このことは、過去の法規範による束縛あるいは既成の法の発見という意識が薄弱であったために、その都度新しい立法措置を講じることによって当面の問題に対処するという志向性が強かった鎌倉幕府のあり方とは大きく異なるものである。

室町幕府においては、過去の法や判例が後の判決における理由・根拠とされるべく有効な先例として扱われ得るという新たな考え方が生まれたのであり、幕府の裁判実務の中で次第に広く浸透していくことになった。この問題は、わが国の前近代法史における判例法の形成やその発展のあり方を究明するうえでも重要である。

5 訴訟当事者の証明責任——謀実をめぐる争い——

あらためて強調すべきは、該当法源が期待される効力を発揮するためには、それが実在していることを当事者自らが証明する必要があったということである。これこそが法源だと称される証拠文書が真正な内容を有する文書であり、謀書ではないことを明確に証明することが当事者に課された責任であった。これは、当事者にとって法源を発見することと並ぶ重要な問題であった。

例えば、紀伊国阿弖河荘をめぐって本所（円満院）・領家（寂楽寺）と地頭湯浅氏が六波羅（裁判所）で争った訴訟事案の一局面をみてみよう。

六波羅を舞台に文永二年（一二六五）頃以降に行われた、領家寂楽寺の雑掌（＝訴人、訴訟当事者としては現地の代官である所務雑掌が、法廷では沙汰雑掌が活動する）と阿弖河荘上村地頭の湯浅宗親（＝論人）が争った訴訟事案である。具体的には、訴人（雑掌従蓮）の主張に対して論人（地頭湯浅氏）があらためて反論を試みる中で作成された建治元年（一二七五）十二月という日付のある重陳状の一部（**史料3**）をみることにしよう。

同年八月には、六波羅奉行人齋藤基茂（唯浄）の推薦を受けた従蓮が領家寂楽寺の預所（所務雑掌）に補任されると、従蓮によって派遣された代官を上村地頭湯浅宗親（および下村地頭宗氏）が追い出したことから、同年十月、従蓮は直ちに訴えを六波羅に提起した。因みに、この提訴と同時に、百姓は十月二十八日付の片仮名書言上状を荘園領主（＝本所、園城寺円満院門跡）に提出したことは良く知られている。

史料 3

（端裏書カ）
「阿弖川庄文書」
六条都少兵衛督殿所領、紀伊国御家人湯浅三郎左衛門次郎藤原宗親重ねて陳じ申す、当国阿弖河荘給主按察阿闍梨（実名を知らず）啻に本所代々御契状に違背するのみならず、あまつさえ又条々の悪行においては、一向陳ずる方を失う上、結句関東の平均式目をもって、謀書と号し奉行人（兵藤図書入道・周東太郎兵衛入道）に申し請い裏を封じおわんぬ。かくのごときの重々の所犯を未だ贖い申さざる以前、雑掌を先ず荘家に安堵し、自余の条々においては追って明らめ申すべき由、恣に逆訴を致すは謂われなき子細の事（副進文書省略）
右当荘預所職は、地頭別の功により、本所御契状を賜わるの後、往年以来、宗光・住心・成仏・宗親四代の間、六十余年、兼帯せしむるの条、委しく先陳に載せおわんぬ。預所職の根本の由緒といい、任快按察房の濫吹の悪行といい、皆以て陳ずる方を失う上、承伏の条々
（中略）
およそ宗親申す所の肝心は、先ず当荘預所並びに請所職は、地頭兼帯せしむるや否やの事。

根本の由緒といい、代々の先規といい、或いは本所御契状を捧げ、或いは預所和与状を帯し、地頭の身たりながら、預所所務を引き加えて、四代相伝、六十余年に及ぶの上は、今更何の訴えをもって、宗親を改替せらるべけんやの由、言上せしむる所なり。但し、雑掌申せしむる状の如くんば、宗親を事とすべきは、文永十年の和字状においていわく、預所は恩顧たるの間、彼の意に任すべきの由、載するの上は、改易の条、違背しがたしとうんぬん。此の条謂なき申状なり。彼の宗親の状は、全く懇望の怠状にあらざる者なり。先年戸賀井法眼濫訴の時、宗親米持王の奉書十一通を捧げて言上せしむるのところ、雑掌の訴訟を棄て置かる

（中略）

自今以後においては、只本所二代の御契状に任せ、預所職をもって、本のごとく地頭に付けらるべき者なり。そもそも文永五年四月廿五日の関東平均の御式目のごとくんば、請所の事、廿ケ年相違無くんば、違乱あるべからずとうんぬん。宗親立て申す所は、規模の肝心、只此の事に在り。当職已に四代の星霜を送り、知行又六十余年を経おわんぬ。凡そ度々の勲功、代々の奉公、忠勤他に異なるの上は、輙ち改易せられ難きの上、関東の平均の御式条炳焉のところ、宗親幸にも明時の徳政に逢い奉つり、争か父祖の累跡を守らざらんや。爰に雑掌申すごとくんば、彼の御式目は、一向謀書たるの上は、裏を封ぜられて、下し預かるべきの由、申し請わしむるの間、奉行人兵藤図書入道、周東太郎兵衛入道裏を封ぜしめおわんぬ。訴訟の習いは傍例たり。かくのごときの御下知案を尋ね進らしむるは傍例なり。実書をもって謀書たるの由申せしむるの条、その咎を遁れがたきか。（後略）

論人が主張する内容は次のようである。①嘉禎年中の契状等を根拠に四代六十余年にわたり地頭

として預所職（厳密にいえば預所の下における雑掌職もしくは預所代官職である）を兼帯していること、②（本所円満院から荘務を委任された預所としての役割を担っていることを前提にする）領家寂楽寺が問題にする「文永十年の和字状」については、前の雑掌任快が荘家に乱入し狼藉を働いたことからそれが非法であることを六波羅に提訴した際に、これを収めるために領家が提案した和与に仕方なく応じたものに過ぎず、後々の証文になるような性格の文書ではないこと、③領家が謀書と断定する「文永五年四月廿五日関東平均御式目」（以下、「式目案」と略記）は実書であり、かような文書を提出することは「訴訟の習い」であること、④問題となった年貢の抑留の責任は公文にあること、などである。かように反論することで、阿弖河荘（上村・下村）を地頭が支配することには正当性があると主張している。

論人が自らの主張の根拠として副進した「式目案」（**史料4**）は次の通りである。

史料4

（端裏書）
「関東平均御下知案文」
諸国地頭請所事、前々者、非関東御口入之地所々者、依雑掌之訴、雖被転倒、所詮自今以後者、雖為私之請所、廿箇年無相違者、今更不可有違乱、存其旨可令下知之状、依仰執達如件、
文永五年四月廿五日　相模守（北條時宗）御判
左京権大夫（北條政村）御判

写真2　当該文書が謀書であると主張する当事者が裏封を要求した際に、六波羅の担当奉行人（「沙弥真性」）が裏書を行った譲状の正文（「山内家文書」）

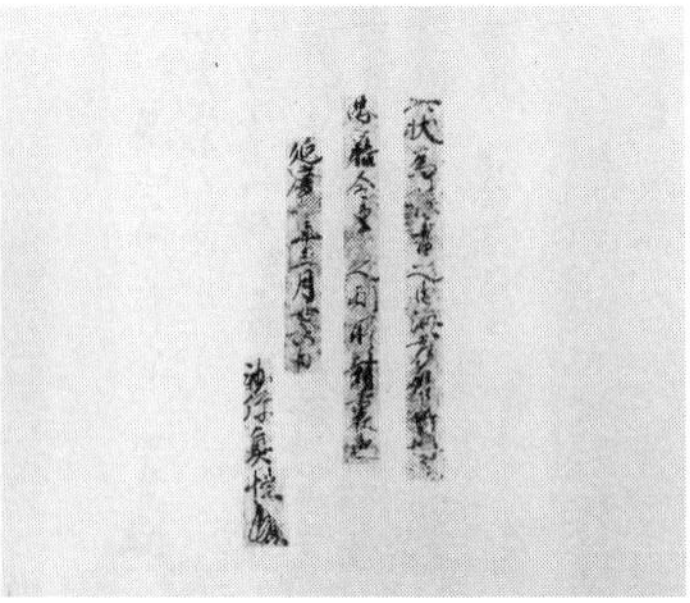

陸奥左近大夫将監殿

訴人が主張する謀書の問題に対して、論人が反論する内容③を今一度確認しておこう。**史料3**によれば、訴人は「「式目案」が実在するものかどうかは不明であり、その出所も明確でない以上は、当該文書の裏を封じてもらいたい」と裁判所に要求したところ、兵藤図書入道および周東太郎兵衛入道が担当奉行人として実際に裏封（謀書であるという当事者による申し立てを受けて、申し立ての事実を証明し、当該文書の証拠保全を意図して奉行人が行う法律行為。**写真2**を参照）を行っている。その一方で論人は、「実書に対して謀書であると主張する訴人は罪科を遁れることは出来ない」と反論している。謀書とは謀作の文書、つまり偽文書のことを意味するが、鎌倉幕府は「式目」第一五条（**史料5**）により、「謀書」を働いた侍身分の者に対しては所領没収などの厳しい罰則を科すると規定している。

史料 5

一　謀書の罪科の事
右、侍においては所領を没収せらるべし。所帯なくば遠流に処すべきなり。凡下の輩は火印をその面に捺さるべきなり。執筆の者また与同罪。
次に論人帯ぶるところの証文をもつて、謀書たるの由、多くもつてこれを称す。披見の処、もし謀書たらばもつとも先条に任せてその科あるべし。また文書の紕謬なくば、謀略の輩に仰せて神社・仏寺の修理に付けらるべし。ただし無力の輩に至つては、その身を追放せらるべきなり。

この訴訟事案では証明責任の問題に対する論人からの明確な応答が行われない中で、論人の謀書の責任を厳しく追及する訴人は、「式目案」の宛所が不正確であるなどとして次のように的確な指摘を行っている。

史料 6

（前略）故陸奥守（時茂）殿御任日者、文永四年十月廿日也、而称関東御下知、自地頭方所進之同五年四月廿五日状云、陸奥左近大夫将監殿云々、背当任御官奉書之條、謀書之企無異儀者は者也、是一、次彼時者、相模式部大夫殿相並有御沙汰之処、不奉○載御名、是二、次沼田左衛門入道重尚与伊予国興島下司尼相論当島事、同五年二月廿六日如関東御下知状者、陸奥守（時茂）殿相模式部大夫（時輔）殿ト令書御畢、可被載御下知之御名御官、傍例准拠已以分明也、謀書之條勿論者哉、是三、謀書事如御式條者、於侍者可被没収所領云々、此上者尤可被断罪者歟、所

詮被合御評定、欲被注申子細於関東（後略）

そうすると、論人（地頭）はどのような方法によってこの法源を見出していたのであろうか。

史料 7

（前略）

一　御式目事

同状云、宗親稱平均御式目之状者、顯然之謀書也云々、此條、彼御式目案者、花山院内大臣家御分国因幡国雑掌本願許所書出也、可被尋彼本願歟、仍為御不審、所借請之大巻式目案令隨身了、猶相貽御不審者、可被尋下宗像入道・塩屋新三郎入道・源馬入道心蓮等歟、彼御式目事所令存知也、有御尋者、不可有其隱、（後略）

史料7はあらためて反論を行った論人の主張内容が記される重陳状（案）の一部分であり、これにはきわめて興味深い一文（傍線部分）が記されている。ここには、地頭がすでに副進した「平均御式目案」の出所が「花山院内大臣家御分国因幡国雑掌本願」が所持する「大巻式目案」であったことが述べられており、証明責任の問題に対して論人が漸く応答するにいたったことがわかる。ところで、御家人である地頭が、「非御家人」とみられる本願なる人物から幕府法の法源をわざわざ借り出して来て、これを六波羅の裁判所に提出しなければならなかったのは、どのような理由によるものなのだろうか。このことは当時、幕府法の知識を縦横無尽に活用し訴訟を有利に導こうと画策していたのは地頭御家人の側ではなく、むしろ本所領家の側であったということを推測させる。

雑掌（沙汰雑掌）は訴訟における代理人としての職務を遂行するために、裁判所のある鎌倉や京都（後には博多も加える）において長期間にわたり滞在することになった。雑掌はその機会を有効に活用するなかで、幕府の裁判事情を詳しく知るために関係する奉行人と可能な限り接触する機会を得ようと努めていた。そしてこれに関わる多くの費用は秘計用途と呼ばれ、その費用捻出のために本所領家に対して送金が別途依頼されることもあった。雑掌はかような活動を通じて、数々の法源を自らのもとに蓄積していったことが考えられる。他方で御家人の側も悠長に構えてはおらず、関係する奉行人の職務的特権の濫用を期待しながら、強力な縁故を最大限に活用し訴訟に臨んでいたことがうかがえる。

そうすると、この訴訟事案において、論人（地頭）が「式目案」を有力な証拠の一つとして裁判所に示すことができた理由には次の三点が考えられよう。第一に、「因幡国雑掌本願」なる非御家人が偶然にも「式目案」（法源）を所持していたこと、第二に、論人はこの法源の存在を知るという偶然の機会に恵まれたこと、第三に、論人は本願からこの法源を入手する手段を有していたことである。一見何でもないこの三つの要因がすべて同時に揃ったことにより、論人は裁判の場に「式目案」を証拠として提出することが可能になったのである。

「式目案」の謀実をめぐる激しい争いはこのように、建治二年（一二七六）六～七月頃まで続いていくことになった。そのなかで領家寂楽寺は、六波羅奉行人の斎藤唯浄（基茂）を味方につける一方、争点を「謀書の罪」に絞ることにより、重大事案としてその裁決を関東に求める（**史料**6など）などの思い切った行動に出たが、地頭側も六波羅の奉行人（後藤左衛門尉などをはじめとする）を首尾良く抱き込んでいくなどの活発な訴訟活動を行っていたことが推測される。惜しくもその結末を語る史料は現存していないが、地頭側が終始有利な立場にあったことが考えられる。

【参考文献】

阿部猛・佐藤和彦編『人物でたどる日本荘園史』（東京堂出版、一九九〇年）
佐藤雄基『御成敗式目――鎌倉武士の法と生活――』（中公新書、二〇二三年）
髙橋典幸「阿弖河庄の建治相論」（鎌倉遺文研究会編『鎌倉時代の社会と文化』東京堂出版、一九九九年）
日本史史料研究会監修・神野潔＝佐藤雄基編『御成敗式目ハンドブック』（吉川弘文館、二〇二四年）
古澤直人『中世初期の〈謀叛〉と平治の乱』（吉川弘文館、二〇一九年）

第4講　江戸幕府法と藩法

1　慶安御触書から考える江戸幕府法

百姓は生かさぬように…

「百姓は生かさぬように殺さぬように」「百姓と油は絞れば絞るほど良い」といったどこかで聞いたことがあるようなフレーズは、徳川政権の農民支配政策を象徴するものとして強烈な印象を与えるものだろう。これに類する法令として、「慶安御触書《けいあんのおふれがき》」というものがある。全部で三二ヶ条あるが、数ヶ条だけ、次に掲げてみよう。

史料 1

諸国郷村江被仰出
一　公儀御法度を怠り、地頭代官之事をおろそかに不存、扨又名主組頭をハ真の親とおもふべき事、
（中略）
一　朝おきを致し、朝草を苅、昼ハ田畑耕作にかゝり、晩にハ縄をない、たわらをあみ、何にてもそれ〲の仕事、無油断可仕事、

一　酒茶を買のみ申間敷候、妻子同前之事、
（中略）
一　男ハ作をかせき、女房ハおはたをかせぎ、夕なへを仕、夫婦ともにかせき可申、然ハみめかたちよき女房成共、夫の事をおろかに存、大茶をのみ物まいり遊山すきする女房を離別すへし、乍去子供多く有之、前廉恩をも得たる女房ならハ各別なり、又みめさま悪候共、夫の所帯を大切にいたす女房をハ、いかにも懇可仕事、
（中略）
一　百姓ハ、衣類之儀、布木綿より外ハ帯衣裏ニも仕間敷事、
（中略）
一　たは粉のみ申間敷候、是ハ食にも不成、結句以来煩に成ものニ候、其上隙もかけ代物も入、火の用心も悪候、万事ニ損成ものニ候事、
（以下略）
慶安二年丑二月廿六日

このような慶安御触書は一読すれば、農民の贅沢《ぜいたく》を戒《いまし》めるなど、やはり江戸初期の徳川政権の農民支配政策を象徴する法令として特徴的な印象をもつことだろう。慶安二年（一六四九）に江戸幕府から出されたとされる法令で、かつては中学や高校の日本史の教科書に必ず掲載されるほど著名な江戸初期の幕府法の代表例とされたものである。

消えた慶安御触書

そんな慶安御触書だが、早くも明治時代には、これが「江戸初期の幕府法」であることに対して疑義《ぎぎ》が呈《てい》されており、近年、その疑いは、ますます大きくなって来ており、高校の教科書からも消えつつある。

その理由としては、内容面などもあるが、何より、江戸初期に出されたはずの慶安御触書の現物がどこからも発見されていないことが挙げられる。これほど有名な法令でありながら、実は「原本」とされるものが伝わっておらず、これを主に伝えているのは、『徳川実紀《じっき》』（江戸後期に編纂《へんさん》された幕府の正史《せいし》）・『徳川禁令考《きんれいこう》』（明治時代に司法省《しほうしょう》によって編纂された江戸時代の法令集）、あるいはその典拠《てんきょ》となった「教令類纂《きょうれいるいさん》」・「条令拾遺《じょうれいしゅうい》」といった法令集など、いずれも後世に編纂されたものなのである。

本講では、以上のことを踏まえて、①慶安御触書の正体は何なのか　②なぜ慶安御触書が江戸初期の幕府法とされたのか　という二つの論点をヒントに、近世社会における江戸幕府法のあり方について考えてみることにしよう。

2　幕府法と藩法

慶安御触書の正体

①について、上記のような事情から、慶安御触書はそもそも偽書《ぎしょ》・偽文書《ぎもんじょ》であり、法令としては存在自体しなかったのだ、といった説が出現したこともあった。が、近年では、元禄十年（一六九七）に甲斐国《かいのくに》（現在の山梨県）甲府藩領内で採用された

「百姓《ひゃくしょう》身持《みもち》之《の》覚書《おぼえがき》」という名の藩法がその原型だという説が有力である（なお、その原型は民間で広まっていた「百姓身持之事」という文書とされる）。

ここではまず、「江戸幕府法」として有名だった慶安御触書が実は「藩法」かもしれないという点に着目し、江戸幕府法について藩法との関係という視点を中心として見ていくことにしよう。

基本法としての「天下一統之御法度」

幕府法には、全国を対象とする「天下一統之御法度《てんかいっとうのごはっと》」と、直属《ちょくぞく》の家臣および直轄地《ちょっかつち》（「御料《ごりょう》」）にのみ施行する「御料法」とがあったが、幕府の基本政策を伝える前者こそ、より重要であったことはいうまでもない。例として、一つ挙げておこう。

史料 2

条々

一　年貢米升目之事、当納より壱俵付三斗七升に金を払、可相納事、

一　年貢米一俵付、口米目こほれ共壱升宛可納事、

一　銭方は永楽百文之積に付、同三文宛之積に口銭可収納事、

右三ヶ条、御料所并私領之百姓に至迄、堅可被申触者也、

元和二年辰七月日

対馬守
大炊助
備後守

文末に注目してほしい。たいていの場合、「御料所《ごりょうしょ》并《ならびに》私領《しりょう》之《の》百姓《ひゃくしょう》に至迄《いたるまで》……」といったように、その法令の適用を受ける人・場所、その支配者などを明記した文言として、大名支配地を意味

する「私領」や大名を指す「国主」「領主」「万石以上」などがみられるのが、天下一統之御法度の特徴である。この法令は、年貢米に係《かか》るものだが、天下一統之御法度には、キリシタン禁制や田畑《でんぱた》永代《えいだい》売買禁止（第21講参照）のように、江戸時代を代表する著名な、したがって体制を規定する重要事項が含まれる。そうした重要法令については、幕府はその遵守《じゅんしゅ》の徹底にこだわり、繰り返し発布するとともに、将軍の代替《だいがわ》りごとに、それがきちんと励行《れいこう》されているかを監視するために「巡検使《じゅんけんし》」が大名領国に派遣された。そして体制の安定に伴って、天下一統之御法度は、その数を急速に増加させていった。

このように書くと、幕府法は一貫して、近世社会の隅々《すみずみ》にまで、確固《かっこ》として通用していたように感じるかもしれない。しかし、現実にはそうではなかった。

幕府と大名

関ヶ原の戦での勝利後も豊臣家が存続したこともあって、初期の幕府にとっては、二度にわたる大坂の陣を経て、体制の安定にいたるまでの過程で、諸大名こそが鍵を握る最大のファクターであった。慶長二十＝元和元年（一六一五）七月に初めて制定された（以後も代替りごとに出される）「武《ぶ》家諸法度《けしょはっと》」は、大名による城の修築や婚姻などを規制し、参勤交替《さんきんこうたい》に関する規定などを含む著名なものだが、初期の幕府の大名に対する姿勢を如実《にょじつ》に表している。

こうした関係を受けて、体制が確立してからも、幕府の法が全国を貫徹《かんてつ》したわけではなく、大名たちはその領国内において独自の法を実施することができた。そのことを規定したのが、元禄十年（一六九七）に制定された「自分仕置令《じぶんしおきれい》」である。

史料 3

元禄十五年六月
覚
一 逆罪之者仕置之事、
一 致付火候者仕置之事、
右之科人有之は、遂僉議、一領一家中迄ニて、外え障於無之は、向後不及伺、江戸之御仕置ニ准し、自分仕置可被申付候、但他所え入組候ハヽ、月番老中迄可被相伺候、遠島に可付申科は領内ニ島於無之ハ、永牢或親類縁者等え急度可被預置候以上、
六月
右書付、万石以上え計相触之、

明確な授権《じゅけん》内容については争いがあるが、少なくとも領国内の事件に関する裁判権については、大名に対してほぼ完全に認められた。他方、他領《たりょう》他支配《たしはい》に係る事件は幕府によって裁かれることになっており、このことは幕府においてとりわけ重要視された。

藩法の世界

藩法とは、大名の領国内の法のことをいうが、狭義には幕府から出された法と区別して大名が独自に定めた法を指す。領国内では、藩法が幕府法に準ずるか、あるいは独自の法を規定するかは、藩の幕府との関係や置かれている状況に左右された。

例えば、先に挙げた甲府藩は、幕府に近い立場にあり、藩が出す法も、幕府法に近いといえる。それに対し、外様《とざま》で江戸から離れた地にある大藩などは、独自の傾向にあることが少なくない。こ

こでは、陸奥《むつ》国（現在の宮城県）仙台藩を例として挙げよう。

史料4

『評定所格式帳』　四四条

　他国者御仕置之格

一　他国より参候者、死罪・牢朽等、前々より無御届被　仰付候、乍去、他領江引張候儀ハ、御届被成格ニ御座候、

但、他領より参、いたつら仕候者御仕置之儀、元禄拾壱年二月廿二日、浅井隼人被遣、阿部豊後守殿江相達候趣ハ、　陸奥守領内江他領之物〔者〕参候而、いたつら仕候者、前々より本国江付届不仕、仕置ニ申付来候、為念之、御国持衆江内々承合候処、大形ハ、左様之者仕置ニ被　仰付節、本国江御付届被成御様子ニ御座候、松平薩摩守様ハ、御国境ニ而、他領之者むさと領内ニ入込不申様ニ被　仰付由ニ御座候、松平加賀守様ハ、本国江御付届不被成、御仕置ニ被　仰付由ニ候、（後略）

後でも触れるが、この仙台藩の刑事法規集『評定所格式帳《ひょうじょうしょかくしきちょう》』の編纂時期は、幕府による『公事《くじ》方《かた》御《お》定書《さだめがき》』の編纂を遡ること約四十年（元禄十六年（一七〇三））で、その編纂それ自体が仙台藩の独自の法制のあり方を明示している、といえよう。次に、この条文では、他領の者でも基本的に自藩にて処罰する、とされているが、前述した通り、「他領他支配に係る事件は幕府によって裁かれる」という原則が存在し、かつこれを幕府は重要視していたのであるから、この条文がいかに特異なものであるかがわかるだろう。

ただし他方で、これは仙台藩が独自に規定したものではなく、幕府に問い合わせ、確認を経たう

えで立法されている（但書）ことには注意が必要である。『評定所格式帳』のほかの条文でも、幕府法が参照されている例がいくつかみられ、独自の法制を行う一方で、幕府の意向にも気を配るという、両面があることが特徴である。

3　幕府法と藩法の関係と変化

次に②について、どのようにしてわれわれは慶安御触書を「幕府法」として知るにいたったのだろうか。その答えは、江戸も後期の文政十三年（一八三〇）の史料に見つけることができる。

慶安御触書の広まり

史料 5

八月八日、林子訪はる、話中に曰ふ、岩村侯の家に慶安二年二月、公儀より普く民間に令ありし小冊あり、その下情に痛貫する見つべし、岩村侯未だ年若なるに因り、某実家の故を以て竊にその政事を助く、廼この違令あるを知て、今復領中の民間に布く、戸毎に頒つが為に、上梓してこれを与ふと、林子帰てその冊を贈り示す、即茲に其冊を模出す（後略）

美濃《みの》国（現在の岐阜県）岩村藩主松平乗蘊《のりもり》の子で大学頭《だいがくのかみ》林家に養子に入り、岩村藩政を後見していた林述斎《じゅっさい》が、好学で著名な大名松浦静山《まつらせいざん》を訪れ、話したのが、岩村藩版・慶安御触書上梓《じょうし》の過程である。それによれば、「岩村藩には、慶安二年に幕府から広く民間に出された「小冊」があり、その内容は民衆の実情に通じるものであった。藩政を後見している間にこれを発見したので、領内に公布し、一戸ごとに配るために刊行した」という。

つまり実は、「慶安御触書」という名称も、それが慶安二年に出された幕府法であるという情報も、この岩村藩版において初めて確認できることであって、これ以前については確認できない。すなわち、少なくとも慶安御触書は江戸初期から広まっていたわけではなく、文政十三年に木版《もくはん》本・慶安御触書として岩村藩が採用して以来、全国各地の大名・旗本らに受容《じゅよう》され、急速に全国に広まっていったものだったのであり、この点については幕府法説の立場でも一致していることが注目される。

江戸前期における法の集積

こうなると、もし慶安御触書が「慶安二年に出された幕府法」であるなら、このように、それが後世に伝わるまで流布《るふ》していくのに、江戸後期（十九世紀）まで待たなければならなかったことが、奇異《きい》に映るかもしれない。加えて、わざわざ模写していることから、松浦静山が慶安御触書について知らなかったことがわかるが、当時の最高の知識人である静山すら知らないのは、不自然に思われるかもしれない。こうした印象は、藩法説が幕府法説を否定する根拠として、幕府の主な法令集に掲載されていないこと、制定以降しばらくの間これを引用ないし参照している法令が見当たらないこと、などが挙げられるのにも通じるだろう。

ところが、幕府法説は、この反論も容易にしりぞけることができる。それは、江戸前期には、幕府は自らが制定した法令を整理・保存する意識が欠如していた、ということを指摘すれば足りるのである。このことは江戸前期における幕府の法・裁判に対する姿勢に関して、きわめて重要といえる。

すなわち、当初幕府では、司法事件は先例および単行法令によって処理していたが、それを集積・整備することは盛んには行われていなかったのであり、したがって、静山ほどの知識人が慶安御触書を知らないとしても、幕府法でないことの証左《しょうさ》にはならない、ということになる。こうした江戸前期の法状況は、注目すべきものであろう。

八代将軍吉宗と公事方御定書の編纂のインパクト

この状況に劇的な変化をもたらすのは、『マツケンサンバ』で国民的人気の俳優・松平健さんが主演するテレビドラマ『暴れん坊将軍』などでおなじみの八代将軍徳川吉宗《よしむね》である。法に強い関心をもっていた吉宗は、判例集や法令集を編纂させるとともに、寛保二年（一七四二）には、幕府初の司法法典となる『公事方御定書』を完成させた（第15講参照）。これを境に、幕府の法に対する姿勢は一変し、組織的に法・判例を集積していくことになる。

その影響は、間もなく諸藩に広まっていく。すなわち、幕府による公事方御定書という法典の編纂は、諸藩における法典の編纂という直接的な結果をもたらした。先に挙げた仙台藩のように、公事方御定書より以前に法典編纂を開始していた藩は例外的であり、諸藩における法典編纂は、あくまでも幕府における公事方御定書の編纂を画期とする。また、例えば、越前国《えちぜん》（現在の福井県）福井藩『公事方御定書』・丹波国《たんば》（現在の京都府）亀山藩『議定書』など、内容的にも公事方御定書を手本としているものもある。そもそも公事方御定書は本来的には秘密法典であり、幕府側にはこれを広める意図はなかったのであるから、諸藩の主体的な、幕府への強い追従姿勢をみて取ることができよう。

藩法の幕府法化

幕府法の果たす役割・占める位置、あるいは藩法との関係の変化という意味でいま一つ挙げたいのは、藩法が幕府法にならっていく傾向についてである。これは、幕府支配の安定化に伴ってみられていく事象であるが、一方で、一般に幕藩体制への動揺が示される江戸後期にもみられることにも注目したい。

史料 6

今度従公儀金銀貸借利足利〔引〕下之儀被仰渡候に付、寺社祠堂銀利足之儀、詮議之上、当十二月迄之分は是迄之通取立、来正月より九朱之利足に引直取立候様、寺社奉行え申渡候条、右銀子借用之人々、其心得に而返納可有之候、

これは、天保十三年（一八四二）十二月十五日に、加賀《かが》国（現在の石川県）金沢藩が祠堂銀《しどうぎん》（寺社が貸し付ける金銭）の利下げを行った法令であるが、この直前の九月二十九日に、幕府が同様の法令を出している（「天下一統之御法度」ではない）。祠堂銀は特別な借金銀として保護が厚く、金沢藩としては利下げは難しかったが、幕府がこれを行ったのに乗ることで断行することができた。このことからは、藩法の効力確保のために、幕府法の権威を利用しようとした大名の意図と、そのことが実際に通用するという社会的な状況とがうかがえる。

慶安御触書の広まりもまた、同様の文脈で解釈することができる。すなわち、文政十三年以降、慶安御触書が全国に広まっていく際、幕府自身が、慶安御触書を幕府法としてあらためて発布したわけではなく、各藩が主体的に、「慶安二年に出された幕府法」としてこれを受容し、公布するなどしている。ここには、百姓一揆の頻発といった江戸後期の社会情勢に即した、幕府法に対する大

名の意識を読み取ることができるであろう。

【参考文献】

石井紫郎『日本国制史研究Ⅰ　権力と土地所有』（東京大学出版会、一九六六年）
神崎直美『近世日本の法と刑罰』（厳南堂、一九九八年）
服藤弘司『幕府法と藩法　幕藩体制国家の法と権力　二』（創文社、一九八〇年）
藤井譲治『江戸開幕　集英社版　日本の歴史（一二）』（集英社、一九九二年）
山本英二『慶安御触書成立試論』（日本エディタースクール出版部、一九九九年）
同『慶安の触書は出されたか』日本史リブレット38（山川出版社、二〇〇二年）

第5講　公事師・公事宿から弁護士へ

1　公事師と公事宿

京都二条陣屋

徳川慶喜《よしのぶ》が諸大名を集めて大政奉還を行った京都二条城の南側、かつて京都所司代・東西の京都町奉行所や有力藩の藩邸が軒を連ねていた一角に、江戸時代の豪商小川家の屋敷跡「二条陣屋《にじょうじんや》」が残っている。屋敷そのものの創建は江戸寛文年間ということだが、十八世紀後半、萬屋平右衛門《よろずやへいうえもん》という人物が公事師《くじし》・公事宿《くじやど》を営んで財を成し、米・両替商を商ったという。「二条陣屋」は現存する殆ど唯一の公事宿の遺構であり、当時の店構えなどは残されていないが、趣向を凝らした室内意匠《いしょう》や客を守る独特な防衛建築に、かつての公事宿の名残が感じられる。

さて、江戸時代の公事師・公事宿は現在の弁護士の前身といわれているが、どのような実態であり、当時の訴訟制度の中でどのような機能を果たしていたのであろうか。

司馬遼太郎の理解

平成八年（一九九六）に惜しまれつつ亡くなったが、今日でもなお「国民的作家」であり続ける司馬遼太郎《しばりょうたろう》の人気シリーズの一つ、『街道《かいどう》をゆく』の第三六巻、「神田界隈《かんだかいわい》」中の「法の学問」に、公事師・公事宿に触れた、次のような一節がある。

江戸時代、民事裁判のことを、公事といった。（中略）世なれぬ者にとって、訴訟が不案内な上に、奉行所への畏れもある。そんな場合、ともかくも江戸や大坂に出て、公事宿にとまる。公事宿が、訴訟についてのいっさいの世話をしてくれるのである。宿の亭主のことを、公事師という。（中略）江戸の場合、公事宿は、馬喰町、小伝馬町などに集中していた。

公事師は、数人の手代をつかっていた。かれらは公事をする百姓から訴えごとの内容をきき、書類をつくり、奉行所への斡旋をし、裁きのときには公事人についてともに出廷するのである。むろん、公事人のかわりに申したてをする。

「手前は、当人の身内でござりまして、ハイ。おそれながら当人になりかわりまして申しあげ奉りまするなどと、当初は、仮りにそんな関係を言いつくろっていたろうが、やがて政府黙認の職業になった。

細かな点はおくとしても、司馬遼太郎は右の文章の中で、少なくとも二箇所、大きな誤りを犯している。①「公事宿の亭主」を「公事師」と呼び、②公事師の訴訟関係業務を「政府黙認の職業」としていることである。では、どのように誤っているのか。

公事宿の訴訟関係機能

まず、公事宿は訴訟・裁判のために出府してきた公事人を宿泊させた宿屋で、公事人宿・出入宿など（遠国《おんごく》の奉行所、代官陣屋所在地にあるものは郷宿《ごうやど》）といった。江戸の公事宿は「江戸宿」と公称され、馬喰町《ばくろうちょう》小伝馬町《こでんまちょう》組旅人宿《ぐみりょにんやど》、八十二軒組・三十軒組百姓宿の三組合が株仲間を形成し、旅人宿は町奉行所、八十二軒組は公事方《くじがた》勘定奉行所、三十軒組は馬喰町御用屋敷と密接な関係にあり、また、それぞれの宿は公事人の在所《ざいしょ》とも何らかの因縁《いんねん》で繋《つな》がっていた。公事人が宿泊すべき宿は、個人的な嗜好《しこう》や気紛れではなく事前に決まっていたのである。

天保十三年（一八四二）七月に、水野《みずの》忠邦《ただくに》によって天保改革の一環として出された命令に対して、江戸の公事宿仲ケ間が奉行所宛に差し出した請証文《うけしょうもん》には、当時の公事宿の訴訟関係業務のおおよそが示されている。

史料 1

江戸宿取計之儀申渡　差上申一札之事

（中略）

一　私共渡世筋取締向之儀ニ付、前々被仰渡之趣弥堅く相守、都而公事人共逗留中、無益之入用不相掛様、精々心附、公事出入之儀ニ付、賄賂音信等、取持ケ間敷儀、決而仕間敷事。

（中略）

一　臨時御預之もの幷御差紙御渡方之儀、寛政十一未年以来日々罷出候三組行事共ニ被仰付候処、今般仲ケ間組合御停止被仰出候ニ付、以来行事名目ハ相止、私共同渡世之もの共申合、日々惣代のもの壱人ツヽ罷出相伺、尤御差紙御渡後取計方之儀ハ、都而是迄之通相心得可申事。
一　公事出入御吟味中、熟談内済いたし度旨を以、願之通日延等被仰付候節、最寄水茶屋等借請、及掛合候もの共も有之哉之趣、入御聴、右ハ公事人共無益之失却も相掛、其上御用弁も不宜故を以、雙方之宿江打寄候歟、又ハ御腰掛江罷出掛合候様、其時々公事人共江可申聞旨、文政三辰年中、被仰渡候処、近年右類之及取計候もの間々有之哉ニ付、尚又厚心附、自然私共取計不行届もの共も有之候ハヽ、其段可申立、被仰渡候事。

（中略）

一　都而御呼出もの之節、公事人共遅参不相成様、度々被仰渡も有之候処、兎角遅参不参之もの多、又ハ一旦病気重躰之由申立候もの、再応御糺之上、召連罷出候得ハ、左迄之容躰ニも御見受不被遊族も有之、或ハ御取調之筋有之、御呼出間遠之節、銘々下代共江相対之上、御奉行所江ハ、病気之由申立、差添人幷其身も内々帰村いたし候もの共も有之哉之趣、追々入御聴、右ハ在方之もの共不埒之段ハ勿論ニ而、不容易筋ニ付、向後右様之取計およひ候もの共有之ニおゐてハ、急度可被遂御糺明候間、其旨相心得、且以来御呼出刻限、半時早ニ召連罷出、自然病気之もの有之節ハ、可成丈手当いたし、不参不相成様、取計可申事

右のように、公事宿は、①差紙《さしがみ》（役所への召喚状）の送達を任され、②出入筋《でいりすじ》ないし吟味筋《ぎんみすじ》（民事ないし刑事裁判）で宿預《やどあずけ》（宿での勾留）となった公事人について責任を負い、③懸合《かけあい》茶屋などで内済《ないさい》（和解）の交渉にあたり、④出廷が滞らないよう公事人の体調にも気を配っていたのである。この他に、⑤評定所や奉行所などへの出火駈付《しゅっかかけつけ》の義務なども課されていたことが知られている。

江戸時代における出入筋は、本人訴訟が原則で、本人が老・幼・病または遠隔地居住などの理由で出頭できない場合、その親族・奉公人などに限って、「代人」（訴訟代理）が認められていたが、公事宿の主人・下代《げだい》らは、訴訟当事者や被糺問者の差添人《さしぞえにん》として白洲《しらす》へ出廷して訴訟行為の補佐をすること、また、宿泊人のために、役所に提出する関係書面の代書をしたり、裁判手続ないし訴訟技術を教示するなど、職業的弁護士と類似した役割を果たしていた。裁判役所と訴訟当事者の間を斡旋《あっせん》するという性格も強く、当事者にとってのみならず、役所にとっても不可欠の存在であった。江戸時代の裁判手続体制の中に、公事宿はしっかりと組み込まれていたのである。

公事師は非合法の訴訟代理業者

これに対して、公事師は出入師《でいりし》・公事買《くじかい》などとも呼ばれ、非合法の訴訟代理業者であった。公事師の禁令は明暦元年（一六五五）、京都所司代の牧野佐渡守《まきのさどのかみ》親成《ちかしげ》が発した「条々」（八箇条）の第四条にすでに見出される。

史料 2

一　慥成証文証拠有レ之儀乍レ存、申掠、亦ハ申分不レ立非拠之訴、又ハ礼物を受て、無実奸謀之訴訟を作等之事。
右濫訴之輩、皆是政道之妨、万人之難儀、罪科殊ニ重し、為レ世為レ人、不レ可レ有レ不レ誡、違犯之輩、或死罪或籠舎、可レ依ニ科之軽重一者也。

京都では江戸時代初期に早くも、計略を巡《めぐ》らして非拠の訴を提起し、礼金を貪《むさぼ》る悪辣《あくらつ》な公事師が跋扈《ばっこ》していたのである。

江戸では、この時期にはまだ京・大坂のように商業活動が活発でなかったために、こうした悪辣な公事師は見られず、非拠の訴訟を起す公事人のみの取締りで十分であったようだが、元禄十五年（一七〇二）になると、幕府は江戸町中の名主《なぬし》・五人組・家主《いえぬし》に対して、

史料 3

一　公事訴訟をすゝめ、目安を認、たくみ成儀を教、諸事出入之儀を取持、礼金を取、いとなみに仕候者、常々遂吟味、町々に不差置候様に可被申付候事。

と触れ、公事師の逮捕と隠れ場所を与えないよう命じているから、江戸でも次第に公事師の活動する条件が整ってきていたようである。

彼らは訴訟技術を教示し、書面の代書を行い、内済の斡旋をするほか、当事者の親族・奉公人あるいは町村役人などを偽称して出廷し、訴訟行為の代理や補佐を行った。金銀出入などの腰押《こしおし》をしたり、また、天明八年（一七八八）頃の「評定所一座」が老中鳥居丹波守忠意《ただおき》に宛てて進達した「金銀出入《きんぎんでいり》譲請《ゆずりうけ》之《の》出訴《しゅっそ》取計方《とりはからいかた》」に関する申合（『目安秘書坤』所収）として、

史料 4

（前略）然処其筋巧なるもの共、在方等江参り、古証文帳面等買求、譲請之積り相対いたし、裏判願受、被二相手取一候もの之内ニは、至而古証文は、祖父親之代之儀ニ而、売掛等一向催促も不レ請故、不レ存も有レ之、又は返済いたし、請取所持いたし、証文不二取戻一差置、吟味之上は不レ及二済方一候得共、少分之儀、御当地迄罷出、路用雑用相掛、其上農業之妨ニも相成候間、申分有レ之候とも、出府不レ致方勝手故、少々金銀差出、内済いたし候儀を見込、右証文帳面等譲受候類、近来相聞申候（後略）

とあるように、古い借金証文や売掛帳面などを買い取り、内済を見越して出訴するなど、裁判・訴訟に関する知識や技術を用いて、種々な活動を行っていた。

確かに、公事宿の主人・下代などが公事師として活動した場合もあり、江戸では公事宿の「雇《やとい》下代《げだい》」となったり、与力・同心と懇意であったりして、半ば公然と活動していた。江戸以外でも町方《まちかた》・在方《ざいかた》を問わず多数存在していた。とはいえ、公事人補佐と役所の業務を公認されていたのはあくまで公事宿であり、公事師ではなかった。幕府は公事師による濫訴や違法な訴訟代理などを抑制・禁止する触を繰り返し発し、また譲証文《ゆずりしょうもん》（債権譲渡）による出訴に制限を加えるなどしたが、公事師の弊害は幕末まで後を絶たなかった。

2　代言人から弁護士へ

公事宿の消滅と代言人の創出

明治維新を迎えると、政府は司法制度の近代化のために、腰掛茶屋の廃止と公事宿の出廷禁止（消滅）を打ち出し、さらに代言人《だいげんにん》の制度を創出していった。

明治二年（一八六九）に太政官が東京に移転されたのを機会に、民部省《みんぶしょう》が置かれ、会計官・訴訟所は同省の付属となったが、民部省はすぐさま腰掛茶屋や公事宿の改革に着手し、五月二十五日には、聴訟司《ちょうしょうつかさ》改正（聴訟席規則）などを作成した。同規則の内容は基本的に江戸時代と変わりないが、従来公事宿が行ってきた、聴訟席（白洲）へ附添人（差添人）が立ち入ることを禁じている。

次いで、明治三年（一八七〇）に政府は、府藩県にまたがる訴訟について「府藩県交渉訴訟准判規則」を制定し、この中で、訴訟は原則として本人に限るが、親族その他の代人を認め、訴答者ともに士卒は差添人、平民は里正《りせい》の差添を原則とした。「旅宿主人」や「旅宿」が代人となることも、例外的に認められたが、それはあくまで差添人・里正の代人としてであって、公事宿としての訴訟業務を認めたものではなかったのである。

明治四年（一八七一）七月、民部省とともに刑部省《ぎょうぶしょう》および弾正台《だんじょうだい》が廃止され、これに代わって司法省が設置された。翌五年四月に江藤新平が司法卿《しほうきょう》に就任すると、八月に「司法職務定制」が制定され、司法省裁判所をはじめとする諸裁判所、判検事、証書人（のち公証人）・代書人（のち司法書士）とともに、代言人（のち弁護士）などの職制が定められた。各区戸長役所に証書人を置いて法律行為の認証を行わせ、各区に代書人を置いて訴答書類を作成させ、また「各区代言人ヲ置キ自ラ訴フル能ハサル者ノ為メニ之レニ代リ其訴ノ事情ヲ陳述シテ冤枉《えんおう》無カラシム　但シ代言人ヲ用フルト用ヒサルトハ其本人ノ情願ニ任ス」（第四三条）とした。また、区裁判所では、町村役人による差添を義務づけ、証書人強制主義（代書人と代言人は任意）を採用した。しかし、この時点では、証書人・代書人・代言人の資格については何らの制限も設けられていない。次いで明治六年（一八七三）七月の「訴答文例並ニ附録」では、町村役人の差添が廃止され、かわって代書人強制主義（代言人は任意）が採用された。

このように、明治政府による司法制度改革は紆余曲折《うよきょくせつ》を経ながら進んでいったのだが、このような中で公事宿はというと、同年十二月の布告によって免許鑑札《めんきょかんさつ》を下付された「旅人宿」（六〇余名、このうち約半分が小伝馬町・馬喰町を中心とした第一大区に属していた）が、明治七年（一八七四）二月頃から次々と鑑札を返上して休業あるいは廃業に追い込まれていった。

代言人から弁護士へ

「司法職務定制」は、代言人の資格要件を定めなかったため、依頼人と代言委任契約を結べば誰でも代言人となることができた。そのため、無学無識の口舌《こうぜつ》の徒らが法廷を席捲《せっけん》したといわれている。こうした「三百代言《さんびゃくだいげん》」の弊風を是正するため、「検査」による免許制が導入されたのは、明治九年（一八七六）二月の「代言人規則」（司法省甲第一号布達）によってである。

史料 5

> 第一条　凡ソ代言人タラントスル者ハ先ツ専ラ代言ヲ行ハント欲スル裁判所ヲ示シタル願書ヲ記シ所轄地方官ノ検査ヲ乞フヘシ地方官之ヲ検査スルノ後状ヲ具シテ司法省ニ出ス然ル後其許スヘキ者ハ司法卿之レニ免許状ヲ下付ス

検査は地方官が実施し（第一条）、①布告布達の沿革・刑律および②現行裁判手続の概略に通じているかどうか（第二条）について行われ（なお、女性は事実上、欠格とされた）、免許は司法卿が交付、裁判所ごとに一年更新・一〇円の免許料が徴収された（更新を怠ると、また代言人試験を受けなければならなかった）。

さらに、明治十三年（一八八〇）五月の「改正代言人規則」（司法省甲第一号布達）では、試験の管轄は地方官から司法省へ移されて、一年のうち春秋二回の実施に、試験課目は、①民事刑事に関する法律と②訴訟手続および裁判に関する諸規則に、問題作成は統一的に司法省に、考査担当は所轄検事にと改められた。免許は諸裁判所共通となったものの、免許料は従前通りであったし、さらに各地裁所轄ごとに代言人組合が設立され、代言人はいずれかの組合に強制的に加入することとされた。この代言人規則の改正から二ヶ月後に刑法と治罪法が公布され、その施行を受けて明治十五年から刑事弁護が開始されたことを考え合わせると、代言人組合の設立と強制加入は自由民権運動と代言人の関係を断ち切ることが目的であったことがわかる。

代言人試験問題は事例問題いわゆる擬律擬判が中心であったが、明治十八年七月から開始された判事登用試験（明治十七年十二月「判事登用規則」太政官第一〇二号達）と歩調を合わせる形で、同年八月からの民刑事問題には従来の「事実問題」に「法理問題」が加えられることとなった。

こうした試験問題の変化は、明治十三年から十四年に始まる私立法律学校での法学教育が、いずれも西欧法理を解説したもので、各学校で西欧法を習得した学生たちが判事登用試験および代言人試験受験者の大半を占めるようになったこと、および明治政府の「泰西主義」に基づく法典編纂事業が刑法・治罪法の完成を経て、民法・商法・民事訴訟法へと進行しつつあったことの反映でもあった。明治政府が求める法曹の「学識」は、それまでの実務経験則に基づいた事例処理能力から西欧法理論の知識とその適用能力へと、大きく質的に転換していったのである。

次いで、明治二十年春期の代言試験からは、刑法・治罪法・訴訟法のほか、契約法・売買法・時効法・証拠法および会社法などについて仏法・英法の問題のいずれかが選択できるようになった。民事法（会社法を含む）が英仏法の選択問題となったのは、当時の私立法律学校の法学教育の実態を反映した変化であった。

その後、明治二十六年（一八九三）三月の「弁護士法」（法律第七号、五月一日施行）によって、代言人は弁護士と改称された。弁護士の要件は、日本臣民で民法上の能力を有する成年以上の男子と定められ（第二条）、明文で、女性は欠格とされた。、無資格者である「三百代言」も次第に淘汰されて（複数事務所問題などもあり、完全になくなるわけではないが）、明治末年になると、著名な弁護士たちが轡を並べる「黄金時代」を迎えるにいたるのである。ちなみに、女性が弁護士となる道が開かれた（高等試験司法科の受験が認められた）のは、昭和十一年（一九三六）になってからであり、二年後、中田正子・三淵嘉子・久米愛（いずれも明治大学専門部女子部出身）の三人が初めて合格した。

【参考文献】

茎田佳寿子「公事宿から代言人へ」（『日本歴史』第四九一号、一九八九年）
高橋敏『江戸の訴訟――御宿村一件顛末――』（岩波新書、一九九六年）
瀧川政次郎『公事師・公事宿の研究』（赤坂書院、一九八四年）
谷正之『弁護士の誕生』（民事法研究会、二〇一二年）
橋本誠一『在野「法曹」と地域社会』（法律文化社、二〇〇五年）
服藤弘司「近世民事裁判と『公事師』」（大竹秀男・服藤弘司編『幕藩国家の法と支配――高柳真三先生頌寿記念――』有斐閣、一九八四年）
南和男「公事宿の機能と実態」（同『幕末都市社会の研究』塙書房、一九九九年、一九六七年初出）
村上一博「試験問題からみた代言人像の変遷」（『民衆史研究』第七八号、二〇〇九年）
明治大学史資料センター編『白雲なびく遥かなる明大山脈――法曹編Ⅰ・Ⅱ――』（ＤＴＰ出版、二〇一二・二〇一三年）

第6講　西欧型民刑法典の編纂

1　近代日本における法典編纂

西欧法導入の目的

明治政府にとっての最大の関心事は、対外的には、幕末に欧米列強と締結した、いわゆる不平等条約の改正（治外法権の撤廃と関税自主権の回復）であり、また対内的には欧米列強と経済的に対抗するため、資本主義的諸制度を整備することにあった。いずれの場合も、投下資本の保障を含む取引の安全と取引当事者の生命・自由・財産を保障することが必要不可欠であったから、整備されるべき法典（家族法はともかく）の原則は、「泰西主義」（Western Principle）に則ったものでなければならなかった。

2　刑法典の編纂

政府がボワソナード（Gustave Emile Boissonade de Fontarabie）を招聘した最大の目的は、この法典編纂のために他ならない。まず、彼が編纂に着手したのは、刑事関係の二法典（刑法典と治罪法典）であった。紙幅の都合上、刑法典についてだけ、編纂過程の概略を示しておこう。

明治維新以来、『仮刑律』（慶応四年閏四月頃）を経て、明治三年制定の『新律綱領』と、同六年にこれを部分的に修正増補した『改定律例』が並び行われていたが、これらは、古代の養老律令から近世の公事方御定書や熊本藩刑法草書のほか、中国の従来の明・清律などを参考に作られたものであった。明治八年九月に司法省刑法草案取調掛が決定した編纂方針には、「欧州大陸諸国ノ刑法ヲ以テ骨子ト為シ、本邦ノ時勢人情ニ参酌シ、以テ、寰宇《カンウ》普通ノ成典ヲ編修セントスルニ在」り、さらに「欧州大陸各国刑法ノ内、仏国刑法ノ編集尤モ《(ママ)》前ニ在リテ、諸国之レニ依ルモノ多ク、且飜訳先ヅ成ルヲ以テ能ク各人ノ耳目ニ慣レ、其上仏国教師雇中ニ質問ニモ便」であると記されている。後述するように箕作麟祥訳『仏蘭西法律書』がすでにあり、ボワソナードを招聘したことが、フランス刑法をモデルとして刑法を編纂する理由とされていたことがわかる。

まずボワソナードが仏文草案を起草し、司法省内でそれを翻訳して討議したのち、ボワソナードが再度起草するという手続きを数回繰り返したのち、明治十年十一月、「日本刑法草案」（全四編四七八条）が太政官に上呈された。その後は、太政官において、刑法草案審査局が設置され（総裁伊藤博文）、細川潤次郎・井上毅・鶴田皓ら日本人委員によって、皇室に対する罪の設置や国事犯に対する死刑の適用などの修正がなされ、十二年六月「刑法審査修正案」（全四編四三〇条）が太政大臣に上申、その後、元老院・内閣を経て、十三年七月に公布（太政官布告第三六号）、十五年一月から施行された。

この十五年刑法では、従来の「援引比附」や「不応為」を認めた諸規定が排除され、西欧近代刑法の「罪刑法定主義」の原則が採用されたが、ボワソナードが強く主張した、政治犯に対する死刑の廃止については、編纂過程で退けられたのである。

3　民法典の編纂

フランス民法の翻訳

慶応三年八月、徳川慶喜の実弟である民部大輔昭武による万国博覧会視察に随行してフランスへ渡った栗本安芸守鋤雲《じょううん》（号は匏庵、外国奉行箱館奉行兼帯）が、帰国後に出版した『暁窓追録《ぎょうそうついろく》』（明治二年刊）にナポレオン法典が紹介されているが、わが国への本格的なフランス法の導入は、明治二年、箕作麟祥によるフランス諸法典の翻訳作業に始まる。箕作は始めに刑法、次いで民法、さらに憲法・（民事）訴訟法・商法・治罪法（＝刑事訴訟法）と、いわゆるナポレオン五法典（加えて憲法）を、次々に翻訳していった（明治七年四月までに、『仏蘭西法律書』和装本全四〇冊が印行された）。江藤新平が「誤訳も亦妨げず、唯、速訳せよ」と箕作を叱咤激励した話は有名である。

史料 1

南白以為らく「日本と欧洲各国とは、各其風俗習慣を異にすと雖ども、民法無かる可からざるは、則ち一なり。宜しく仏国の民法に基きて日本の民法を制定せざる可からず」と。箕作に命じて訴訟法、商法、治罪法等を飜訳せしめたり。而して箕作少しく飜訳に難んずるや、南白之を促して曰く『誤訳も亦妨げず、唯、速訳せよ』と。

箕作によるフランス民法の訳文は、太政官制度局中弁であった江藤新平が主導する民法会議で順次検討された。同局での編纂会議は、明治三年九月から翌四年八月まで続けられ、民法決議とその続編である民法決議第二を経て、御国民法（人事・身分証書・住所・失踪・婚姻・離婚の約二四〇ヶ条）として纏《まと》められた。そこでは、フランスの身分証書制度（個人単位）が採用されており、これは明治四年戸籍法（いわゆる壬申戸籍、世帯単位）の精神と相容れないものであった。

民法決議

左院草案

左院は、明治四年旧七月の太政官制改革において、従来の制度局を吸収する形で新設（八年四月廃止）された。文部大輔から左院一等議官、さらに同院副議長（四年八月）に就任した江藤新平は、太政官から左院へ民法会議を移管させた。その後、江藤自身は、明治五年四月二十五日に司法卿に転任することになるが、左院での編纂作業は継続され、明治六年五月の太政官職制改正によって太政官が立法事業を一手に掌握、さらに六月の左院職制で立法事業が左院の専管事項となった。左院での民法編纂の方針は「我国古来習慣ノ美事」を基底に「仏国ノ民法ヲ斟酌」するものとされ、完成された民法草案は、(1)「家督相続法並贈遺規則草案」（九三条、明治五年司法省合議脱稿、六年九月完成）、(2)「養子法草案」（一〇条、六年後半に完成）、(3)「後見人規則草案」（三四条、六年四月脱稿、二一条、七年一月完成）、(4)「婚姻法草案」（五九条、六年脱稿）の四草案であり、その特徴は、長男単独相続制およびこれと結びついた家父長制という基本的構想が採用され、保守的な性格を帯びたものであった。

皇国民法仮規則　司法省明法寮は明治四年九月に司法省の外局として新設された部局で、本来、法律家の養成を目的としたものであったが、江藤新平が司法卿に就任後、急速に機構が拡大されて、「博ク古今及各国ノ法ヲ講究シ……新法ヲ議シ条例ヲ編修」する機関に変更された。明法寮での編纂作業は、第一次草案→改刪未定本→第三次草案→慶應義塾本を経て、明治五年十月までに皇国民法仮規則（九巻一一八五条）として結実した。これはわが国における最初の総合的民法典草案といえるもので、その特徴は、財産法部分がフランス民法の包括的な模倣であったのに対して、家族法部分はフランス的要素が排除されて家父長制（戸主権）と長男単独相続制を骨子とした内容となっていたことにある。家族法は戸籍法の精神に則り、フランス民法の身分証書制度は否定されたのである。

民法仮法則　江藤新平が主催した司法省民法会議で纏められた草案が、民法仮法則である。江藤主催の司法省民法会議は明治五年十月十日に発足した。起草の中心は、司法省御雇外人のジョルジュ・ブスケ（Georges Hilaire Bousquet）であり、通訳は左院御雇外人のヂュ・ブスケ（Albert Charles Du Bousquet）が担当した。会議では、箕作訳『仏蘭西法律書（民法）』を台本にして、皇国民法仮規則とブスケ案が参看され、明治六年三月十日に民法仮法則（九巻八八条）が完成した。江藤はこれを直ちに施行する目論見であったようだが、明治六年の政変によって参議を失脚して下野したため、実現することなく終わった。その特徴は皇国民法仮規則と同様であり、ここに、民法編纂における進歩的個人主義的精神は保守的家族主義的精神へと転換したことが知られるのである。

明治十一年民法草案　江藤の後を受けて、明治六年十月に大木喬任が司法卿に就任した。八年二月の大阪会議の結果、四月十四日に立憲政体の詔が出されて、左院・右院が廃止されて、立法事業の左院専管が解消され、八月三十日の司法省職制改革によって、司法省は五局二三課となり、民法課・刑法課などが設置された。九年六月、箕作（司法大丞）と牟田口通照（司法権大書記）に対して起草の命令が下った。明治十一年四月に起草が終了した民法草編（一八二〇ヶ条）は、フランス民法の影響が強く、「殆ト仏国民法ヲ抜抄シ翻訳シタヨウナモノ」「敷写民法」と厳しく批判され、結局は廃案に終わった。

旧民法　明治九年の中頃には早くも、大木は、ボワソナードに民法起草について打診していたようだが（明治九年七月二十九日付、大木司法卿に宛てたボワソナードの回答「意見（民法創立）」）、司法省が正式に、ボワソナードに民法草案の起草を付託したのは明治十二年三月である。大木は、十三年四月、民法編纂局を元老院内に創設し（「民法編纂ノ議」四月十三日）、自ら総裁に就任、六月一日から本格的な活動が開始された。

史料 2

民法編纂ノ議

本官曩ニ司法卿兼任中明治九年六月ヨリ司法省ニ於テ委員ヲ置[キ]本官其主任トナリ民法編纂ニ着手シ漸次稿ヲ起シ明治十一年四月ニ至リ一時全ク竣功ニ属スト雖モ未タ充分ナラサル廉モ不少候ニ付尚又々精々審査本年一月ヨリ再ヒ委員ヲ会シ集議ヲ遂ケ改革ニ着手候処……

該事業タル未タ法典ノ我国ニ制定セシモノ無之専ラ法理ノ淵源ヲ究メ理論ト人情トヲ折衷シ其当ヲ得ルヲ肝要トシ而シテ其区域尤広濶条章数千ニ渉リ不容易事業ニ候ヘハ元老院議官及裁判官並ニ当部官員中ヨリ若干名ヲ選ミ委員ヲ定メ……合議論究ノ上編纂致シ候ハ、実際上便宜ヲ得申ヘクト存候間此段上申候也

参議法制部主管大木喬任

太政大臣三条実美殿

ボワソナードが立案した旧民法の編別構成は、第一編人事編、第二編財産編、第三編財産獲得編（第一部：特定名義の取得法、第二部：包括名義の取得法）、第四編債権担保編、第五編証拠編という内容であった。人事編に婚姻・親子・親権など、財産獲得編に売買・交換とともに、相続・贈与、遺贈・夫婦財産契約などが配置された。もっとも、人事編および財産獲得編第一部の家族法部分について、ボワソナードは直接的には原案起草を命じられていない。

民法編纂局章程（五月二十八日）によれば、編纂局第一課において財産法分野の草案（注釈付き）をボワソナードが仏文で起草し、日本人委員（箕作［元老院議官］・黒川誠一郎・磯部四郎）が翻訳と整理を行い、玉乃世履・楠田英世・水本成美・津田真道・西成度・池田弥一が討議者として参加した。

ボワソナード民法草案（Projet de Code civil pour l'Empire du Japon, accompagné d'un commentaire）が公布されるにいたるまでのおおよその過程は次の通りである。ボワソナードは、明治十五年九月、財産編第一部物権を大木総裁に上呈、十六年四月には、財産編第二部人権と併せて、六〇〇ヶ条が

完成した。この修正された財産編の草案が、一般的に、『再閲民法草案』と呼ばれるものである。十八年中に、財産獲得編の第一部特定名義の獲得法（四〇一ヶ条）が完成したのをうけて、十九年三月三十一日に民法編纂局は廃止となり、大木総裁は首相伊藤博文に上申書を提出し（ボワソナードも二十八日に提出した）、第二編財産編と第三編財産獲得編第一部（併せて約一〇〇〇ヶ条）を公布するよう建言した。

その後、編纂事務は司法省へと移管され、明治十九年四月一日～二十年四月十八日の間、「司法省民法編纂委員」で審議され、十二月六日、『再閲民法草案』が元老院に提出された。第一読会が開かれたものの実質審議はないまま、しばし放置され、二十年四月二十日、民法草案は内閣へと返上された。これは外務大臣井上馨から議定中止の要請によるものであった。

四月二十二日開催の第二六回条約改正会議で「裁判管轄条約案」が採択されたが、その第四条一項に「日本帝国政府ハ泰西主義ニ則リ、本条約ノ定款ニ遵ヒ、司法上ノ組織及成法ヲ確定ス可シ」との規定があり、混合裁判所が想定され、外国政府による法典内容の「審査承諾」が条件とされていた。そのため、井上馨の要請で編纂事務は外務省へ移管されることとなり、外務省法律取調委員会（明治十九年八月六日～二十年十月二十日）で審議されることとなったのだが、ボワソナードと農商務大臣谷干城による条約改正反対意見書が公表されたことで、世論の反対が沸騰した結果、二十年七月、改正条約の調印は無期延期となり井上馨が辞職するに及んで、法律取調委員会は再び司法省へ戻った。この間、外務省での草案審議はほとんど進展しなかったようである。

司法省法律取調委員会は明治二十年十月二十一日に発足、山田顕義司法大臣が委員長に就任、民

法の原案起草は従前通りボワソナードに委ねられ、報告委員には今村和郎・栗塚省吾・宮城浩蔵・井上正一・磯部四郎・熊野敏三・光明寺三郎などが、また法律取調委員には細川潤次郎・鶴田晧・箕作麟祥・清岡公張・渡正元・村田保・尾崎忠治・南部甕男・西成度・三好退蔵などが任じられた。

史料 3

法律取調委員会略則
第一条　法律取調ノ目的ハ民法商法及訴訟法ノ草案条項中実行シ能ハサルモノアルヤ否又他ノ法律規則ニ抵触スルコトナキヤ否ヲ審査スルニ在リ故ニ法理ノ得失実施ノ緩急文字ノ当否ハ之ヲ議論スルコトヲ許サス

委員会での審議は、第二編財産編の第五〇一条から開始された。他方、ボワソナードは、引き続き、第四編債権担保編と第五編証拠編の起草に着手、明治二十年十一月一日～二十一年二月十九日に条文が、明治二十一年三月四日～二十二年三月二日に注釈が完成している。

明治二十一年十二月に、財産編・財産獲得編・担保編・証拠編の財産法関連部分が内閣に提出、これとほぼ同じ頃、人事編・財産獲得編の相続など家族法関連部分も完成したようである。この家族法部分の起草者・起草過程および審議内容については不明な点が多いが、人事編については熊野、財産獲得編の相続については磯部らが深く関与していたとされている。家族法部分いわゆる身分法第一草案は、フランスに加えて、イタリア・ベルギーの民法草案も参酌した市民法的性格の強いものであったが、再調査案・元老院提出案などを経て、明治二十二年七月に元老院で可決した頃には、その進歩的性格は大きく後退し、明治二十三年四月二十一日の財産法部分（法律第二八号）に続き、十月六日に家族法部分（法律第九八号）が公布された（ともに二十六年一月一日施行予定）。家族法部分の特徴をあげれば、人事編第十三章「戸主及び家族」には「戸主及ヒ家族ハ其家ノ氏ヲ称ス」（第二四三条）と家族同氏の原則がとられ、家族の婚姻・養子縁組に対する戸主の許諾権（第二四六条）が定められた。相続では、家督相続と遺産相続が区分され、前者について長男単独相続制が採用された。このほか、賃借権を物権とし、譲渡・転貸を認めたのも同法の特徴である。

法典論争

明治二十二年五月、東京大学法学部の卒業生で組織する法学士会（増島六一郎・山田喜之助・菊地武夫・江木衷・岡村輝彦・奥田義人・花井卓蔵ら）が「法典編纂ニ関スル意見書」を発表し、明治政府による法典編纂は「専ラ欧洲ノ制度ヲ模範トスル者ナレバ、旧慣故法ヲ参酌スル事殆ド有名無実ニシテ、要スルニ其大体ハ新規ノ制定」であって受け入れ難い旨、批判した。いわゆる法典論争の始まりである。二十三年になると、穂積陳重も『法典論』を著して法典編纂に慎重な立場を表明した。

最初に法典批判の矛先が向けられたのは、ドイツ人法律顧問のヘルマン・ロエスレル（Hermann Roesler）が起草した商法（いわゆる旧商法）であった。旧商法は明治二十三年四月に公布（法律第三二号）され、二十四年一月から施行予定であったが、東京商工会（渋沢栄一会頭）が主導して一部経済界と英法派法学者らが中心となって運動を進めた結果、二十三年十二月の第一帝国議会で施行延期法案が可決成立、二十六年一月まで施行が延期された。旧商法の施行に反対した主な理由は、旧商法が日本の商慣習を考慮せず意味不明で難解な用語を多数使用しているため、施行までわずか数ヶ月という短時日では一般商人は到底理解することができず、商業界は混乱状況に陥ってしまうという危機感にあった。

次に延期派のターゲットとなったのが、旧民法である。明治二十四年八月には、穂積八束「民法出テ、忠孝亡フ」が発表されて旧民法攻撃が本格化し、第三帝国議会を前に、明治二十五年五月、八束・江木・奥田らによる「法典実施延期意見」が発表された。同意見からは、個人主義的自由取引の抑止論、資本主義に内在する矛盾への危機感の表明を読み取ることができるが、その矛盾を回避する方法として「村」「家」など共同体の再生産が打ち出されているのが特徴的である。これに対して、明治二十四年三月に明治法律学校と和仏法律学校が共同で立ち上げた法治協会（井上正一・磯部四郎・熊野敏三・岸本辰雄・宮城浩蔵・本野一郎・杉村虎一・城数馬）は「法典実施断行意見」を発表して、民法の実施を延期することこそ、「国家ノ秩序ヲ紊乱」し「倫理ノ壊頽ヲ来」し「争訟紛乱ヲシテ叢起セシ」めるなどと反論した。

このほかにも、ボワソナードも含めて数多くの施行断行あるいは延期意見が発表されたが、明治二十五年五月十六日、村田保が第三帝国議会の貴族院に「民法商法施行延期法案」を提出した。法典の修正が必要な理由として、①倫常を紊ること、②慣習に悖ること、③法律の体裁を失すること、④法理の貫徹せざること、⑤他の法律と矛盾すること、の五点が挙げられている。議会における法案賛成・反対の議論については省略せざるを得ないが、結局、貴族院では、一二三対六一（二十八日）、衆議院では、一五二対一〇七（六月十日）の票数により、民法は修正を行うため明治二十九年十二月三十一日まで施行を延期されることとなった（十一月二十二日裁可、法律第八号として公布された）。

この法典論争をどのように評価すべきか、ここで詳しく触れる余裕はないが、少なくとも、延期派の勝利によって、①自然法的・普遍主義的思想が排除される方向が確定して、フランス法学の後退とドイツ法学の伸張が決定的となり、②法的規範と倫理的規範の範疇的区別を前提とした旧民法的私法秩序が否定されたことは、間違いない。足掛け四年にわたる「法典論争」は、旧民法の施行延期で終止符を打ったのである。明治十二年以来、ボワソナードが全精力を込めて起草し修正に修正を重ねてきた努力は、徒労に終わったのである。

その後、明治二十六年三月二十一日、伊藤博文が首相官邸に西園寺公望・箕作麟祥・横田国臣・穂積陳重・富井政章・梅謙次郎らを集め、その場で、穂積から「修正見込書」が提出されて、法典修正の綱領、すなわち、民法の修正は「根本的改修」、法典の体裁は「パンデクテン」式、「サキソン」民法の編別を採用することが討議決定された。その後の修正過程でドイツ民法第一草案が翻訳参照されたこともあって、明治民法はドイツ民法の絶対的影響のもとに編纂されたという「神話」が形成されていくことになる。

【参考文献】

石井良助『民法典の編纂』（創文社、一九七九年）
大久保泰甫『日本近代法の父　ボワソナアド』（岩波新書、一九七七年）
同・高橋良彰『ボワソナード民法典の編纂』（雄松堂、一九九九年）
金山直樹『法典という近代——装置としての法——』（勁草書房、二〇一一年）
ボワソナード民法典研究会編『ボワソナード民法典資料集成』（雄松堂、一九九八〜二〇〇六年）
前田達明編『史料民法典』（成文堂、二〇〇四年）

第7講 中世における訴陳三番

日本中世の日記文学あるいは紀行文として知られる『十六夜日記』は、鎌倉時代後半の弘安二年（一二七九）十月、大納言藤原為家の妻阿仏尼（安嘉門院四条）が鎌倉へ向けて下向した折りに仮名文によって書かれたものである。阿仏尼が遙々鎌倉へ下向することを決意したのは当時、為家の遺産である播磨国細川荘の地頭職や和歌文書の継承をめぐってわが子の為相が為家の嫡男為氏（御子左家＝二条家）と争っており、阿仏尼はいったん朝廷の裁判で解決を図ろうと試みたが成功しなかったので、あらためて鎌倉幕府の裁判によって決着を付けようと考えたからであった。阿仏尼は為相の相続権が認められ、同時に当主として新たな歌道家（冷泉家）を確立することを望んでいたが、最終的に為相の勝訴が確定したのは、阿仏尼没後の正応二年（一二八九）の為相勝訴の判決を経た後の正和二年（一三一三）の判決（同年七月廿日付関東裁許状）においてのことであった。

中世の裁判のあり方については、例えばこのような事例がその一端を明らかにしているものと思われる。そこで、当時行われていた裁判における具体的な手続はどのようなものであったのかを知るためにも、鎌倉幕府の訴訟手続の実態を観察してみることは大いに有益なことであろう。そのなかでは、一定の規則に従って裁判が行われていたという事実や、訴訟手続のあらゆる面において当事者主義が徹底されていたことを理解することにもなるからである。

1 「獄前の死人、訴えなくんば検断なし」

このことをいち早く論じたのは法制史家の中田薫であった。中田は日本中世の刑事手続法が西欧中世法と酷似して「不告不理」を実質とする弾劾主義を前提にしていたと論じた。中田が取り上げた史料の一部をみよう。

史料 1

次以預当職恩補、厳瑜備無科支証歟、是又無謂、其故者、貞治拝任之日者、無訴人之故也、世間話云獄前死人無訴者無検断云々、誠依無訴人、実犯不顕者、不足為支証者哉、

中田は「獄前の死人、訴えなくんば検断なし」という文言に注目し刑事訴訟手続（検断沙汰）における弾劾主義を強調したのであるが、それ以降のわが国の学界においては民事訴訟手続（所務沙汰、あるいは雑務沙汰）においても広く妥当するものと理解されている。今日、法史学をはじめとする分野の中で用いられる当事者主義という言葉は、この意味において通説的理解として定着している。ところで、鎌倉幕府の訴訟手続は鎌倉後期になって一応完成されることになった。訴訟手続の詳

細は、元応元年（一三一九）頃の成立が推定される『沙汰未練書』によって知ることができる。『沙汰未練書』はその名称が物語っているように、沙汰（＝訴訟の手続）に未練の者（＝熟達していない奉行人）を対象とした裁判実務の手引書の体裁を取っている。本講では、『沙汰未練書』に記載される内容を前提にして、当時の訴訟手続のあり方や特徴をその進行過程の中に垣間みることにしよう。

2　訴訟手続の概観

訴えの提起　東大寺領美濃国茜部荘における年貢の「絹綿」の弁済方法および納入時期などをめぐり、東大寺（訴人正員）および雑掌の賢舜が、地頭正員である長井泰茂（論人、六波羅評定衆）および地頭代官の伊藤行村を相手取って六波羅の法廷において争った訴訟事案をみてみよう。

雑掌はもとより、荘園領主（本所・領家）が裁判における訴訟事務の全般を一任するために雇った法律実務家のことをいう。彼は基本的に高い文筆能力を有するうえに、各種の文書作成、経理事務あるいは交渉術などの広範囲にわたって優れた能力を発揮することが期待されており、裁判所の所在地を拠点にしながら、訴訟代理人として果たすべきさまざまな活動を行っていた。雑掌はこの意味において、寺社経営をも根本から支える立場にあったと理解することができる。

さて、当該事案に関する訴訟手続の流れをみると、文永四年（一二六七）七月には、雑掌賢舜作成の訴状および東大寺（訴人正員）作成の訴状の両通が六波羅に提出されることで訴訟が本格的に開始されることになった。ところが、前年の文永三年（一二六六）六月にはすでに、訴人（雑掌）が訴状を提出したにもかかわらず、論人（地頭代伊藤行村）はこれにまったく応答しなかったことがわかる。この事態を受けて雑掌はあらためて訴状を作成する一方、東大寺（別当僧正）は自らが作成した文書に雑掌作成の訴状を副えて再び六波羅に提訴するにいたったことがわかる。この時、東大寺（訴人正員）が作成した文書は、代理人の主張内容を本人の立場で確かに了解し、これを保証するとした挙状（代理人の訴訟行為を裁判所に通知する文書）としての役割を果たしたことが推測される。そして裁判所（六波羅）は現実に、これら二通の文書のことを初問状（＝初度訴状）と位置づけていることがわかる。

ところで、この二通の文書が主張する内容とはどのようなものであろうか。すなわち、①論人は前年の未進分年貢の絹綿を早急に弁済すべきこと、②問題になっている請所は「武家口入」の（＝幕府の認可した）請所ではなくて、あくまで寺家が地頭に対する御恩として認めた請所に過ぎず「永代の請所」ではないこと、したがって、寺家は自らの裁量で請所契約を停止し得ること、③寺家に対して論人（地頭代行村）が取り続けている態度は奸謀・違乱にあたること、などの点であった。

問状の発給

訴状を受理した裁判所は新たに「問状」を作成し、これを二通の訴状に副えることにより雑掌に下付したのである。この問状（案文）を次に掲げることにしよう。

史料 2

（初度）東大寺領美濃国茜部庄雑掌申年貢以下非法事、別当僧正（定済）御房御文副解状・具書遣之、早可令弁申之

状如件、

文永四年七月廿六日

散　位（北條時輔）御判
左近将監（北條時茂）御判

地頭代（伊藤行村）

訴状に対して陳状を提出することにより応答せよと命じるこの問状（「式目」第五一条を参照）は、二通の訴状とともに、訴人自らが現地の論人（地頭代）のもとに届けるべきこととされていた。そして、問状を受け取った論人は「六波羅に参上し陳状を提出することを約束する」などと記した請文（「文永四年八月十二日付行村請文」）を作成し、これを直ちに六波羅に提出している。しかしその後、一向に論人参上の気配がなかったために、六波羅は翌九月四日、論人宛の問状を再び発給した。これを受けた論人は九月十三日付の請文を提出したが、肝腎の陳状を提出するにはいたらなかった。翌十月になって、論人は漸く陳状を提出するにいたった。これをみると、訴人が明らかにした論点に対して、論人が逐一反論していることがわかる。

論人の応答

第一に、請所停止の要求に対して論人は、副進する文書の中の一通「勧修寺故僧正御房御契約状案」を根拠に次のように反論する。請所は、前御任勧修寺（聖基）との間で代々御年貢を懈怠なく納入することを条件に認められた契約であるから、訴人が論人の押領を主張することには根拠がない、と。第二に、年貢滞納の問題については、去年分の年貢が未済であるとの寺家の指摘を受けて直ちに参上し完納の事実を明らかにしているが、寺家が返抄（＝請取証）を発給しなかったことが原因であらためて不審を買うことになった、と。第三に、論人を重科に処すべしとする要求に対しては、貞応二年（一二二三）に勧修寺故僧正房と地頭長井入道（時広）の間で、絹百疋・綿千両を懈怠なく納入することを条件に地頭請所が成立したこと、それ以来領家十代すなわち四十年もの年月が経過しているなかで年貢を懈怠なく納入してきたのに、雑掌賢舜の代になると土民に対して地頭には年貢を納入しないよう命じるなど、訴人の方が荘家（荘園領主）を混乱させていることは明らかであるから、雑掌によるかような濫訴を止めて欲しい、と。

訴人による再度の訴え

この陳状を受けた訴人は、直ちに重訴状（＝第二度訴状）を提出した模様で、六波羅は十二月にいたるまでの間、三度にわたって論人の応答を要求する文書を発給したようであり、次の史料からうかがい知ることができる。

史料 3

東大寺領美濃国茜部庄雑掌申致新儀非法之由事、別當僧正（聖基）御文副重解状・具書、如此、去月中可参決之由、乍出請文、于今不参之條、甚以無謂、早今月廿八日以前企参洛、可明申之状如件、

文永四年十一月二日

散位（北條時輔）御判

左近将監（北條時茂）御判

地頭代（伊藤行村）

論人に宛てられたこの文書（案文）は、自らが六波羅に出頭し重陳状（第二度陳状）を提出するよ

う命じたものである。それまでの問状の内容とは異なり、陳状提出に加えて論人自身が出頭すべきであることが命じられている点に特徴がある。そして、これ以降に論人に向けて発給された同趣旨の文書を参照するならば、**史料3**は二度目に発給された召文であることが判明する。鎌倉後期になると問状に固有の機能が召文の中に吸収されていくなかで、問状に代わってこのような内容の記される召文が多用されるようになっていたが、**史料3**はその典型的な事例の一つである。

判決の確定　文永七年（一二七〇）十一月の時点では三問三答の応酬自体は終了していたようであるが、それからおよそ八年もの長い月日が経過して漸く判決が確定することになった。弘安元年（一二七八）十二月八日付の六波羅裁許状（「内閣文庫所蔵美濃國茜部荘文書」・「岐阜県史史料編」一二五）をみると、論人（地頭代）は伴頼広（迎蓮）に承継されていることがわかる。この裁許状本文の冒頭部分には「一、請所事　右、就訴陳状、於引付〔座令（カ）〕尋問両方之処、雖多子細、所詮……」と記されていることから、六波羅の法廷において対問（対決、口頭審理手続）の行われたことが考えられる。対問における当事者双方の主張内容は、担当奉行人によって公式に記録された問注記（申詞記）や当事者が私的に記した訴訟記録（問注日記など）として残されたことが考えられるが、本事案においては両者ともに見出し得ない。

さて、下された判決の内容はおおよそ次のようなものであった。第一に、請所停止の問題については、「私の請所」であっても知行年紀の目安とされる二十箇年が経過したものについては廃止しないとする幕府法令が近年制定されていることから、当該請所は停止しない。第二に、「見絹綿色代」の問題については、原則として見絹綿を納入すべきであるという訴人の主張には一理あるが、これに対して、貞応年間以降、色代によって納付が行われているという事実を訴人は説明しておらず、近年では絹綿が高値であることから所当米によって見絹綿を弁済することは荘家に甚大な負担を強いるものであるとする論人の主張にも一理ある。したがって、両当事者の主張に折中の法を適用することにより、絹については一疋別代銭三貫文とする一方で、綿については見綿を年内に納付することとする、と。

以上から裁判所は事実上、論人の主張する地頭請所を認容する一方で、年貢の納付方法には折中の法という一種のレトリックを用いることにより、一見して公平性を担保するかのような判断を行いながらも、実質的には代銭納を強く望む論人の主張を大幅に認容していることが理解される。

3　召文に対する違背とは

これまでに取り上げた訴訟事案から、召文に対して論人が必ずしも誠意ある態度で応答していなかったことが理解される。懈怠ともいえる論人のかような態度は、訴訟手続のうえではどのような取り扱いを受けることになっていたのであろうか。この問題を少しく考えるために、召文違背之咎を規定した「式目」第三五条が制定されるまでの間に、幕府は召文に関するどのような立法を行っていたのかについて、少し考えてみることにしよう。

史料4　嘉禄三年（一二二七）閏三月十七日付「追加法」第一八条

一　諸国庄々の地頭の中、非法濫妨を致すの由、訴訟出来の時、両方を対決し、是非のために、京都に於て、沙汰人預所と問注を遂ぐべきの旨、下知せらるるの処、正員に触るると称して、地頭代面々に対捍し、参決せしめず云々。事実たらばはなはだ不当なり。代官たりといへども、いかでか難渋せしむべけんや。自今以後、なほ事を左右に遁れ、催促に随はざるの輩に於ては、殊なる御沙汰あるべきなり。定めて後悔あるか。かねて此旨をもって、触れ知らしむべし（以下略）

荘園領主が地頭の非法濫妨を六波羅に訴えた際に、六波羅は両当事者を法廷に出廷させ問注を行うことを目的として、現地にいる地頭代にその旨を通告するにもかかわらず、地頭代は地頭正員に知らせると応答するに止まり、六波羅が要求する陳状などによる応答を拒むという状況が生じていたようである。この状況を重くみた幕府は「殊なる御沙汰あるべきなり」とする一方で、当事者を問注の場に出廷させることを最大の課題として認識していたことが考えられよう。

史料 5

寛喜二年（一二三〇）十一月七日付「追加法」第一九条

一　西国庄公の新補地頭、竝びに本補の輩の中、領家・預所の訴訟により、あるいは一決を遂げ裁断を被り、あるいは証文（により）下知を加ふる事など、重時朝臣・時盛執行せしむといへども、正員及び代官、承引せざるの族その数ありと云々。かつうはご成敗事行かざるに似、かつうは諸人の訴訟落居せざるの条、かたがたもって不便なり。自今以後に於いては、下知せしむるの上、なほ叙用せずんば、注し申せらるべきなり。傍輩向後相い鎮むの様、お計らいあるべし。定めて後悔出来かの由、かねて遍く触れ仰すべし（以下略）

史料4が出されたにもかかわらず、六波羅による命令に相変わらず応じようとしない族に対して幕府は、その者らを幕府へ注進すること、違背行為者に対しては彼らが後悔するような事態が生じ得ることを広く周知するよう、あらためて六波羅に命じているのである。

史料6

寛喜三年（一二三一）五月十三日付「追加法」第三〇条
一　諸国の守護人地頭、或は正員、或は代官、領家預所の訴訟によつて、六波羅より対決を遂げんがために召文を遣はし、非法を停止せんがために下知を加ふるの処、承引せざるの族これありと云々。二ヶ度は相触るべし。三ヶ度に及ばば、関東に注申すべきの由、先日仰せ下され畢んぬ。しかるに優如の儀を存じ、申されざるの由、その聞えあり。事実たらば狼藉いかでか相鎮むべけんや。自今以後に於ては、容隠なく言上せしめ給ふべし（以下略）

右の史料に拠れば、史料5の原史料（現存せず）では、召文は二回までは発せられ得ることになっていたが、もし三回目の召文に違背するようなことがあれば、六波羅はその事実を幕府に対して注進せよ、と記されていたことが判明する。この内容があらためて強調されるかたちになっていると良いであろう。ところが、幕府のこの意向に反して、六波羅が召文違背に関して大目にみており、幕府への注進にも積極的ではないという噂があったようである。そこで幕府は、このような事態が続く限り狼藉が鎮まらないので、今後は包み隠さず幕府に報告するようにと六波羅に命じているのである。

史料 7

一　度々召文を給ふといへども参上せざる科の事
右、訴状につきて召文を遣はす事三ヶ度に及び、なほ参決せずば、訴人理あらば直に裁許せらるべし。訴人理なくばまた他人に給ふべきなり。ただし、所従・牛馬ならびに雑物等に至つては、員数に任せて糺し返され、寺社の修理に付けらるべきなり。

これによれば、召文が三度に及ぶも論人がこれに応じない場合に、訴人の側に道理があるならば訴訟の対象物を訴人側に付けること、反対に訴人の側に道理がないならば訴訟の対象物を第三者（御家人）に給付するなどの方針が明らかにされている。史料4〜史料6では、当事者を法廷の場に出廷させること、違背者を幕府に注進することなどが六波羅における重要な方針とされていたことがわかるが、史料7ではこのように、召文違背に対するペナルティが具体的に記されることになっており、これは召文違背之咎の内容として確立するにいたったことを示すものといえるのである。

その一方で茜部荘をめぐる訴訟事案においては、「式目」第三五条は適用されて然るべき状況にあったといえなくもないが、現実には適用されなかった。その理由も含め、当該条文はどのような状況のもとで適用可能であったのかについては、訴訟当事者の主張内容や判決理由などを総合的に検討し解明する必要性がなお残されているように思われるのである。

4　訴陳状の行方

『沙汰未練書』には、訴陳状の応酬の手続が一通り終了すると、訴論人がともに裁判所に出頭し訴陳状の正文を返却すべきこと、訴陳状を貼り継いで紙継目の裏に両当事者の花押を据えるべきことが記されている。そして、下知状（裁許状）が勝訴者に下付された後には、関東では当該訴陳状の一式が文倉（文庫）に保管された。したがって、訴訟手続が終了した事案の関係文書の正文は、原則として訴訟当事者のもとには残されないことになる。ところが次の史料が明らかにするように、訴状正文が当事者のもとに残される場合のあったことがわかる。

史料 8

（端裏銘）
「伊賀左衛門三郎　嘉暦四二八」
陸奥国好嶋西庄預所伊賀左衛門三郎盛光代正法謹言上
欲早為当庄一分地頭好嶋彦太郎泰*行（裏花押有）、有限預所代一度惣検難渋之上者、被召上、可遂其節由、蒙御成敗、当庄内黒葛諸村惣検間事、
副進
　二通　御下知
右、惣検者、預所代一度為検注之条、御下知分明也、随而盛光令相伝彼好嶋庄預所職之間、欲遂其節之処、泰行任雅意、背先規、難渋之条、難耐次第也、然早被召上彼（泰行（脱カ））、

被経御沙汰、任先例可遂其節旨、為蒙御成敗、恐々言上如件、

この文書の原本をみると、文書の端裏と呼ばれる部分には本文とは異なる書風で「伊賀左衛門三郎　嘉暦四二八」と記されている。これは、担当奉行人が訴状を受理した際に当該訴状が一定の形式的・実質的要件を具備していることを確認したうえで、訴人の名と受理した日付を記した端裏銘である。あるいは本文二行目の「奉行」の裏に据えられている「花押」もまた、担当奉行人によるものと推測される。かようなことから、これは訴状正文であると判断されるが、本来は訴訟当事者のもとには残されるはずのない訴状の正文がこのように訴人のもとに残されることになっている。

5　裁許状の作成手続

判決内容が記される裁許状は、どのような手続を経ることにより作成されたのであろうか。この問いに答える史料として、正安三年（一三〇一）正月十一日付紀伊国薬勝寺沙汰次第注文（『紀伊続風土記附録巻四』）が『沙汰未練書』の説く訴訟手続を裏付けるものとして夙に注目されてきた。

紀伊国三上荘薬勝寺雑掌（僧良俊・清家）が勢多半分地頭（金持三郎右衛門尉広親）を相手取って所務沙汰および検断沙汰に関わる訴訟を六波羅に提起し、訴陳状の応酬が行われたものの結着が付かなかった（正応二年（一二八九）二月から永仁五年（一二九七）三月まで）。そこで永仁五年四月、当該

事案の審理手続が関東に移管された際に、下司代法眼性実と公文下野阿闍梨実信（この文書の作成者）らが訴人代官として関東に下向し、鎌倉において裁判に臨むこととなったのである。

鎌倉においては永仁七年（一二九九）正月二十七日、当該事案を担当した引付の作成した引付勘録事書が評定（会議）に上程され、ここで訴人勝訴の判決案（評定事書）が決定した。これ以降裁許の下知状が勝訴者に下付されるまでの間には、おおよそ次のような手続が進行していくことになる。担当引付の本奉行（当該事案の実質的な担当責任者）は、評定で得られた結論（評定事書）をもとに御下知符案（＝裁許状の文案）を作成した。御下知符案は担当引付で点検・確定され（御下知符案ヲ取捨スル）、清書奉行に渡される。清書が仕上がり執権・連署が花押を据えると、引付頭人（当該引付の最高責任者）が紙継目裏に花押を据えた後に、裁許の下知状として勝訴者（実信）に下付された。ところがその後、裁許状（裁許の下知状）に誤りが発見されたことから書き直されることになり、後日あらためて勝訴者の実信に下付されることになった。この時に再度発給された裁許状には、評定で判決内容が確定した日付が記載された。

裁許状を受け取った実信は鎌倉を発って上洛したが、領家のもとに下知状を届けたのはおよそ一年半を経た正安二年（一三〇〇）十二月二十二日のことであった。実信は任務を終了するにあたり翌年正月十一日、勝訴判決を得るまでの経緯をまとめた「薬勝寺沙汰次第注文」を作成したのである。

中世の神判

律令制が衰退した中世では、神判はとりわけ寺社法（本所法）において表面化してくる。室町時代に広く行われた湯起請《ゆぎしょう》は、上代における盟神探湯の遺制といわれてきた。湯起請は、①犯罪の嫌疑がかけられた者に対しては一方的に、あるいは②村落間の境界争いの事例において村落の代表者に対しては双方的に行われた。各自の主張を起請文に書いて誓約し、その後、沸騰した湯の中から小石を拾い出して傍らの棚に載せるのを通例とした。手の火傷や石の取り落しなどが「失」とされ、その主張は虚偽と判断された。

例えば、伏見宮貞成《さだふさ》親王の日記（一四一六～四八年）として知られる『看聞御記《かんもんぎょき》』の永享三年（一四三一）六月四日条には、次のように記されている。

史料 9

抑此間境内所々盗人入。仍嫌疑之輩有沙汰。地下人兵庫年来有盗人之疑。……先兵庫ニ此由可相尋之由。助六僧俊意各申。為実犯者可切腹之由可申云々。相尋之処。此間盗人事努々不存知。所詮湯起請、有其失者可切腹之由申。仍今日於御香宮陰陽師令書湯起請。而敢無其失無為也。但三ケ日可令守其失之由。陰陽師申之間。御香宮ニ召籠守失神慮尤不審。

また、『白河本・東寺百合文書』廿一口方評定引付の寛正七年（一四六六）三月十三日条には、

史料 10

一　昨夜以内談議仏乗院問答、以湯起請可被明之由披露、仍湯誓文定日事、自今日三ヶ日精進、十六日暁可被取之、以後三ヶ日於倉可守失之由、仏乗院可送申、同起請入足分済并巫女事、両納所可付申云々、

とあり、盗人の嫌疑者に対して湯起請が行われた際には、陰陽師あるいは巫女《みこ》が立ち会い、「失」の有無を認定するために取手は三日間留め置かれたことが知られる。

ところで、武家法の上ではどのような場合が「失」と見なされたのだろうか。例えば鎌倉幕府は、訴訟当事者に起請文を書かせた後、宣誓者を一定期間、神社の社殿に参籠させ、その間に何らかの異変が生じるか否かをみるという判定方法をとる参籠起請における「失」について、次のように定めた。

史料 11

文暦二年（一二三五）閏六月廿八日付「追加法」第七三条

定

起請文の失条々

一　鼻血出づる事。

一　起請文を書くの後、病の事。〈ただし、本の病を除く。〉

一　鵄《とび》・烏《からす》尿を懸くる事。

一　鼠《ねずみ》のために衣裳を喰はるる事。

一　身中より下血せしむる事。〈ただし、楊枝《ようじ》を用ひる時、ならびに月水《げっすい》の女、および痔《じ》病を除く。〉

一　重軽服《じゅうきょうぶく》の事。

一　父子の罪科出来《しゅったい》の事。

一　飲食の時、咽《むせ》ぶ事。〈ただし、背を打たるる程をもつて、失と定むべし。〉

一　乗用の馬斃《たお》るる事。

右、起請文を書くの間、七箇日中その失なくば、いま七箇日を延ばし、社頭に参籠せしむべし。もし二七《にしち》箇日なほ失なくば、惣道《そうどう》の理につきて御成敗あるべきの状、仰せによつて定むる所件《くだん》のごとし。

これに拠れば、訴訟における被疑者や当事者は起請文を書かされた後に、社殿に七日間を期限として監禁され、その期間中にここで挙げられている事柄がそれぞれの身辺に発生していないか否かを監視されることになった。七日間に何も生じなかった場合には、さらに七日間の監視期間を延長して異変が発生していないかをみることになる。それでも何も生じなかった場合には、「惣道の理」（当時の一般常識）による対応をせよとの指示がなされている。

さらに、『看聞御記』の永享八年（一四三六）五月十九日条をみるならば、堺相論における興味深い湯起請の例がみられる。

史料12

抑山前百姓與観音寺百姓。今日被書湯起請於成仏寺（近衛堀川三福寺末寺）書之。奉行飯尾肥前。同大和以下四五人検知。定直同検知。両方取孔子。当方百姓取之。願阿（山前古老百姓也）。先書起請焼灰呑之。次沸湯之中石を取上。やす〳〵と取之。更無違失。次観音寺百姓男。起請同前。次取石事之体憶したる風情也。然而石ハ取上。是も無為也。両人寺ニ留置。明後日検知可落居云々、此五六年山相論于今不落居之処、公方厳密可書湯起請之由依仰。如此沙汰了。

ちなみに、この湯起請では、三日目に奉行が検知しても両人とも無失であったため、係争地は「中分」をもって結局している。

湯起請の意味

室町時代に頻繁に見出されるこのような湯起請は、従来、宗教や呪術が人々の価値観を規定していた「中世」という時代の産物、すなわち中世人の篤い信仰心の現れであり、上代における盟神探湯の復活として説明されてきた。しかし、近時の研究によれば、室町時代は決して神仏に素朴で敬虔な祈りを捧げた時代ではなく、むしろ神仏に対する不信が深まっていった時代であり、湯起請が選択されたのは、真実や神慮の追求よりも「共同体社会の合意や速決明快性、あるいは当事者の利害を優先させ」た結果であったから、湯起請を「信仰心の希薄化」の産物として捉え直す必要があると主張する見解もある（清水克行）。「神慮」を素朴には信じられなくなった室町時代の人たちは、敢えて厳粛な道具立てを用意して極限的な状況を作り出すことにより、「神慮」を信じようとしたのであり、湯起請とは「まさに信心と不信心の微妙なバランスのなかで生まれた習俗」だというわけである。

もとより、参籠起請における判定にはかなりの時間を要する一方で、湯起請の場合には瞬時に真偽が判定されることになる。この意味でいえば、速決主義的な性格を有していた湯起請の方が当時の人々にとっては使い勝手の良いものであったのかもしれない。

【参考文献】

石井進・石母田正・笠松宏至・勝俣鎮夫・佐藤進一校注『日本思想大系新装版　中世政治社会思想 上』（岩波書店、一九九四年）
佐藤雄基『御成敗式目――鎌倉武士の法と生活――』（中公新書、二〇二三年）
清水克行『日本神判史――盟神探湯・湯起請・鉄火起請――』（中公新書、二〇一〇年）
日本史史料研究会監修・神野潔＝佐藤雄基編『御成敗式目ハンドブック』（吉川弘文館、二〇二四年）

第8講　中世における和与

鎌倉幕府の裁判は道理を法の基本原則として位置づけた『御成敗式目』の規定に基づいて厳格に行われていたと一般的には理解されている。しかし判決の内容を概観するならば、訴訟両当事者が和解することで紛争の解決が試みられている事例が意外にも数多く見出されるのである。和解は当時の言葉で和与といわれていたが、本講では和与が幕府の裁判においてどのように取り扱われていたのかについて考えてみたいと思う。和与の実態を知るためには、和与が成立した際に訴訟両当事者が作成し交換した和与状、あるいは両当事者が裁判所に対して和与の認可を申請した際に、これを受理した裁判所が両当事者に対して和与を認可する趣旨の内容で発給した裁許状（下知状＝げちじょう）をみるのが良いであろう。今日では、鎌倉幕府が判決の内容を記して発給した裁許状のうち、少なくとも七二〇通余りが正文あるいは写し（案文＝あんもん）の形で伝わっていることがわかるが、そのなかでおよそ一七〇通余りが和与を認可する裁許状として確認されている。

1　鎌倉幕府法における和与

鎌倉幕府における裁判の担当者である奉行人あるいは当時の人々は、裁判の中で和解をすることをどのように考えていたのであろうか。鎌倉時代中期の仏教説話集として夙に知られる『沙石集』に収められたある説話の中の次の文章を参照することにより、少し考えてみることにしよう。

史料1

下総の國のある地頭、領家の代官と相論の事ありて、鎌倉にて対決す。泰時の御代官の時なり。重々の訴陳の後、領家の方に肝心の道理を申立たる時、地頭手をはたと打ちて、泰時の方へ向ひて、あらまけやといふ時、座席の人どもはとわらひける時、泰時うちうなづきて、いみじくまけ給ひぬるものかな。泰時御代官として、年久しく成敗仕るに、いまだかくのごとくの事承らず。あはれまけぬるときこゆる人も、かなはぬものゆえ、ひとことばも陳じ申す習なるに、我とまけ給へる事めづらしく侍り。前の重々の訴陳は一往さもときこゆ。今領家の御代官の申さるるところ、肝心と聞ゆるに従ひて、陳状なくまけ給へる事、返々いみじく聞え侍り。正直の人にて御坐しけりとて、うちなみだぐみて感じ申されければ、笑ひつる人々みなにがりてぞ見えける（後略）

ここには、荘園領主の代官（訴人）が下総国のある地頭（論人）を相手取って未進分年貢の弁済を要求した訴訟における一場面が描かれている。このなかでは、鎌倉の幕府法廷で両当事者の対問（口頭審理手続）が行われた際に、荘園領主の主張には尤もな道理があると地頭が譲歩し、この地頭の正直な態度に感服した執権北條泰時が代官に未進分年貢の免除を申し出たところ、「六年分の未進を三年分に減額する」と代官が受け入れるにいたったことが記されている。これは「厳格に法に依拠した公平な裁定者」とまで評されてきた泰時像とは異質な像を示しながら彼を礼賛する一方で、単に自己の利益のみを追求することを目的とするあまり、事実関係を徹底的に明らかにし理非の究明を専らとする本来の裁判の形態とは大きく距離を取っていた訴訟当事者の姿をも描いている。『沙石集』の書かれた鎌倉中期にはこのように、理非による判断方式が相対的に捉えられる中で情けが中心に置かれた裁判像が描かれることになっている。理非の究明とは別の次元で機能する紛争解決・裁判のあり方が前提にされる中で、道理の多義性が語られていることを知るのである。

鎌倉後期においては、公武両権力が法令によって寺社領保護を図ったほか、「仏陀施入之地不可悔返」（仏陀法）という法理が現れるなど、世俗権力が統治を行う中では仏教的な価値観が次第に肥大化していったことが考えられる。そして、このことは元応元年（一三一九）、北條時宗に仮託して幕府奉行人のための訴訟手続の手引書として書かれたとされる『沙汰未練書』の奥書における次の文章が示す考え方と一脈通じるものがある。

史料 2

（前略）能沙汰人者、勘合根本之理非、可思惟始終之落居、或耽一旦之利潤、或耽依《マヽ》當時之確論、無左右不可出沙汰、不謂親疎、不論貴賤、就根本理非、可仰憲法上裁、縦雖存理運至極之由、敵方有寛宥之儀者、閣是非可和談、何況於非拠之沙汰哉、能々可思案之、恐権門扶貧賤、負親類憚他人、就諸事不可好諍論、偏存穏便之儀、可専正理、如此輩者、預神明加護、叶仏陀冥慮、就諸事不可好非道之沙汰、所詮故実沙汰人者、以和与爲本、非拠沙汰人者、以裁断為先、沙汰人才学者、法則多知也、法者雖破御下知、御下知者不破法則、本文云、為一人不枉其法云々、是寔哉、沙汰者、法則為眼目、沙汰者守益之理也、不可致無益相論（後略）

前半には、「式目」における基本方針である理非の究明が公平な姿勢で貫かれるべきことが明示されたうえで、互いに譲歩する態度が求められることや、そもそも争うことを良しとしない考え方などが説かれ、さらには神明加護や仏陀冥慮に対する期待が表明されている。後半には、練達した奉行人は和与による解決が行われることを前提に考えるが、これに対して不慣れで思慮の浅い奉行人は性急に勝敗を決しようとする傾向にあることなどが述べられている。鎌倉後期の幕府奉行人の裁判観とその背景にある仏教的価値観の特質が、このような形で表現されていることが理解されるのである。

2　訴訟手続における和与の定義

鎌倉幕府の訴訟手続の中で和与はどのように定義されていたのであろうか。『沙汰未練書』のなかに唯一取り上げられている「私和与」に関する次のような説明に導かれることにしよう。

史料 3

一 私和与事 雖書載何様契約誡詞、於私和与者、上裁之時、被棄置之、但任和与状被成御下知者、不及子細、

私和与の意味を考えるためにはまず、訴訟両当事者の間でいったん和与が成立した後に紛争が再発し、当該和与をめぐる訴訟があらためて幕府裁判所に提起されたという状況を想定することにしよう。この時に裁判所は直ちに、当該和与がすでに認可の裁許を受けているものか否かの判断を行うことになる。認可を受けていない和与は、私和与としてその法的効力が否定されることになったのである。

したがって、訴訟当事者は将来起こり得る訴訟に備えて和与状を裁判所に提出することにより和与の認可申請を行い、裁判所から和与を認可する趣旨の下知状（和与認可裁許状）を得ておく必要があったのである。ただし、そもそも裁判所に係属していない紛争事案の中で成立した和与は、認可申請の対象にはなり得なかった。

3 和与状と和与認可裁許状

和与が裁判所によって認可された場合には、和与状と和与認可裁許状が一対の文書としてそれぞれの当事者のもとに残されることになるが、これらすべての文書の正文（四通）が揃って残されて

いる事例を見出すことはできない。そこで、和与状と和与認可裁許状が揃った状態で一方当事者の側に伝えられている一つの事例として、荘園領主東大寺（訴人）および地頭御家人長井氏（論人）を当事者とする訴訟事案を取り上げることにしよう。そして、両文書の関係について**史料4**および**史料5**を素材として具体的に考えてみることにしよう。

まず、和与状に関しては**史料4**（写真1［一三二頁］参照）のように、本所領家と地頭御家人が当事者である場合には同内容の和与状二通を同時に作成し、それぞれに両当事者が連名で署名するという、連署形式の和与状が作成されるのが一般的なあり方であった。つまり、両当事者が同じ内容・形式の和与状を所持するという方法が取られたのである。

史料4

和与　美濃国茜部庄年貢絹綿色代事
合伍佰伍拾伍貫伍百文者、除摩銭、可讀渡員数、絹佰壱疋・綿仟拾両代也、
此外延絹拾玖疋肆丈代伍拾貫柒佰文者、本自以代銭、所成来也、除摩銭、可讀□（渡）之、
右、任去弘安三年十二月和与状、可被検納之旨、雖被致沙汰、於見絹綿者、善悪之相論、雖向後、不可断絶之間、以和与之儀、壱＊疋拾両別、可為伍貫伍百文色代之由、所令和与也、於済期者、自十月上旬、任弘安三年御下知状、年内悉可令寺納也、更不可致懈怠之状如件、
永仁五年十月　日
地頭代沙弥迎蓮（伴頼廣）（花押）
雑掌法眼慶舜（花押）

＊担当奉行人の裏花押有り

史料**4**が作成された経緯について説明しておこう。当該和与が成立した訴訟事案はそもそも六波羅の五番引付（五番御手）が担当し審理を行っていたが、永仁四年（一二九六）六月、それまでに応酬をみた訴陳状や具書が何らかの事情で関東の裁判所（鎌倉）に注進され、六波羅で予定されていた訴訟手続が関東に移管されることになった。このために、法廷での対問審理手続（対決）や判決決定のための審理手続は関東で行われることになった。移管後の訴訟手続は必ずしも順調には進行しなかったが、漸く翌年の永仁五年十月、和与が成立するにいたった。この和与は、弘安三年（一二八〇）十二月に「年貢絹百壹疋分両」に関して「四両三分」の割合にすることで成立した和与（これは弘安四年二月に六波羅が認可した）を前提に、新たに「年貢絹綿色代事」（＝色代和与）について定めたものである。そして、当該和与が認可された際に下付された和与認可裁許状は次に掲げる文書である。

史料 5

東大寺領美濃国茜部庄雑掌法眼慶舜与地頭長井出羽法印静瑜代迎蓮（伴頼廣）*相論年貢□（絹）綿色代幷収
納期事
右、就永仁四年六月日六波羅注進幷訴陳状、擬有沙汰之処、去年永仁五十月日、両方所出和与状也、如状者、「美濃国茜部庄年貢絹綿色代事、合伍佰伍拾伍貫伍百文（中略）於見絹綿者、善悪之論、雖向後、不可断絶之間、以和与之儀、壱疋・拾両別、可為伍貫伍百色代之由、令和与者也、於済期者、自十月上旬、任弘安三年御下知状、年内可令寺納也、更不可致懈怠云々」者、任彼状、両方可致沙汰之状、依鎌倉殿（久明親王）仰、下知如件、

永仁六年六月十二日

陸奥守平朝臣（北條宣時）（花押）

相模守平朝臣（北條貞時）（花押）

＊「迎蓮」は二文字抹消された上に記されており、「蓮」の裏に花押有り、担当奉行人によるものと推測される。

史料5（写真2［一三二頁］参照）の中の鍵括弧の部分は、連署和与状に記されたほぼすべての文言であることがわかる。この和与認可裁許状は和与状とともに受訴裁判所（六波羅）に送付されることになり、これらを受け取った六波羅は訴訟両当事者にあらためて交付するにいたったのである。このことは、それと同時に六波羅から訴人に交付された施行状（六波羅が幕府の意思や命令を取次ぐ際の御教書形式による文書）が訴人（東大寺）の側に残されていることからもわかる。

その一方では当時、六波羅の裁判管轄の問題が存在していた。鎮西探題成立期（十三世紀後半）以前における六波羅の管轄区域は原則として、尾張（のちに三河）・加賀以西であった。そして、当該事案が明らかにしているように、和与を認可する裁許が関東で行われたこの時期には、六波羅が受理した訴訟事案であっても関東が最終的な判断を下すという状況にあったのである。この後には六波羅の裁判権は次第に強化されていったが、鎌倉末期にいたるまでの間、重要事案については関東が一貫して裁判権を掌っていたものと理解される。このことはしかし、当時の裁判制度においては審級制あるいは上訴制が厳然と存在していたことを意味するものではなかった。

ところで、**史料4**の紙背（裏）にみられるように、和与が認可される際には、担当奉行人が和与状に裏花押を据えるなどの証拠保全を目的とした法的な行為（「裏を封じる」）を行っていることも注目される。そして、このような形で証拠価値が与えられた和与状と和与認可裁許状は一対の文書であり、後の紛争に備えて保管されるべき重要な証拠文書として位置づけられていたことが理解される。

4　和与認可の申請手続と私和与

訴訟手続が進行する中で成立した和与に法的効果が付与されるためには、裁判所に対して和与認可の申請が行われることが必要であったが、認可申請を行う主体は訴訟当事者本人に他ならなかった。これはいうまでもなく、当事者主義が原則とされていた当時の訴訟制度にあって、訴訟当事者が和与の認可申請を行うのに先んじて裁判所の方が進んで認可手続を開始することはなかったからである。そこで和与の認可申請手続に関連して、私和与の生じる可能性について具体的に考えてみることにしよう。例えば、鎮西を受訴裁判所として薩摩国御家人の一族同士が当事者となって争った興味深い訴訟事例がある。これについては、和与認可裁許状の案文（※1・文保二年（一三一八）三月十二日付）および認可の対象とされた論人作成の和与状の案文（※2・嘉元四年（一三〇六）三月十二日付）が検討の対象となる。いま両通を引用することはしないが、両通の内容から理解される

写真1　史料4

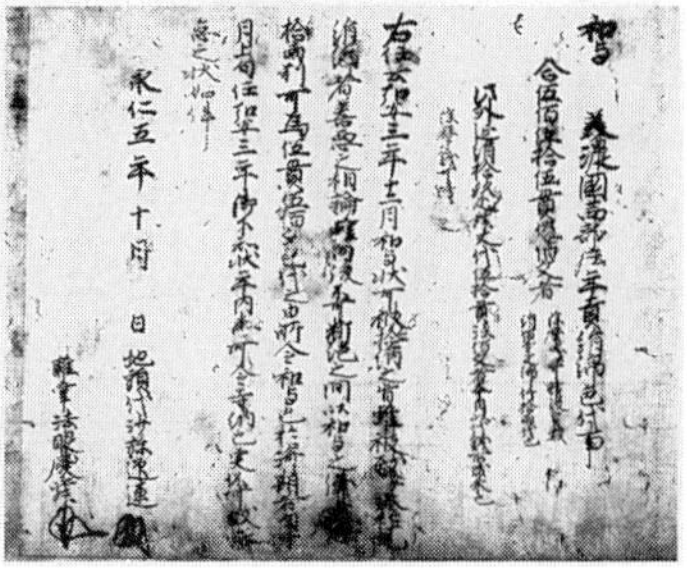

写真2　史料5

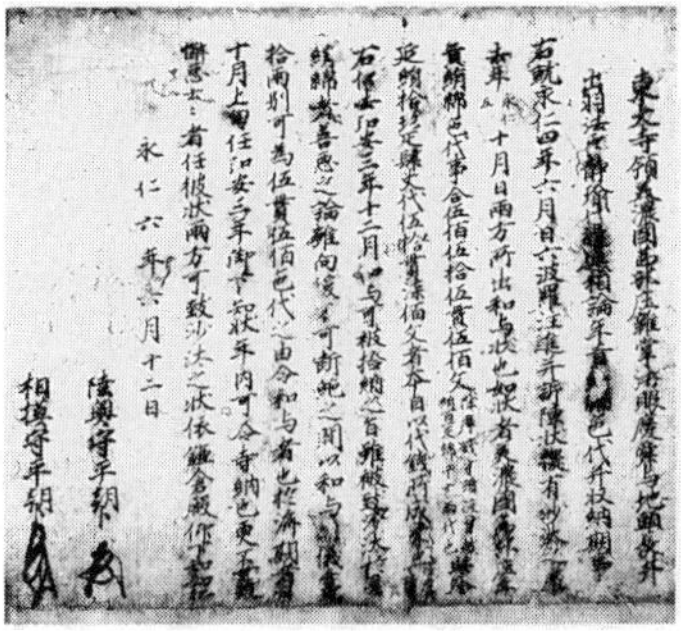

当該訴訟に関するおおよその状況を説明することから始めることにしよう。

この和与認可裁許状（案文）は、裁判所が和与状（論人作成の和与状）を認可した際に、訴人に対して交付した裁許状の写し（案文）であると考えられる。

裁許状によれば、訴人（迎祐）が裁判所に対して和与認可の申請を行った際に、論人（迎念）から受け取っていた和与状を提出したが、この和与状をめぐって、両当事者が和与の事実の存否について争うことになったという状況が明らかになる。そして、裁判所は訴人の主張内容および和与成立の事実を認めたうえで、結論として和与を認可する趣旨の判決を下していることがわかる。当該裁許状は和与を認可する趣旨で交付された文書であるにもかかわらず、この中には和与の認可申請手続の実態を伝える内容が詳しく記されているという点で貴重な文書の一つであるといえる。

この裁許状について詳しくみていくならば、両当事者が交わした応酬の過程について次のような説明が可能であろう。訴人は論人から嘉元四年（一三〇六）三月十二日付の和与状

（論人が単独で作成）を受け取っていたが、かなりの月日が経過した後に漸く裁判所に対して当該和与状を提出することによって和与の認可申請を行っている。そして、これを受けた裁判所は論人に対して和与の事実の存否について尋問している（正和二年七月十二日御教書案等ヵ）。論人がこれに応答し裁判所に提出した文書が、正和二年（一三一三）十月二十八日付の請文であった。このことから、当該請文が提出されるまでには、論人が和与状を作成してからおよそ七年もの年月が経過していることが判明する。この事実をどのように理解すれば良いのであろうか。この事例のように一族同士が争う中で和与が成立した際に行われる認可申請の一般的なあり方としては、当事者双方が個別に作成した和与状を交換した後に和与の認可を得るべく、両当事者が足並みを揃える中で直ちに裁判所に対して認可申請を行っていたことが考えられる。しかしながら、この事例においては必ずしもそのような状況はみられず、和与状の作成・交換手続が完了した時点で直ちに和与の認可申請が行われていたわけではなかったことが推測される。

このように和与が認可されていない状態が生じることは、和与を必ずしも歓迎しない論人にとってみれば和与の事実をうやむやにするための格好の機会となった。この事例では、和与成立以前に行われた訴陳状の応酬の中で論人側は訴人提出の関係文書が謀書であると主張していたが、和与成立後には訴人が当該和与状（論人作成の和与状）に加えて提出した具書（論人作成と推測される）についても謀書だと主張するにいたっている。そのうえで論人は、このように謀書の罪科を犯している訴人が主張する和与については信用できないとして、和与の事実を全面的に否定したうえで、すでに終結している書面審理の内容を前提として判決を下すように求めている。

和与の事実を否定しようとする論人はこのような内容で謀書の主張を行っていることがわかるが、その主張の直接の対象は具書であり、和与状自体は論難の対象にされていない。和与の事実を明確に否定するためには、論人側が最初に応答した請文において和与状そのものも謀書である旨を記しておくべきであったのである。裁判所はこの点を鋭く突いている。結局のところ、論人には和与の事実そのものを否定するための確かな証拠の用意がなかったことから、その目論見は成就しなかったのである。それはもちろん、訴人が提出した和与状や具書を裁判所が正確に評価したことによる。

この事例は、訴訟手続が進行するなかで成立しながらも裁判所による認可を受けるまでにはいたっていない和与が、確かに存在していたということを伝えている。そして、当事者の一方は私和与であるとの認識のもとに和与内容の改変を図ろうとしていたことが推測されるが、裁判所は当該和与の実態を的確に把握するなかで私和与としては取り扱わなかったことが明らかになった。裁判所のかような態度は、「この和与は私和与であるから、訴訟手続の上では無効である」と裁判所が判示している事例が他にみられないということにも符合する。そもそも裁判所が和与を認可するということは何を意味していたのだろうか。「和与とは何か」という問いが結局のところ、この問題に行き着くことになるのである。

【参考文献】

稲葉伸道「鎌倉幕府裁判制度覚書（一）——六波羅探題の裁判管轄について——」（中世史研究会編集『年報　中世史研究』第一五号、名古屋大学文学部日本史学研究室、一九九〇年）
上杉和彦『歴史科学叢書　鎌倉幕府統治構造の研究』（校倉書房、二〇一五年）

河合正治『日本史学研究叢書　中世武家社会の研究』（吉川弘文館、一九七三年）
川添昭二「鎮西評定衆・同引付衆・引付奉行人」（同編『九州中世史研究』第1輯、文献出版、一九七八年）
佐々木銀弥『叢書・歴史学研究　中世商品流通史の研究』（法政大学出版局、一九七二年）
西村安博「鎌倉幕府の裁判における和与の認可申請手続について」（『法政理論』第三二巻第三・四号、新潟大学法学会、二〇〇〇年）
同「私和与か、和与か――日本中世の裁判手続の一断面――」（近衛通隆監修・公益財団法人陽明文庫編集『陽明叢書　記録文書編　第九輯　法制史料集』所収「月報」27、思文閣出版、二〇一四年）
平山行三『和与の研究――鎌倉幕府司法制度の一節――』（吉川弘文館、一九六四年）
森幸夫『六波羅探題の研究』（続群書類従完成会、二〇〇五年）

コラム2　中世前期①

和与の内容を知るためには

鎌倉幕府の裁判手続の上で和与が成立した際に、訴訟両当事者のもとには①一方当事者自らが作成した和与状の案文、②相手方の作成した和与状（正文か案文）および③当該和与を認可した幕府裁判所が当該当事者に対して下付した和与認可裁許状（正文か案文）の三通が残されることになる。しかしながら、平山行三『和与の研究』（一一七～一二三頁）がすでに指摘しているように、三通全てが揃って伝来していることは殆どみられないのが現状である。

同書（一一六頁）に拠れば、「下知状は訴人と論人の両方に下付された」と記されていることからも、平山氏はこの考え方を前提に訴訟両当事者のもとには③がそれぞれ一通ずつ残されるという理解を示されたものと思われる。同氏は「両方に下付された」という史料的な根拠を挙げておられない訳であるが、これについては（「三浦家文書」徳治二年（一三〇七）五月九日附関東御教書・『鎌倉遺文』㉚二二九六四）にその事実が適確に記されているのを新たに見出すことができる。

ところで、和与の具体的な内容はどのようなかたちで知ることができるのであろうか。①あるいは②が残存しているのであれば一方当事者によって記された当該和与の具体的な内容を詳しく知ることができよう。③（正文か案文）には引用の正確さに関する程度の差などはあるにせよ、両当事者が作成した和与状の内容が引用されていることから、①あるいは②が残存していないことによる、一方当事者の和与の内容が不明な場合あるいは両当事者の和与状の内容が不明である場合には③（正文か案文）が残存している限り、当該和与の大方の内容を知ることができるのである。

佐藤進一『鎌倉幕府訴訟制度の研究』（再刊・五六頁）に拠れば、「幕府の下付する和与下知状の形式は永仁二、三年を境として著しい変化が見られる。即ち、前期では単に「当事者は和解して、和与状を提出した。よってこれを認める」という趣旨の記載に止まっていたのに、後期の下知状は和与状の内容をそのまま盛り込むようになった」として、幕府は「和与下知状を以て独立した公信力ある証拠文書として」認識していたことを指摘する。本所・領家対地頭御家人間の訴訟では訴論人連署による和与状が作成される事例が多くみられるのに対して、地頭御家人間の訴訟では両当事者が和与状を個別に作成し交換するのが一般的であったが、とくに後者に関しては①〜③の関係に一定の規則性が認められるのか否かについては検討の余地がなお残されているように思われるのである（西村安博「鎌倉幕府の和与認可裁許状における和与状の引用について」『同志社法学』第五六巻第五号、二〇〇五年、参照）。

第9講　村落間紛争と解決手続

1　室町期の村落と法

惣村の成立

皆さんの中には、田舎に行った時におじいさんが「ちょっと寄合《よりあい》行って来るわ」などと言って出かけて行った経験をお持ちの方は居ないだろうか。この「寄合」は、村などで住民が必要な事項について話し合って決定する場のことであるが、このような会合を遡ってみると、実は明治、江戸時代を超えてはるか中世、鎌倉時代後期から見られる「惣村」へと行き着くことになる。畿内を中心として自立的に成立してきた惣村では、寄合や衆議を通じて「物掟」「村掟」などと称される成文法（村法）が制定され、それに基づいた自治が行われていた。ここでは、その最も早い時期のものの一つとして近江国（現在の滋賀県）奥島庄の惣掟（置文）をみてみることにしよう。

史料 1

敬白　庄隠規文事

□〔右〕返□〔注(忠)〕、此等之不思議之□〔於〕悪口輩者、可被追却御庄内、兼又云妻女子息、若付千万被致悪口者、小屋も可拂焼者也、
右、守種々規文之旨、各可塞悪口不思議、仍規文之旨如件、
弘長二年十月十一日
敬白

ここにみられる、「悪口」の徹底的な禁止や「返り忠」（裏切り）をした者の追放などは、争いごとの基を断ち、庄内の意志統一を重んじる趣旨と言え、注目される。すなわち、惣の自立と内部の緊張も孕んだ惣への力の集中とは裏腹であったことがわかるのである。

2　室町期の村落間相論

村落間相論の実態

かくして成立した惣村が日常生活を営む上で、殊に山野河海などの境界における近隣との緊張関係が高まると、激しい暴力を伴う村落間相論へと発展し、それが惣掟にも反映されることもあった。

ここでは、室町期から戦国期にかけて断続的に起きた、近江国の菅浦と隣の大浦との相論を取り上げ、村落間相論の実情についてみてみることにしよう。菅浦と大浦とは、かねてより両者の間にある日差・諸河という場所をめぐって争いがあった。以下の史料は、文安年間の相論を経て書かれ

た「置書」である。

史料 2

① （前略）七月二日地下若衆向山へ二卅人、船十そうはかりにて入ところを、大浦より大勢をそつしてをしかくる、（後略）

② （前略）さ候程ニ大浦にはこなたよりよせぬ事ハあらしとて、海津東はま・今津・堅田・八木濱勢を入、雖相待とよせさる間、つゐ〳〵てこらゐかたくて、七月四日牛（午）時、自大浦をしよする、（後略）

③ （前略）八木濱・堅田勢船十そうにて海上ニひかゐたり、うしろの山猛勢にてをしよする、地下無勢なれ共、散々ニ合戦す、（後略）

④ （前略）かくてハいか（邊カ）、あるへき（と）にて、同七月十日大浦へをしよする、地下勢ニハ八木公文殿・安養寺殿・河道北南・西野・柳野・しほつせい・はるの浦・海津西濱勢を引率してよする也、（後略）

①はこの相論での最初の衝突を示しているが、これはまさに序の口に過ぎない。こうした相論の深刻さは、②に見られる「海津東はま・今津・堅田・八木濱勢」など近隣勢力の「合力」により戦線が拡大していく場面にこそ如実に表れる。遂には③では合力勢を伴った大浦の攻勢と菅浦の必死の防戦、そして④ではやはり合力を得た菅浦の反撃、というように激しい合戦・戦争へと展開していったことがわかる。

村落間相論におけるルール

かように深刻化する村落間相論においては、闇雲《やみくも》に暴力が行使されるだけではなく、地域社会の中で自律的秩序を担う存在になっていた村落共同体によりさまざまな法（ルール）が慣習的に作られ、解決が図られるようになっていた。次に、文安に続いて起きた寛正の相論についてみてみよう。

史料 3

⑤寛正弐年辛巳七月廿四日、当所者為商、色々物を所持仕、大浦庄内山田罷越候処、無明無実生涯させ候、此方よりもちて候雑物もなし、ぬすミたると申雑物も見へす、生口にてもおかす、理不尽に生涯させて候、其不足依為千万、同廿九日山田へ押寄、人を四五人打、放火仕、

⑥贜自大浦令注進、当所よりも注進至〔致〕於京都、理非の趣依無御存知、両方令上洛、日野殿於御前可遂対決由、度々召符被下、山田本人も罷上候、（中略）猶以依不事行、既及湯（起）請文、両方手を地頭松平遠江守一見せられ候、（中略）山田百姓方へ理を相付、当所者ハ盗人の罪祥になされて候、（中略）くまかゑの上野守〔介〕の手より籌策をめくらし、色々依口入、

⑦煙をあけ、けし人には道清入道・正順入道命を捨、（中略）かうさんをいたし候て、地下ニ無為無事に候し、（後略）

この相論は、大浦の山田というところで菅浦の者が殺害されたことを発端とする。山田によれば「ぬすミ」を理由としてこれを行ったとするが、菅浦はこの主張に納得せず、同二十九日に山田へ押し寄せ、四・五人を討ち、放火した（⑤）。これは、双方の損害が同等で釣り合うことを求める「相当の儀」と呼ばれる慣行の体現といえる。第14講でも述べられている通り、当時の人々は「衡平」を強く求め、その限りでの復讐（「同害報復」）が正当視されるほどであった。

やがて大浦・菅浦はともに、共通の領主である京都の日野家に提訴し、最終的に神判の一種である「湯起請」により、菅浦が「盗人」の汚名を被ることとなった結果、数万騎という合力を得た大浦は菅浦を攻め立てるが、そのうちに合力勢の中の熊谷上野守が「口入《くにゅう》」（調停）することになった⑥。このように、当事者双方の同意の上で「中人《ちゅうにん》（仲人）」と呼ばれる第三者に相論の解決を委ね、その調停によって和解にいたる方式を「中人制」という。中人となるのは近隣の有力者などで、今回は合力勢の中から出ている。同じ地域社会の成員が間に立ち行われる中人制は、「近所の儀」と呼ばれる周辺の人々の相互関係に基づき、「折中」「中分」という等価を旨とする思想を重視しながら、紛争を「無為」「無事」に収めることをめざすものであった。

本件は、最後は菅浦が降参することで決着したが、それに際し、家が焼かれ、更には「解死人《げしにん》」として二名の者が差し出されている⑦。解死人は下手人とも書き、真犯人でなくてもよく、身代わりの人身御供《ひとみごくう》ともいえるものであった。このように、村の暴力的な紛争処理のために過酷な身分差別を孕《はら》み得る犠牲もまた、当時の紛争解決の場面においてしばしばみられる慣行であった。

村落と公権力

以上みてきたところからすると、村落には公権力とは別の次元で、それだけで完結する自生的な法秩序が存立していたかのように感じるかもしれないが、実はそうではない。話を文安相論に戻そう。

史料 4

（前略）京都へ自地下も大浦よりも注進す、雑掌人上、色々たいけつす、然間大浦には当御所のため、をちこの御僧相国寺常徳院と申をゑん二とる間、まつ大浦へ安堵の状裏松殿被成

下畢、（後略）

このように、菅浦も大浦も両者とも「京都」へ「注進」すなわち訴訟を行っている。ここでは「京都」は領家・日野裏松家を表し、菅浦は相国寺常徳院という僧を頼りとしている。実は寛正相論においても日野家への提訴が行われており、相論のたびに菅浦は、山門（比叡山檀那院）、山科家（家宰大沢久守）、さらには日野家・竹生島など、所縁の濃淡ないし有無にすらこだわらずさまざまな領主を頼り、強引にでもこれを相論の場に登場させ、公権力による訴訟における勝利を狙っている（一種の「寄沙汰《よせざた》」）。

史料 5

（前略）このふそくニ大浦へをしよせ、本意をとけんと若者共申といゑとも、京都へなけき申、公事中半にて候間、不可然とて京より下知状被下間、思なから留りつ、（後略）

さらにこの部分には、大浦により重要人物が殺害された菅浦の若者たちが報復を訴え出たのに対し、「京都」（ここでは山門と山科家）への訴訟の最中であることを理由としてそれを思いとどめることにした、とある。このような報復は先にみたように正当化され得る実力行使といえるが、それを控えるのは、公権力への訴訟を最優先に考えていることの表れといえる。

このように、在地社会の相論において実力行使が行われる一方で、領主に対する訴訟も行われており、しかも、その結果が、近隣の合力などにも決定的な影響を与えることになるから、村落では、行使すべき実力を蓄えると共に、さまざまな公権力への訴訟に備えることが、より重要な意味を持つことが自覚されていたのである。

3　戦国期の村落間相論

今里村の水論

それでは、時代が進み、戦国期も後半になるとどうなるであろうか。山城国《やましろ》（現在の京都府）乙訓郡の今里村と他村との間の今井用水といわれる用水をめぐる相論（水論）のうち、天文二十二年（一五五三）からの上植野村との間の相論を例に挙げ、その解決に向けた取り組みをみてみよう。

史料 6

今度今井御用水之儀ニ付而、上上野与雖被仰結候、各罷出、申噯候之処、如御存分相果申候、然処彼御用水、当座五日之間可申請候由申候処、被掛御意候之段祝着之至ニ候、恐々謹言

天文廿二
六月十五日

野田左馬頭
光政
茨木　甚助
長吉
八田　蔵人
兼政

能勢市正殿
能勢伯耆守殿
御宿所

調子式部丞
武吉

この史料は、当該相論にまつわる最初の文書であるが、その内容から、今井用水をめぐる上植野村との相論に対して、野田以下の西岡の国人たちが「曖《あつかい》」（仲裁）に立ち、当座は五日だけ水を上植野に供給することで了承したことがわかる。これは、近在の国人たちが紛争解決の「曖衆《あつかいしゅう》」「仲分衆《ちゅうぶんしゅう》」となって、両者の和解調停を行ったことを意味し、先の菅浦相論でみたのと同様の「中人制」という紛争解決方法に通じるといえ、戦国期の十六世紀後半にも同様の方法が採られていたことを確認することができる。

三好長慶の裁許

しかし結局、上植野村はこの調停に納得しなかったようで、翌年にまた同様の紛争が生じた。幕府の実力者である三好長慶は同様の調停を指示するが、やはり上植野村は応じなかった。

史料 7

急度令啓候、仍而今里与上野水路相論之儀ニ付、先度於芥河御裁許之間之儀、半分ツヽ可申扱之旨承候間、罷出種々異見申候、然ルニ拙者一々御状、如去年可申扱之旨御文言ニ候、則扱衆も被罷出候、去年之儀者、仲分衆今里江懇望候而、五日之間半分乍迷惑可申出之由存分ニ候、雖然其分ニ而ハ御在伴之義ニ候条、御糺明之段も難相究義候之間、十日之間、被任御異見、水半分之儀、我等可申請之旨一筆在候而申調候、就其双方為可得御意被罷下候有様被成御裁許、如先期可被仰付事専一ニ存候、日限相過候者、重而可改申事与存候、其段ハ、我等非油断候之条可被加御分別候、於様躰者、自双方可申入候間、不能巨細候、両郷存分以之外ニ候、於此方是非之段にハ不立入、筑州御異見之儀ニ候間、可被掛御意旨涯分申調、日限如此ニ候、恐々謹言

五月廿日　綱知

三好筑前守殿

参人々御中

この史料からわかることは、まず、三好長慶の調停の方針が、これも菅浦相論で触れた「折中」を基本方針とするものであったこと、そして双方の村がそういった調停に従わず、長慶自身による「御裁許《ごさいきょ》」を求めていることである。すなわちこの相論は、近在国人衆の「扱《あつかい》」を経るが解決せず、訴訟にいたり、当事者の事情聴取や実況検分《じっきょうけんぶん》などの手続を重ね、最終的には長慶が今里勝訴の裁定を示す裁許状を出すことでようやく落ち着くことになる。「仲分衆」の調停に服しない紛争当事者が三好長慶による強力な権力的裁定を求めて裁判が行われるにいたり、その裁許状の発給が相論に一応の終止符をもたらすことになったのである。

こうしてみると、「自生的」「自律的」とも評される中世以来の在地社会における紛争解決のあり

方は根強いものがあることにまずは気づかされるが、一方で公権力との密接な関わりにもまた注視する必要があることもいえるだろう。このことはまさに、中世の村から近世の村への展開を見通す際のヒントとして、「上から」か「下から」か、ないし「断絶」か「連続」かといった単純な二択にとらわれることなく、より柔軟かつ広い視野から包括的にみることの有効性を示唆するものといえよう。

【参考文献】

天野忠幸『戦国期三好政権の研究』（清文堂、二〇一〇年）
井ヶ田良治「戦国末期の水論裁判――三好長慶の裁許状――」（杉山晴康編『裁判と法の歴史的展開』（敬文堂、一九九二年）
稲葉継陽『戦国時代の荘園制と村落』（校倉書房、一九九八年）
蔵持重裕『中世村の歴史語り――湖国「共和国」の形成史――』（吉川弘文館、二〇〇二年）
同『中世村落の形成と村社会』（吉川弘文館、二〇〇七年）
酒井紀美『日本中世の在地社会』（吉川弘文館、一九九九年）
坂田聡『家と村社会の成立　中近世移行期論の射程』（高志書院、二〇一一年）
同・榎原雅治・稲葉継陽『村の戦争と平和』（中央公論新社、二〇〇二年）
田中克行『中世の惣村と文書』（山川出版社、一九九八年）
西村幸信『中世・近世の村と地域社会』（思文閣出版、二〇〇七年）
藤木久志『土一揆と城の戦国を行く』（朝日新聞出版〈朝日選書〉、二〇〇六年）
湯浅治久『中世後期の地域と在地領主』（吉川弘文館、二〇〇二年）

第10講　国人一揆の法と裁判

1　国人一揆と契状

一揆って何だろう？

「一揆」と聞くとまず思い起こすのは室町時代の土一揆《つちいっき》や江戸時代の百姓一揆などが一般的で、農民などが武器を持ち激しい実力行使を伴いながら権力者などに対して何かを要求して蜂起するようなイメージが想起されることが多いのではないだろうか。しかし、もともとは「揆を一に」ということで、共通の目的の下に組織や集団として結集すること、ないしその組織や集団を意味する語である。本講では、一揆の中でも上記したようなパブリック・イメージからは少し離れたところにありそうな、室町時代の「国人一揆」を取り上げてみる。

国人一揆と契状

国人一揆とは、在地領主（国人・国衆）が各々の領主権益を擁護する目的で結成した地域連合体であり、南北朝時代から戦国時代にわたり全国的に広範囲に存在した。国人一揆の形態・性格は多様であるが、結成の背景として、個別領主権の動揺や領主間対立の激化といった内的要因と、守護などの上部権力による政治的組織化との兼ね合いといった外的要因とが共通点として挙げられている。

その結成に際し、通常、成員相互が集団における契約事項を取り決めて行為規範として遵守することを「起請文」として誓約した、いわば領主間協約（法）たる「一揆契状」が作成される。一つ例を挙げてみよう。

史料1

陸奥五郡一揆契状

五郡一揆之事

右條者、就二大小事一、堅相互見継被二見継一可レ申候、於二公方之事一者、五郡以二談合之儀一致二沙汰一、私所務相論〔者〕□、任二理非一可レ有二其沙汰一候、若此条偽申候者、

八幡大菩薩御罰お可二罷蒙一候、仍契状如レ件、

応永十七年二月晦日

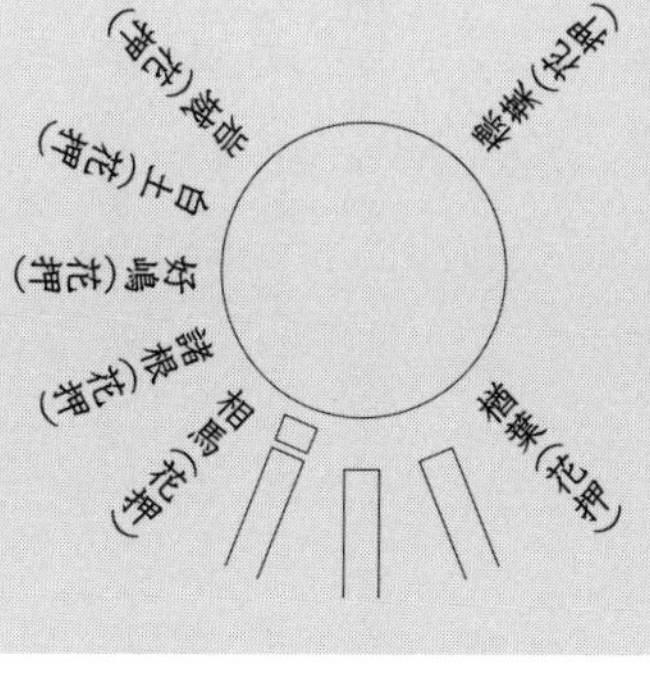

東北地方は明徳二＝元中八年（一三九一）に鎌倉府の管轄となったが、国人勢力が蟠踞《ばんきょ》する状況にあった。その中で、鎌倉公方や篠川公方・稲村公方などとの関係から一揆が成立し、契状が作成された。末尾の特徴的な円形の連判署名は「傘連判《からかさ》」と通称されるもので、署名者の平等性を象徴するものとされる。一揆は本来、起請文に参加者全員が署名した一揆契状を焼き、その灰を水に溶かして飲むという「一味神水」なる作法を通じて神の下に平等に強く基づいて結びついたいわば運命共同体で、現実社会においては身分の上下や力関係の強弱がある各成員をあくまでも平等とする理念に拠って成り立っているのであり、このことをヴィジュアル面で明瞭に示した特徴といえるだろう。

2　国人一揆契状にみる特徴

松浦党一揆

次に、一揆契状にみえる特徴を具体的にみてみよう。取り上げるのは、肥前国（現在の長崎県・佐賀県）の松浦地方で、南北朝期から室町期にかけて多くの一揆契状を残した松浦党一揆である。その特徴は重層構造にあり、肥前国下松浦郡を中心に五島列島を含む広範囲にわたる大規模一揆（下松浦一揆）と五島列島の一部の領主による小規模一揆（五島一揆ないしさらに小さな地域の一揆）から成るとされ、前者が永徳四年（一三八四）・嘉慶二年（一三八八）・明徳三年（一三九二）と三通、後者が応永十八年（一四一一）以降に五通、また後述の通り、両者にわたる要素を有し評価の分かれる応永六年（一三九九）に一通の契状が遺されている。それぞれの一揆の関係性については諸説あるが、前者に関し応安三年（一三七〇）に九州探題に就任した今川了俊のイニシアティヴによる軍事的組織化の要因を認める点、後者では地域支配権力として日常的問題が主題とされているとする点は、概ね一致しているといえる。

「多分之儀」

まずは、そのもっとも早いものをみてみよう。

史料 2

松浦党一揆契状写

（宇久有河青方多尾一族等）□

（契約條々）□

（一）□君御大事時者、□（成）ニ一味同心之思一、於ニ一□（所）一可レ抽ニ軍忠一、聊不レ可レ有ニ思々儀一矣、

（一）□於ニ此人数□（中）一、所□□（務弓）箭以下相論出来時者、加ニ談合一、依ニ多分之儀一、可レ被ニ相許（計力）一、若有ニ異儀輩一者、不レ依ニ縁者重縁一、一同可レ為ニ道理方人一云々、次於ニ此中一、就ニ公私一一人大事者、面々一同大事可レ被レ思者也矣、

（一）□此人数中有ニ沙汰一時、不レ依ニ兄弟、俶（叔）甥、縁者、他人一、理運非儀意見、不レ殘（可レ）ニ心底一者也矣、猶々不レ可レ有ニ偏頗私曲一、

一此人数於ニ多分之儀違背輩一者、於ニ向後一、此人数中於永可レ被ニ擯出一者也矣、

一郎従以下中仁雖ニ珎事猿（狼）藉出来一、不レ相ニ待多分之儀一、為ニ一人一不レ可レ遂ニ宿意一云々矣、

若此条僞申候者、

八幡大菩薩、天滿大自在天神御罰お可レ蒙候、仍連署誓文如レ件、

応安六年五月六日　孔子次第　稱（花押）
（※三十一名署名省略）

本状は、連署している領主の範囲は五島一揆レヴェルでありながら、第一条の冒頭に「君御大事」とあり将軍への忠節を第一に掲げるなど内容的には下松浦一揆に通ずる、という独特な位置にあるものであるが、この中で三箇条に登場する「多分之儀」に注目したい。これは、第一条にある「一味同心」と共に、この後に策定される下松浦一揆の一揆契状にも現れるもので、国人一揆の代表的な特徴の一つとされる。すなわち、通常、一揆成員が全員会合して多数決をもって意志決定がなされるという手続であり、これは一揆の成員の一揆集団内部での主体的自立性および平等性を証するものとされる（後述）。

喧嘩の規制

もう一つ、第二条の相論処理の規定を取り上げたい。やはり後の契状にも現れる条項であるが、少しずつ違いがみえる。まず、下松浦一揆の条項からみてみよう。

史料 3

松浦党一揆契状　第五条
一所務并境相論之事、一揆中寄合、令レ披二見両方文書一、任二理非一可二落居一、聊率〔楚〕忽不レ可レ及二喧嘩一焉〔矣〕、

史料 4

下松浦一族一揆契状　第二条

一於二一揆〔中カ〕□一、所務弓箭、境相論并市町路頭喧嘩闘諍出来之時者、先近所人〻馳寄、可レ宥二時儀一、若猶以及二難儀一者、一揆一同令二会合一、任二道理一可レ令二成敗一、聊不レ可レ許二容僻事一、次若於二一揆中一、有二讒言凶害之儀一之時、無二是非一不レ可レ含レ恨、相互可レ窮〔究〕二実否一云々、

応安六年の一揆契状では「談合」の上「多分之儀」により決する、とあるが、永徳四年の一揆契状では「両方文書」を見て「理非」に任せて決する、とやや具体的に定められている。また嘉慶二年の一揆契状では、まずは「近所人々」が駆けつけておさめるようにし、うまくいかなければ「一揆一同」により「道理」に任せて「成敗」する、とさらに具体的に定められている。いずれも、一揆の決定の重視、及びそれに沿わない実力行使に対する厳しい姿勢を読み取ることができる。

次に、五島一揆の条項をみてみよう。

史料 5

五島住人等一揆契状　第三条

一けんくわ、とうしやういてきたらんときハ、おやこにかきるましく候、りやうはう二人おうしない申すへく候、

ここでは、「喧嘩」「闘諍《とうじょう》」を起こした時点で「両方二人」を失うとあり、「喧嘩」と死刑が直結されている。この点で、戦国期の喧嘩両成敗法（第14講参照）の原型ともされる条項である。

小規模一揆の契諾状では、経済的負担の相互扶助、所領などについての取り決め、逃散百姓・下部のことなど、主として内部における日常的問題が取り上げられており、それらと比するとやや異

質にも思えるかもしれない。これは、国人一揆が、幕府や守護といった公的な体制の外にある在地領主たちが組んだ集団であるという性質上、「一揆」という「場」が成り立つためには、その内部における絶対的平和が必要不可欠であったことによる。すなわち、何よりもその存立それ自体の前提条件として「喧嘩」を徹底的に排除しなければならなかった、という事情から、その目的の限りで、このような規定がおかれたのである。

3　国人一揆の紛争解決の実態

次に、実際の紛争解決の場面を取り上げ、そこから先ほど挙げた国人一揆の特徴に関して具体的に検証してみよう。

「多分之儀」の真相

史料 6

宿浦かう阿ミかあとの事によて、有河・あを方の御さはくとして、せう〳〵らきよ候といへとも、なをもて心ゑかたきしさいら條〻候之間、かさねてたう浦にまかりこゑ、しさいなけき申候ところに、宇久殿・奈るとのめん〳〵御こゑ候て、御さはく候あいた、たふんおほせにしたかい候ぬ、たゝしもとまろと申ふね一たんの事ハ、おて御さたあるへきよしうけ給候あいた、かさねての御さたを待申候へく候、所詮、きやうこうにおきてハ、いかなるむねんのきり候といふとも、めん〳〵の御さはく方へあんないを申入候ハて、かいにまかせ候事あるましく候、仍こ日のために押書状如件、

永徳三年七月十三日　與在判

満　同
続　同

ここに書かれているのは、宿浦郷における相論をめぐって、西浦目住人が有河氏と青方氏らによる「左博」（「裁く」＝裁判に近い話し合い）に訴え、その結論に一度は従った。しかしやはり納得できず再び同じところに訴え、その結果、今度は宇久氏と奈留氏らによる「左博」が行われ、そこにおける「たふんおほせ」に従ったという。

ここでまず注目したいのは傍線部分で、「たふんおほせ」は先ほど見た「多分之儀」に通じるものであり、契状にある通り一揆内の紛争が実際に「多分之儀」により解決していることが確認できる。ところが他方で、西浦目住人が受け入れたそれは、紛争の一方当事者たる彼ら自身が再度の裁定を持ち掛けた結果によるものであって、「左博」が独立して厳格な審理ないし判断を行い、決選投票的に裁断を行った結果とはいえないことがわかる。これは、紛争当事者双方が納得のいく方向性を前もって打ち出した上で、そこに向けて「左博」構成員が合意形成を行った、とみることもでき、そうすると「多分之儀」は、あらかじめ前提されている方向に向かって全員を引きずっていくための「セレモニー」として評することもあり得る。他方で、字義通りの多数決制でなかったにせよ、一揆内で合意形成が重視されたことは確かであり、評価は分かれるところではあるが、「多分之儀」のイメージはこうして実態に踏み込むことで一般的な説明からやや異なるものになるかもしれない。

紛争解決の展開と
国人一揆の重層性

さらに紛争の解決に向けた展開に注目したい。

かような在地の住人同士の相論において、まずは有河氏と青方氏らといった「近所」の人々が調停にあたるという、在地の法におけるいわゆる「近所の儀」（第9講参照）が採用されていることは、**史料4**に規定されている通りである。では、それで解決しなかった場合どうなるのか。有河氏と青方氏らの裁定に納得できなかった西浦目住人らは、五島レヴェルの有力領主で五島一揆の成員であった宇久氏と奈留氏らに働きかけ、その判断に従うにいたった。これを、当初の調停が不調に終わり、新たに別の者が調停者となったととらえれば、やはり中世後期社会でよくみられた紛争解決方法たる「中人制」（第9講参照）の枠内で理解することもできる。しかし一方で、新たに「左博」に参加した宇久氏と奈留氏らが上のレヴェルの立場の者であることを重視することで、西浦目住人らはより上級の一揆による裁定を求め、そしてだからこそそちらには従ったのだ、との見方はより自然かつ重要といえよう。

いま一つ、応永期に起きた青方氏と平戸松浦氏との紛争を取り上げてみよう。

史料 7

肥前国宇野御厨庄下松浦五嶋西浦目之内鵩下・尾禮嶋両嶋事、
平戸殿与青方殿御相論候、既及大剛候之間、宇久松熊丸相懸□□和与畢、所詮、彼両嶋之事、
於得分者、自先日相定候、牧并木場畑以下者、両方可為相持之由堅令落□〔居カ〕畢、以此下者、自
今以後何様之雖有証状、相互御越訴可有停止□□旨、至于後々将来御知行不可有相違由、一
同押書之状、如件

応永廿九年壬刁五月十三日　孔子□□〔次第カ〕　道機（花押影）

（※十七名署名省略）

松熊丸

青方殿

ここで注目されるのは、このような紛争の場合、当該地域に関わりの深い青方・有河の両浦を中心とした「左博」などによって対応されるべきところ、実際には宇久氏の松熊丸という個人が調停役を務めることで解決にいたっている点である。ここでの宇久松熊丸について、五島一揆の代表者としての立場と見ることができる一方、内容的に例えば傍線部には訴訟当事者双方の「相互御越訴」の停止や永続的な「御知行」の保証などかなり踏み込んだ裁定となっている点は重要である。実は、応永二十年に宇久・有河・青方の人々が松熊丸を宇久氏の新当主として擁立しており、これにより五島一揆は宇久松熊丸という強力な主君を欲するようになったとされる。かくして国人一揆の重層性は変質へと繋がったといえ、この先に、これまでの国人一揆とは質を異にしていく展開が戦国期に向けて見通されることになるのである。

4　戦国期に向けて

最後に、右にみた流れを受けて、戦国期に向けて国人一揆がどう展開していくのか、中国地方の毛利氏を中心とした国人一揆を取り上げてみよう。

安芸国の国人一揆

戦国大名・毛利元就で名高い毛利氏は、鎌倉時代に安芸国（現在の広島県）に本拠を移し、周囲に山名・大内・尼子といった強力な守護勢力などを抱える厳しい地理的環境の下、例えば応永十一年（一四〇四）九月二十三日には守護山名氏に対抗する安芸国人一揆を結ぶなど、同様の環境にある他の安芸国衆としばしば盟約関係を持った。ここでは、戦国期に入る永正九年（一五一二）三月に、平賀・小早川・天野・吉川・高橋氏などの安芸国衆と交わした一揆契状をみてみよう。

史料 8

吉川元経他八名契約状

申合条々

一雖下従二上意一被二仰出一之儀候上、又雖下自二諸大名一蒙レ仰之儀候上、為二一人一不レ可レ致二才覚一

候、此衆中相談、可レ有二御事請一候、仍各愁訴之儀候共、可レ為二同前一事

一此衆中親類被官已下、或軽二主人一、或蒙二勘氣一他出之時、於二申合調一、不レ可レ有二許容一候、

但、依二罪輕重一、一端之儀者、可二愁訴一事

一就二衆中論所之儀一、自然及二弓矢一事候者、各申合糺二理非一可レ加二異見一候、萬一被レ背レ理方

候者、可下放二衆中一申上候、然上者、可下贔屓二利運方一申上事

一於二申合間一時之喧哗就二出来一者、相当閣二返報一、可レ相二待衆中裁許一事
一此衆中与二他方一及二弓矢一時、各合力事、自身之儀候共、名代候共、依二旨儀一同篇可二申合一事
此儀偽候者、
日本國中大小神祇、殊者八幡大菩薩、摩利支尊天可レ罷二蒙御罰一者也、
永正九年壬申
三月　　天野讃岐守
興次（花押）
（※七名署名省略）
吉川次郎三郎
元經（花押）

内容は、近隣の勢力からの働きかけに対しては一揆成員（「衆中」）で相談して決めること（第一条）、他出した親類・被官を受け入れないこと（第二条）、「衆中」間で所領争いが起きた場合は「衆中」の裁定に従うこと（第三条）、喧嘩が起きた場合は反撃せず「衆中」の裁許を待つこと（第四条）などで、紛争解決などにおいて「衆中」を第一とする典型的な国人一揆契状といえる。

国人一揆から戦国大名へ

この間、毛利家では惣領・庶子家の間で争いが絶えず、惣領家の優位が確立しない時期が続いた末、さまざまな経緯を経て大永三年（一五二三）、元就が家督を継ぐ。ここではそれから九年後の享禄五＝天文元年七月十三日の日付を持つ起請文を取り上げてみよう。

9 史料

井原元師等三十一名連署起請文
謹言上候、
一御家來井手溝等、自然依二洪水一、年〻在所〻〻相替事多〻候、然時者、井手者見合候而、不レ論二自他之分領一、せかせらるへき事可レ然候、溝者改掘候者、田畠費候ハても不レ可レ叶候之條、みそ料をハ相当可二立置一事
一各召仕候者共負物に沈、傍輩間へ罷却候而居候へハ、其負物者すたり果候間、不レ可レ然候、他家他門江罷却候ハん事者、無二是非一候、於二御家中一如レ此候ハん儀をハ、互ニ無二御等閑一申談候而、有様ニ可レ有二沙汰一事
一悴被官、小中間、下人ニ至而、其主人〻〻のよしミを相違候而、傍輩中江走入〻〻、構二聊尒一候儀口惜子細候間、如レ此企之時者、本之主人〻〻に相届、依二其返事一、取捨之兩篇可レ有二覚悟一事
右条〻、自今已後於二違犯輩一者、堅可レ被レ成二御下知一事、對レ各可レ忝候、若僞候者、
（※以下、起請文・署名省略）

ここにみられる用水問題や人返し問題などは、国人一揆の取り決めとしてしばしばみられる問題であるが、実はこの史料のポイントはこうした内容以外にこそある。第一に、末尾にみられるように、それら誓約事項の違反に対する処罰を毛利氏に要請している点、第二に、そもそもこの起請文が毛利氏に対して提出されている点である。文言をみても「御家来」「御家中」という言葉に端的に示されているように、この三二名はこれまでみてきた国人一揆のように同等に盟約を結んでいる

のではなく、毛利氏の家来として毛利氏に対し誓約を行っているのであり、対等の関係で互いに誓約を行うこれまでみてきた国人一揆とは明確に違うといえるのである。

この後、天文十九年（一五五〇）に作成された起請文では、「井手溝道ハ　上様之也」とあり、この起請文で取り上げられていた用水問題は「上様」すなわち毛利氏が所管するものと明示されるにいたっており、かくして毛利氏を含む国人一揆は戦国大名毛利氏による「家中」へと明確に変化を遂げることとなったといえる。

【参考文献】

石母田正「解説」（石井進・笠松宏至・石母田正・笠松宏至・勝俣鎮夫・佐藤進一校注『日本思想大系　新装版　中世政治社会思想　上』（岩波書店、一九九四年））

久留島典子『一揆と戦国大名』（講談社、二〇〇一年）

呉座勇一『日本中世の領主一揆』（思文閣出版、二〇一四年）

西村安博「中世後期の在地法秩序に関する再検討——肥前松浦党一揆を素材として——」（『法制史研究』第四四号、一九九五年）

長谷川裕子『戦国期の地域権力と惣国一揆』（岩田書院、二〇一六年）

畠山亮「中世後期に於ける暴力の規制について——戦国喧嘩両成敗法の成立まで——」（『法學』第六五巻第一号、東北大学法学会、二〇〇一年）

村井章介「中世の自力救済をめぐって——研究状況と今後の課題——」（『歴史学研究』第五六〇号、一九八六年）

村井良介『戦国大名論　暴力と法と権力』（講談社選書メチエ、二〇一五年）

第11講　江戸幕府の法と裁判

日本の近代化の目的のひとつが、欧米列強各国と結んだ修好通商条約、いわゆる不平等条約の改正にあったことはよく知られている。

ところで、不平等条約が正当化される理由は、文明国たる欧米諸国に対して、相手国が非文明国であるという点にある。例えば領事裁判権は、未開の国の非文明的な裁判によっては、自国民の権利を確保できないという理由によって正当化されるのである。

それでは、江戸時代の日本の裁判制度は、具体的にどのようなものだったのであろうか。本講では、とくに幕府の裁判制度に焦点を当てて、その概要と特徴を述べる。

1　二つの裁判類型——出入と吟味——

出入筋と吟味筋

現代の裁判は、民事訴訟と刑事訴訟、そして行政訴訟とに大別される。江戸時代には行政訴訟という区分はなく、私法に関わる争訟をおもに取り扱う「出入《でいり》筋《すじ》」と、可罰的事案をおもに取り扱う「吟味筋《ぎんみすじ》」という二つの裁判手続きが存在した。しかしこれらの区別も、現代の民事・刑事の区別と完全に符合するものではない。不倫（密通）や傷害（疵附）などの可罰的事案が出入筋の手続で処理されることもあり、逆に出入筋で始まった裁判が、役所の判断で吟味筋に切り替えられることもあった。つまり両者は、事案の内容によって区別されるものではなかったのである。

このことは、「民事（訴訟）」「刑事（訴訟）」という概念それ自体が近代法に固有のものであり、そのような区別をそのまま前近代に持ち込むことには慎重でなければならない、ということを示唆している。

構造面での差異　出入筋と吟味筋との違いは、第一にその構造に見出すことができる。出入筋は、原告（訴人）が被告（相手）を訴え出ることにより開始され、当事者主義的な手続進行を一応の基盤とし、裁判役所が双方の主張を聞いて判決を下すという、三面構造を採っていた。

これに対して吟味筋は、現在の検察官に相当する当事者がおらず、判決を下すべき裁判役所が自ら捜査、審理を開始して、被疑者の罪責を追求する、糺審官としての役割を果たしていた。手続は「御用」として職権主義的に進行し、弁護人の制度もなく、被糺問者の弁護権は認められていなかった。

手続面での差異　また両者は、手続の面においてもいくつかの重要な違いをもっていた。第一に、被告または被糾問者の召喚手続が異なっている。出入筋においては、訴訟人の提出した訴状である「目安」に、裁判役所が裏書した書面が、訴人の手によって直接相手に届けられる。これは出入筋の当事者主義的性格を象徴する一場面である。これに対して吟味筋では、役所が自ら逮捕し、裁判の場に送致するか、「差紙《さしがみ》」と呼ばれる召喚状によって奉行所への出頭が命じられる。

第二に、内済《ないさい》（当事者間での和解）の可否という差異が挙げられる。当事者主義を基盤とする出入筋においては、訴訟の提起前後を問わず内済が勧奨され、内済が整えば、訴人はいつでも訴訟を取り下げることができた。これに対して吟味筋では、原則として内済は認められなかった。糾問主義的構造をもつ吟味筋においては、裁判役所による手続進行の意思こそが優先され、被害者と加害者の間に合意はこれに劣後するものとして扱われたのである。ただし、役所も訴訟を継続する必要を認めない場合もありえたのであり、この場合は被害者ないしその親族による「宥免願《ゆうめんねがい》」や、内済の結果としての「吟味下げ」などを受けて、例外的に手続途中での裁判終了が認められた（内済についての詳細は、第20講参照）。

2　出入筋の類型と特徴

本公事と金公事

出入筋によって処理される事案は、大きく「本公事《ほんくじ》」と「金公事《かねくじ》」とに大別される。もっともこの区別は江戸時代初期からのものではなかった。そこでまずは、その分化の過程を整理しておこう。

史料 1

評定所江召出借金公事人、年々に其数多候故に、此外之公事訴訟を詮議せられ候ために、事之妨に成来候、自今以後ハ、弐日三日之内ニ而一日、立合三日之内ニ而一日、凡一月ニ二日宛借金公事人計召出し候日を相定、其余ハ此外之公事訴訟等召出し、其理非分明に僉議之上、裁断に及はるへく候事、

ここでは「借金公事」と「此外之公事訴訟」という分類がなされているが、これがのちに「金公事」と「本公事」との区別になってゆく。また右の史料では、評定所での借金に関する裁判が多くなり、ほかの訴訟を進行するうえでの妨げになっているため、以後は借金に関する審理を、月に合計六日ある評定のうち二日に限定することが示されている。このことから、借金銀の訴訟をその他の訴訟に劣後させる姿勢が窺われる。

また、享保四年（一七一九）十一月の書付でも、金銀出入の増加によって「評定之本旨」が失われるとの認識が示されており、金銀出入以外の訴訟、すなわち本公事こそが出入筋での本来の訴訟内容であるとの意識がみられる。このほかさまざまな史料から、出入物の中では、まず特異なものとしての「金公事」概念が成立し、それ以外の本来の訴訟という意味で「本公事」概念が成立したと考えられている。

金公事の冷遇

史料 1 の記述からも窺われるように、本公事と金公事とが区別された背景には、金公事訴訟の件数が増加し、本公事すなわち「本来の公事」を遂行する妨げになっているという事情があった。幕府は両者を区別し、その取扱いに差を設けることで、金公事の件

数を抑制することを目指したのである。以下に、その取扱いの差異の代表的なものを三点挙げよう。

①出訴最低額

金公事債権について、一定額に満たない訴は取り上げられなかった。その基準は時代によって若干異なるが、文政六年（一八二三）の評定所評議では、金一分または銀十五匁、銭一貫五百文であり、合算は行わないものとされた。これに対して本公事は、文化十一年（一八一四）の評定所評決に「本公事之義ニ付、滞高員数ニ不拘初判差出可申儀ニ候」とあるように、出訴金額にかかわらず出訴が認められていた。

②切金《きりがね》の実施

債務者に債務を弁済すべき資力がない場合には、身代限《しんだいかぎり》と呼ばれる強制執行手続が採られた。これは債務者の全財産を差し押さえて競売し、その売上金を債権者に渡すという手続である。ところが金公事にかかる債権については、この身代限を執行する前に、切金という手続を経る必要があった。切金は、弁済額の一部を弁済すれば、その後長期にわたる分割弁済が認められる制度である。

③相対済令の適用対象

相対済令については第20講で詳述するが、簡潔に述べれば、対象となる訴を受理しないという法である。この相対済令の対象となるのは、おもに金公事に属する債権であった。

以上のうち、出訴最低額の設定や相対済令の適用は、一定範囲の債権関係について、そもそも訴を受理しないという制度であるから、金公事の受訴件数は少なくなる。また切金の実施も、債権者側に訴訟を起こすメリットが少ないため、訴訟の抑制につながると考えられたのであろう。

本公事金公事の区別

ところで、金公事はその成立過程からもわかるように、借金銀を中心に構成されていたが、このほかにも多くの債権関係が金公事として扱われた。そこで問題となるのは、本公事と金公事との実体的区別、すなわち、いかなる基準によって、ある債権が金公事または本公事に分類されるのか、ということである。

この点について、かつては「利息付無担保の金銭債権」が金公事として扱われたという理解が一般的であった。しかし、神保文夫によって指摘されているように、無利息であるはずの「売掛金」(売買におけるいわゆるツケ)が、借金銀とならぶ代表的な金公事として扱われているなど、この定義は必ずしも十分なものとはいえない。

それでは、金公事と本公事との区別は、どのように行われていたのか。これを解く手がかりとなるのが、次に取り上げる「仲間事《なかまごと》」という類型である。

仲間事という類型

債権関係の幕府による区別には、上記の本公事と金公事とのほかに、「仲間事」というものがある。仲間事は、訴権の認められない債権であり、御定書第三三条では、「連判証文有之諸請負徳用割合請取候定」「芝居木戸銭」「無尽金」の三種類が挙げられている。

第一の「連判証文有之書請負徳用割合請取候定」とは、数名の者が連判で事業を行った場合の、損益の分配に関するものである。こうした共同事業者間には、相互に収益を上げることができ、万一の場合には損失を蒙ってもよいという信頼関係が求められる。

第二の「芝居木戸銭」とは、芝居の興行収益の、座元と金主とでの配分に関するものである。当時の芝居は、出資者である金主と興行の責任者である座元とが役者を招いて行うものであった。そして観客から徴収した木戸銭は、座元が一旦受け取って金主との間で分配するのである。したがって座元と金主との間には、先に見た共同事業者と同質の関係が生じるのであって、やはり強固な信頼関係に基づいた契約形態であると評価できる。

第三の「無尽金」とは、構成員間での金銭の融通などを目的とする「無尽講」に関するものである。無尽講の構成員は会合日に所定の額を掛金として支払い、その蓄積が一定額に達した段階で、抽選や入札によって当り金を受ける者が決められる。構成員は順次当り金の配当を受け、全員が受けると講は解散される仕組みであった。無尽講も、掛金の支払いや当たり金の配当が適切になされることを前提とした契約形態であり、やはり構成員相互の信頼が極めて重要となる。

以上のように、仲間事に分類される債権はいずれも、一般的な借金銀などに比して、当事者間の強固な信頼関係の存在を前提とするものであった。それゆえに幕府はこれらについての訴を取り上げず、当事者同士での解決を求めたのである。

債権と当事者間の信頼

ここで、金公事と本公事との区別に目を戻そう。先述のとおり、金公事はかつて「利息付無担保の金銭債権」であると理解されていた。担保は、相手方が債務不履行に陥った場合に備えて、債権を確実に回収するため設定するものである。これに対して利息は、返済時に元本と併せて回収するのが通常であるから、債務が弁済される蓋然性が高いからこそ可能なものである。そしてそのような判断は、相手に対する一定程度以上の信頼がなければなしえない。売掛金も同様であり、掛売の成立は、一定期間に生じた支払いを、買主がまとめて支払ってくれるという信頼が、買主側に存在することを前提とする。

したがって金公事とは、仲間事ほどではないにせよ、当事者間の信頼関係を前提とした取引によるものであると理解できる。そうであれば、そこから発生した紛争についても、当事者間の実意による解決が見込める。それゆえに幕府は、当該債権を金公事として、本公事に比してその保護を弱めたと考えられるのである。

いずれにせよその背景に存在するのは、「個人間での紛争は本来、両当事者が自ら解決すべき紛争である」という、幕府の出入筋に対する基本姿勢であったといえよう。

3 吟味筋の特徴と拷問

吟味筋の特徴と手続

吟味筋の手続は、幕府が積極的に行う秩序回復手段として位置付けられた。したがって、その判決は幕府の権威を象徴するものであり、そこに誤りがあることは許されなかった。こうした「無謬性の確保」とでも言うべき信念こそが、吟味筋の様々な特徴を生み出していると考えられる。

吟味筋は、大まかに以下のような流れで行われた。まず、被害の届出・告発・風聞・密告などを端緒に犯罪捜査が開始され、与力・同心やその私的雇人たる「目明《めあかし》（岡引《おかっぴき》）」によって町の自身番屋などで行われる「下吟味」と呼ばれる取調べを経て、奉行所に送致される。奉行による一通糺の後、牢屋などへの未決勾留の処置が決められ、下役による本格的な吟味によって犯罪事実の認定と刑罰の決定が行われる。最後は再び白洲に奉行が出座して判決を告知し、「落着《らくじゃく》」となる。

先例主義　吟味筋の第一の特徴として挙げられるのが、刑罰の決定に際して、先例の参照が盛んに行われたことである。先例の参照は出入筋でも行われていたが、吟味筋においてはより明確に、先例主義と呼ぶべき手続きが採られていた。

史料2

> 一躰刑獄之儀は、其時世ニ随ひ可被取行は勿論之儀、当時は御定書を以御仕置を取極、御定箇条ニ難引当品は先例を探索仕、例は成丈近キを求候様、兼而被仰聞候儀も有之（後略）

以上のように、刑事裁判における法源は、第一には公事方御定書であったが、御定書に規定なき場合には相当の先例をもって刑罰を決定すべきであった。なお、先例の中では近例を優先的に適用すべきであり、また徳川氏以前の法にまでは遡らないこととされていた。

手限の概念　吟味筋の第二の特徴として挙げられるのが、伺《うかがい》・差図《さしず》というシステムであり、このシステムの前提となるのが、手限《てぎり》の概念である。手限とは、他役所の関与なしに当該行政行為をなし得る、いわゆる専決権限のことである。吟味筋にかかわる手限には、取調べや裁判にかかわる「吟味手限」と刑罰の決定にかかわる「仕置手限」の二種類があるが、ここではとくに後者について説明する。

仕置手限の範囲は、もっぱら罪の重さによって規定されていた。手限の範囲内の刑罰については、当該役所の専決によって刑罰を決定、執行することができる。一方で仕置手限の範囲を超える事件については、支配を受ける役所に伺をなし、これに対する差図を受けて刑を執行することとなっていた。

伺・差図システム

町奉行を例に挙げると、吟味手限の範囲は管轄地域内の事件全てに及ぶが、仕置手限の範囲は中追放までであった。そのため重追放以上の刑罰については、判決草案を作成して老中へ伺を提出する必要があった。老中は伺を受理すると、仕置掛奥右筆《しおきがかりおくゆうひっ》（司法を管轄する老中の秘書官）や評定所一座（三奉行を中心とする合議体）にも諮りながらその妥当性を判断し、奉行に差図を発する。

なお、伺は手限を超える場合のほか、判断の難しい事案についても行うことが認められていた。したがって幕府裁判所における難事件や重大事件の多くは、老中の裁可を経て判決が確定する。吟味筋は一審制であり、上訴の制度などは存在しなかったが、重大な事件についてはこのように、一度の手続の中で上級役所による確認を経る必要があり、慎重な手続が期されていたといえよう。

先例主義や伺・差図システムといった慎重な姿勢は、広い意味では「お上のご威光」に配慮したものといえる。すなわち類似の事件で刑罰に大きな隔たりが生じる（一事両様）ことで、幕府の司法判断の一貫性や安定性、ひいては幕府の権威が損なわれることをおそれたのである。もっともそうした慎重な姿勢は、もっぱら法律審のみに向けられており、事実審すなわち犯罪事実の認定は、異なる様相を呈していた。

自白偏重と責問

事実審に際して最も重視されていたのは、被告人の自白であった。たとえその他の証拠が揃っていても、自白がなければ原則として有罪とすることはできず、また反対に物的証拠などがなくとも、自白さえあれば有罪判決を出すに差し支えなかった。
その帰結は想像に難くなく、「下吟味」では自白の獲得が目的とされ、その後の下役による吟味も「吟味詰り之口書」と呼ばれる供述録取書（自白調書）の作成を目的とした。前者には法的規制はなく、不正・不当な取り扱いもあり得たし、後者においては口頭での審理（口問）のみならず、肉体的苦痛を与える「責問《せめどい》」すなわち広義の拷問が行われた。

幕府の行った責問には、後ろ手に縛り、吊るし上げる「釣責《つりぜめ》」、背中を箒尻と呼ばれる刑具で叩く「笞打《むちうち》」、算盤台と呼ばれる板の上に正座させ、膝の上に一枚四〇kg程の石を乗せる「石抱《いしだき》」（「算盤責《そろばんぜめ》」）、両腕両足をそれぞれ縛り、肩と肘がつくように体を曲げて縛る「海老責《えびぜめ》」の四種がある。このうち笞打、石抱、海老責は「牢問《ろうもん》」といい、狭義の「拷問《ごうもん》」である釣責と区別された。牢問は裁判役所の裁量によって行うことができたが、狭義の拷問は犯罪の種類などによる制約が科された。

察度詰

拷問はその要件のためにほとんど行われることはなく、また牢問にしても必ずしも頻繁には行われなかった。しかしその理由は、人権重視といったような現代的意識によるものではなく、責問によらず口問で白状させるのが吟味の「巧者」と考えられたことに求められる。このことは、広くいえば「お上」としての幕府の立場を重んじることに通じるものである。

史料 3

（前略）自己より不及白状上者、厳重及拷問糺明可然哉、察度之趣申訳無之、如何様之御仕置被仰付候共、一言之儀無之旨、口書取之候上ニ而、相当之仕置申付候而も、不苦儀ニ可有

御座候哉、（後略）

これは、窃盗の罪状が明白であるにもかかわらず自白が得られないケースについての、幕府への問合せの文書である。文中にある「察度《さっと》」とは、裁判役人の詳察を意味し、これによって犯罪事実を認定することを「察度詰《さっとづめ》」と呼んだ。

ただし、察度詰はあくまでも変則的な手続で、繰り返し拷問を行っても自白が得られない場合にのみ可能であり、かつこれによって科される刑罰は本来より一等減軽することになっていた。次の史料は**史料3**の問合せに対する回答であるが、察度詰よりも、拷問を行ってでも自白を取ることを優先させようとする幕府の姿勢が読み取れる。

史料4

（前略）全申陳候ニ無紛相聞候条、痛候而成とも、白状いたし候迄者、厳敷御吟味有之可然、縦令無宿ニ候与も、右体死罪ニ相当り候儀ニ付、白状不致者を察度詰を以仕置御申付候儀者、如何ニ御座候、（後略）

お上のご威光

総体に、奉行が白洲で無罪を申し渡すことは「御体裁」に響くと考えられ、その不体裁を避けることが重視されていた。察度詰による有罪認定はこうした発想に基づくものと理解できるし、下吟味による被疑者の選別もまた、同様の文脈で捉えることができよう。

一方で**史料3**では、察度詰を行うに際して、いかなる処分も受ける旨の口書を取ることが示されている。同様の記述は、自白が得られた「自詰」の場合にもみられ、いずれも被疑者が幕府の判断を全面的に受け入れることを認めたという外観を呈することになる。こうした外観をとることで、あくまで形式的には、幕府の判断に誤りがないことを担保することができる。

総じて吟味筋の手続においては、その遂行が幕府の権威と直結していたことが窺われる。警察・裁判権の行使と、それを通じた治安の維持は、幕府の権威を示す格好の素材であり、また権威を維持するために必要な措置でもあった。しかしそうした位置づけからは同時に、判断の絶対性・無謬性が求められることになる。そしてこの絶対性・無謬性を確保するために、一方では精緻な法律審を行い、他方では自白に依存した事実審を行う、というのが、吟味筋の実態であったと考えられる。

【参考文献】

石井良助『近世民事訴訟法史』（創文社、一九八四年）
大平祐一『近世日本の訴訟と法』（創文社、二〇一三年）
神保文夫『近世法実務の研究』（汲古書院、二〇二一年）
平松義郎『近世刑事訴訟法の研究』（創文社、一九六〇年）

コラム3　中世前期②

イイクニつくらない鎌倉幕府？

「イイクニつくろう鎌倉幕府」というフレーズは、かつて日本史の年代の語呂《ごろ》合わせで一、二を争う著名なものであった。いうまでもなくこれは、源頼朝が征夷大将軍《せいいたいしょうぐん》に補任《ぶにん》されたことで、鎌倉幕府が建久三年（一一九二）に開かれた、とすることを表す（イイクニ説とする）。ところが近年では、「イイハコつくろう」なるフレーズがそれなりの勢力を持っているとも聞く。こちらは、頼朝が守護・地頭（国地頭とも）の設置を勅許《ちょっきょ》された文治元年（一一八五）をもって鎌倉幕府が開かれた、とするものである。実は鎌倉幕府の成立年についてはこれらにとどまらず、他にも、伊豆で平氏打倒の挙兵をした頼朝が鎌倉に入った治承四年（一一八〇）、頼朝が後白河法皇《ごしらかわほうおう》から「十月宣旨《せんじ》」を得て、東海・東山両道の支配権を認められた寿永二年（一一八三）、頼朝が右近衛大将《うこのえのたいしょう》に補任された建久元年（一一九〇）、などさまざまな説がそれぞれにそれなりの説得力をもって存在している。

イイクニ説以外の説の特徴は一言でいえば、長らく通説とされて来ていた同説に対して、朝廷と鎌倉幕府との関係に着目しながら批判的にとらえる点にある。こういった話を大学ですると、必ずといっていいほど「先生はどの説ですか」といった質問を受けることになる。そのこと自体は直感的に率直で悪いことではないと思う一方で、もしかしたらシンプルに「鎌倉幕府成立＝〇〇年」という事項をそれ自体として暗記しようとしているのではないか、という懸念がもたげることもある。鎌倉幕府成立はいつなのかという問題は、実は中世の国制ないし法のあり方に直結する本質的な問題なのであるが、必ずしもそのようにとらえられていないのだとすれば、その最も重要な前提の一つとして、日本における高校までの歴史教育のあり方が想定される。

例えば内容的には、鎌倉時代以降、近代に至るまで、ほとんどの時代において武士が主役を演じる一方、それまで時代を主導して来た朝廷や公家などはほとんど姿を消してしまったかのような印象を多かれ少なかれ与えがちな政治史中心の構成が思い浮かんでくる。もう一つ、自らを振り返っても記憶が鮮明である語呂合わせによる暗記の有効性を否定する気は毛頭ないが、概ねその延長線上で対応可能な試験制度は、近年世間で強まる効率主義と相俟って「暗記科目」という歴史学への誤ったレッテルを助長しかねないようにも思う。

我々が何となく当たり前のように考えてしまう「鎌倉幕府」というものがそもそも何なのか、丁寧に史料に向き合いながら問い直す、といった簡単には答えへ辿り着かなそうな問いかけや取り組みを通じて、かえってこれまで歴史科目に苦手意識を持っていた方にも、法史学の本質や面白さがごく一部でも伝わればと願う次第である。

写真1　鎌倉・小町通り

第二部

民刑事法の諸相

A 刑事法—犯罪と刑罰

第12講 近代に生きつづける律令

1 呪咀による殺人

『新律綱領』と『仮刑律』の呪詛殺規定

「丑《うし》の刻参《こくまい》り」といった人を呪い殺そうとする行為は、民俗風習の一つとして根強く残っているとはいえ、現行刑法では、行為者が犯罪を実現する意思で実行に着手したとしても、行為の性質上およそ構成要件的結果を惹起《じゃっき》する危険性がない行為、すなわち不能犯とみなされて処罰されないとの見方が一般的である。しかし、徹底した意思主義の立場をとれば、行為者が結果の実現を確信して呪詛《じゅそ》を実行したのであれば、客観的な結果発生の蓋然性《がいぜんせい》がなくとも、既遂あるいは未遂の罪に問われるべきことになろう。

意思主義を基本とするのは当然のこと、呪詛行為と被呪詛者の死亡との因果関係について微塵《みじん》も疑いを抱かなかったのが、古代律令の世界であった。こうした心象様式がいつ頃まで実質的に継続していたのかはともかく、古代から近世に至るまで、明治以前の刑法では、少なくとも法的には、呪詛（魘魅《えんみ》）殺は歴とした犯罪とされており、さらに、明治初期に制定された『仮刑律《かりけいりつ》』および『新律綱領《しんりつこうりょう》』においても同様の規定が見出される。

史料 1

『新律綱領』
「魘魅人」条（人命律上7）
凡魘魅ヲ行ヒ、符書ヲ造リ、呪詛シテ人ヲ殺サント欲スル者ハ、各謀殺ヲ以テ論ズ。止ダ人ヲ疾苦セシメント欲スル者ハ、謀殺已行未傷ニ二等ヲ減ズ。
『仮刑律』
「妖術毒薬ヲ用ヒ人ヲ殺」条（人命7）
凡妖術・毒薬ヲ用ヒ人ヲ殺スモノハ、各謀殺ヲ以論ズ。若唯人ヲシテ、疾苦セシメ人ヲ殺スノ情無之者ハ、謀殺条二等ヲ減ズ。子・孫之祖父母・父母、妻妾之夫之祖父母・父母ニオケル、右之仕形有之者ハ減セズ。
若人之毒殺セント欲スルニヨツテ、為ニ薬ヲ買及ビ和合与之モノハ、謀殺加巧ヲ以論ズ。商戸情ヲ知リ毒薬ヲ売モノハ本人ト同罪、死ニ至テハ一等ヲ減ズ。知ラザル者ハ坐セズ（以下略）。

さすがに、現行刑法の旧規定（明治四十一年十月施行）ではもちろん、ボワソナード（Gustave Emile Boissonade）起草による明治十五年一月施行の『旧刑法』では、呪詛による殺人の規定は消滅しているが、それまでの刑法典、すなわち『新律綱領』（明治三年十二月［一八七一年二月］内外有司に頒布《はんぷ》）は、「魘魅人」には「謀殺《ぼうさつ》」（計画的な殺人の既遂および未遂の罪）をもって論ずべき旨を定めている。ちなみに、『新律綱領』を部分的に改正した『改定律例《かいていりつれい》』（明治六年六月公布、七月施行）は当該条文には触れていないため、「魘魅人」条は改正されなかったことがわかる。『新律綱領』から更に遡って、幕末維新期に編纂された『仮刑律』（慶応四年［一八六八］閏四月頃に成立、基本的には不公布の部内準則的なもの）の「魘魅人」条をみると、ここでは、『新律綱領』の「魘魅人」条に、毒薬による殺人の規定を併せた条文が設けられている。この『仮刑律』は、とりわけ、熊本藩の『刑法草書』からの影響を強く受けているといわれているから、これも参照しておこう。

熊本藩『刑法草書』（宝暦十一年（一七六一）施行）は、「妖術《ようじゅつ》毒薬を以人を殺」条において、次のように定めている。

熊本藩『刑法草書』の呪詛殺規定

史料 2

> 妖術を以人を殺し、且毒薬を用て人を殺候者、各謀殺を以論。若妖術も唯人を令疾苦、毒薬も唯人を令苦痛候方剤にて、人を殺候意無之ハ、刺墨笞百。

同条について、『刑法草書』の注釈書『熊本藩刑律和解及御裁判』（天保九〜十（一八三八〜一八三九）年頃成立）は、

史料 3

> 魘魅（まじまひ事をして、人をなやまし、殺ス様にする也）、符書ヲ造、咒祖（ふを書、佗羅尼を唱へて、人をのろふ事をいふ）などして、人を殺さんとする者ハ、たくミて人を殺す、謀殺の律

によって罪を論ズ。……若右之事をするに依て、先の者死すれバ、謀殺の已に殺したる律に依て罪に行ふ。若右の事をするも、本より殺さんとの心にてハなく、只先の人をやましめくるしめんとの心なれバ、二等を減す……

と、注釈しているから、先の『仮刑律』が、この『刑法草書』の規定をほぼそのまま継承したことは明らかであろう。ちなみに、徳川幕府の『公事方御定書（下巻）』、いわゆる『御定書百箇条』では、妖術殺の規定は置かれていない。もっとも、妖術殺のような規定が、とくに熊本藩『刑法草書』にオリジナルなものかといえば、そうではなく、その沿革は古代の律令にまで遡ることができる。

『養老律』の呪詛殺規定

『養老律』（養老二年（七一八）制定、天平宝字元年（七五七）施行）の「名例律」には、律の諸条文から支配秩序を揺るがす諸罪を抽出した「八虐《はちぎゃく》」の第五として「不道《ふどう》」が挙げられている。

史料 4

『養老律』

「八虐」「不道」条

五に曰はく、不道。謂はく、一家に死罪に非ざる三人を殺し、人を支解し、蠱毒を造畜し、厭し魅し、若しくは、伯叔父・姑・兄姉・外祖父母・夫・夫の父母を殴ち、告し、及び殺さむと謀り、四等以上の尊長及び妻を殺せるをいふ。

「造畜」条（賊盗律第七・15）

凡そ蠱毒を造畜し、及び教令せらば、絞。造畜の者の同居の家口は、情知らずと雖も、遠流。（以下略）

「毒薬」条（同・16）

凡そ毒薬を以て人を薬せらむ、及び売れらば、絞。即し売り買ふて、用せずは、近流。（以下略）

「厭魅」条（同・17）

凡そ憎み悪む所有りて、厭魅を造り、及び符書咒詛を造りて、以て人を殺さむとせらむは、各謀殺を以て論して二等減せよ。故を以て死致せらば、各本殺の法に依れ。以て人を疾苦せしめむとせらば、又二等を減せよ（以下略）

この「不道」条は、大量殺人、「支解《しげ》」すなわち肢体切断や焼殺などの残虐な殺人、二親等以内の尊属・長上・外祖父母に対する暴行・告訴告発・殺人予備などとともに、「蠱毒《こどく》」の製造所持と「厭魅」の二種を定め、また「賊盗律」第七には、蠱毒の造畜、毒薬の使用、厭魅あるいは符書による呪詛殺の規定が列挙されている。このうち「蠱毒」とは、諸種の悪虫を容器に入れて互いに食い殺させ、人を害するまじないの手段とされたようであるから、「蠱毒」は「毒薬」よりも「厭魅」に近いもので、実際、奈良時代にあっては、「蠱毒」と「厭魅」はしばしば混同して用いられていた。例えば、神護景雲三年（七六九）五月、県犬養姉女《あがたいぬかいのあねめ》らは称徳天皇の髪を盗んで髑髏《どくろ》にいれ、宮中で三度「厭魅」したことにより「巫蠱」の罪で配流されており、また宝亀三年（七七二）に光仁天皇が「巫蠱」の罪で井上皇后を廃したときの罪状は「厭魅大逆」であった（『続日本紀』）。

明治初期における呪詛殺規定の運用

こうした『養老律』の例のように、『新律綱領』の「魘魅人」条も、実際に適用されていたのであろうか。小田県からの伺《うかがい》（明治八年十月九日）に対して、司法省は「魘魅呪咀等ノ事、史伝ニモ散見スト雖モ、其方法及ビ実験ノ有無ニ至テハ、現ニ其事実ニ就《つ》クニ非ザレバ、審明シ難シ。頑愚嫉妬《がんぐしっと》ノ念ヨリ、一時呪咀スル者ハ、一概此律ニ依ルベカラズ。」（警視局蔵版『刑事彙纂』乙巻、明治十年十月刊）と指令しているから、実際に呪詛（魘魅）殺の規定によって謀殺の罪に問われた事例は、ほとんどなかったようである。

実際の適用云々はともかく、明治初期の『新律綱領』の魘魅人条および『仮刑律』の妖術・毒殺条は、熊本藩『刑法草書』をへて、律令の規定にまで遡ることができ、また律令において密接な関係にあった呪詛（魘魅）殺と毒殺の規定は、心象様式が変化した後も、『仮刑律』にまで、その条文形式を引き摺《ず》っていたことが知られるのである。

2　暴行・傷害の罪

『新律綱領』と『仮刑律』の闘殴規定

周知のように、現行刑法は、暴行罪・傷害罪について、次のように定めている。

――第二〇四条　人の身体を傷害した者は、十年以下の懲役又は三十万円以下の罰金若しくは科料に処する。

第二〇八条　暴行を加えた者が人を傷害するに至らなかったときは、二年以下の懲役若しくは三十万円以下の罰金又は拘留若しくは科料に処する。

現行刑法が「罪刑法定主義」を採っていることは自明の前提とされているのだが、改めてこれらの規定内容をみると、極めて抽象的で、暴行や傷害の程度、あるいは対応する量刑について、裁判官による裁量の余地が広く認められているのである。ところが、『仮刑律』と『新律綱領』をみると、これとは対照的に、暴行・傷害の態様や程度について事細かに規定されている。

史料 5

『新律綱領』
「闘殴」条（闘殴律1）
凡闘殴、手足ヲ以テ人ヲ殴チ、傷ヲ成サヾル者ハ、笞二十。傷ヲ成シ、及ビ瓦石・槌棒等ヲ以テ人ヲ殴チ、傷ヲ成サヾル者ハ、笞三十。傷ヲ成ス者ハ、笞四十。血目中ヨリ出デ、及ビ内損シテ吐血スル者ハ、杖八十。人ノ一指・一歯ヲ折リ、一目ヲ眇ニシ、耳鼻ヲ決毀シ、若クハ骨ヲ破リ、及ビ湯火ヲ以テ人ヲ傷スル者ハ、杖一百。穢物ヲ以テ口鼻内ニ灌入スル者モ、罪亦同。（中略）両目ヲ瞎シ、両肢ヲ折リ、及ビ旧患アルヲ殴チ、因テ篤疾ニ至ラシメ、若クハ舌ヲ断チ、陰陽ヲ毀敗スル者ハ、流三等。仍ホ、金二十両ヲ追給シテ、養贍セシム。（以下略）
『仮刑律』
「闘殴」条（闘殴1）

凡手足ヲ以人ヲ殴踏、傷ヲ不成モノハ、笞二十。傷ヲ成、及他物ヲ以殴傷ヲ不成ハ、笞三十。傷ヲ成ハ、笞四十。髪ヲ抜事方一寸以上ハ、笞五十。若打殴甚敷即時昏絶ニ及ハ、笞六十。若血耳目中ヨリ出、及内損血ヲ吐、且穢物ヲ以頭面ヲ汚シ、及九竅内ニ灌入スルモノ、笞八十。一指・一歯ヲ折、一目ヲ眇シ、若ハ骨ヲ破リ傷ケ、耳鼻ヲ破リ裂キ、及刃傷、且湯火銅鉄汁ヲ以テ人ヲ爛スハ、笞一百。（中略）手足ノ内二ヲ折、二目ヲ瞎シ、都テ人ヲ篤疾ニ至ラシメ、若人ノ舌ヲ断、人ノ陰陽ヲ毀敗スルモノ、笞百遠流加役三年。

熊本藩『刑法草書』の闘殴規定

『新律綱領』の「闘殴《とうおう》」条は、手足による暴行は笞《ち》二十、それが傷害にいたった場合は笞三十。瓦石・槌棒《ついぼう》等による暴行は笞三十、致傷は笞四十。出血した場合は杖《じょう》八十。以下、杖一百、徒一～三年、流三等の刑罰を科すべき傷害の程度が詳細にわたって列挙特定されている。遡って『仮刑律』をみると、一寸以上髪を引き抜いた場合は笞五十とするなど、『新律綱領』よりもさらに一層詳しい規定が備えられている。したがって、量刑についての裁判官の裁量の余地は、ほとんど認められていなかったと言って良いであろう。

ちなみに、『公事方御定書』では、暴行・傷害といった犯罪類型で条文構成されていないが、熊本藩『刑法草書』は「闘殴」条を設けている。量刑が若干重いことや刑罰として刺墨があるなど、若干の相違はあるが、『仮刑律』とほぼ同文であり、当該条文においても、熊本藩『刑法草書』の規定が『仮刑律』に反映していることが知られる。

律型罪刑法定主義について

ところで、一般に『旧刑法』以前の律令系刑法は、「断罪無正条」条や「不応為」条によって、他律の援引比附《えんいんひふ》や情理《じょうり》の援用を認めていることから、「罪刑法定主義」を採用していないと批判されている。しかし、右に見たように、文字通り罪刑が法定されているという意味では、現行刑法よりも『新律綱領』『仮刑律』の方が断然《だんぜん》詳細であった。確かに、具体的な傷害の程度と量刑すべてを列挙法定しようとしても、将来において立法者が予想もしなかったような事例が生じる可能性は否定できないから、そこから類推解釈や軽度の情理処罰の必要性が生じることになる。しかし、このことは、「罪刑法定主義」が採用されてから後でも事情は同じであって、『旧刑法』の下で、電気の窃盗を第三六六条の「人の所有物」の窃取にあたるとした明治三十六年五月二十一日の大審院判決など、類推解釈に限りなく近い拡張解釈が後を絶たないのである。

『旧刑法』の傷害規定

ボワソナードが起草した『旧刑法』は、第二条で「法律ニ正条ナキ者ハ、何等ノ所為ト雖《いえど》モ之ヲ罰スルコトヲ得ズ」と規定したことなどから、わが国で初めて「罪刑法定主義」を採用した刑法だと評価されている。それでは、暴行傷害罪に関する規定は、『新律綱領』などと比べ、どのように変わっているのだろうか。

史料 6

『旧刑法』（「第三編　身体財産ニ対スル重罪軽罪　第一章　身体ニ対スル罪」「第二節　殴打創傷ノ罪」）

第三〇〇条（重傷害罪）

①人ヲ殴打創傷シ、其両目ヲ瞎シ、両耳ヲ聾シ、又ハ両肢ヲ折リ、及ビ舌ヲ断チ、陰陽

ヲ毀敗シ、若クハ知覚精神ヲ喪失セシメ、篤疾ニ致シタル者ハ、軽懲役ニ処ス。
②其一目ヲ瞎シ、一耳ヲ聾シ、又ハ一肢ヲ折リ、其他身体ヲ残虧シ、癈疾ニ致シタル者ハ、二年以上五年以下ノ重禁錮ニ処ス。

第三〇一条（傷害罪）
①人ヲ殴打創傷シ、二十日以上ノ時間疾病ニ罹リ、又ハ職業ヲ営ムコト能ハザルニ至ラシメタル者ハ、一年以上三年以下ノ重禁錮ニ処ス。
②其疾病休業ノ時間、二十日ニ至ラザル者ハ、一月以上一年以下ノ重禁錮ニ処ス。
③疾病休業ニ至ラズト雖モ、身体ニ創傷ヲ成シタル者ハ、十一日以上一月以下ノ重禁錮ニ処ス。

『旧刑法』は、暴行罪そのものについて規定せず、「殴打創傷ノ罪」の節で傷害罪について規定しているが、その規定内容についてみると、重傷害罪の規定では、第一項で、両目・両耳・両肢・舌・陰陽の毀損や知覚精神の喪失、第二項でも、一目・一耳・一肢の毀損といった重度の傷害態様を具体的に列挙しつつ、「篤疾《とくしつ》」あるいは「癈疾《はいしつ》」という抽象的用語を採用することで、また普通傷害罪の規定では、疾病または休業の時間といった基準を導入することで、現行刑法よりは規定の抽象度は低いものの、傷害の程度を包括的に規定しようとしている（条文中の「軽懲役」とは定役が付された六～八年の懲役刑〔重罪〕、「重禁錮」も定役が付された十一日～五年の懲役刑〔軽罪〕を意味する）。『旧刑法』には、まさに『新律綱領』などの従来の律令系刑法から、近代的な現行刑法へ移行する、過渡的な性格を見出すことができるのである。

罪刑法定主義の意義

「罪刑法定主義」は、通常、「法律なければ犯罪はなく、法律なければ刑罰はない」という標語で示されるが、「罪」と「刑」が事細かに対応し特定されているという点でいえば、現行刑法より『新律綱領』の方がより優れた罪刑法定主義であったともいえるだろう（いわゆる律型罪刑法定主義）。しかし問題なのは、罪刑が法定される立法過程において国民の一般意思がどの程度反映し得たか――少なくともそれが理念として前提とされていたのか――、そして完成した罪刑規定が国民一般に公布周知されたかという点なのである。『新律綱領』の場合、近代以前のすべての法典と同様に、一般には公布されることなく、内外有司すなわち官吏に対して頒布されたにすぎない。国民の人権擁護という考えは律型刑法には無縁であった。これに対して『旧刑法』は、人権擁護の立場から、一般国民への公布という手続を経て施行されており（最初に公布手続がとられた刑法は『改定律例』である）、この点に、『新律綱領』以前と『旧刑法』以降の刑法では、決定的な違いがある。このような意味で、日本における近代的「罪刑法定主義」は、やはり『旧刑法』をもって始まりとするといって良いのである。

【参考文献】

井上光貞・関晃・土田直鎮・青木和夫校注『日本思想体系新装版　律令』（岩波書店、一九九四年）
小林宏・高塩博編『熊本藩法制史料集』（創文社、一九九六年）
吉井蒼生夫ほか編『日本立法資料全集8・9　刑法草按注解（上・下）』（信山社、一九九二年）
吉田孝『律令国家と古代の社会』（岩波書店、一九八三年）

第13講　「密通」をめぐる法とその周辺

本講は中世～近代にみられるいわゆる不義密通をめぐる法規定を概観するなかで、刑罰や制裁などの観点からかような事案がどのように取り扱われていたのかについて法史的な理解を得ることを課題とする。

1　近代法における姦通の取扱い

現行刑法（明治四十一年（一九〇八）十月一日施行）「第二編　罪」の「第二十二章　猥褻、姦淫及び重婚の罪」にはかつて、婚姻して配偶者のある者が婚姻関係外の者と姦通することを禁じたいわゆる姦通罪規定として第一八三条（昭和二十二年十月廃止）が存在したが、それは次のような内容であった。

史料 1

①有夫ノ婦姦通シタルトキハ二年以下ノ懲役ニ処ス其相姦シタル者亦同シ
②前項ノ罪ハ本夫ノ告訴ヲ待テ之ヲ論ス但本夫姦通ヲ慫慂シタルトキハ告訴ノ効ナシ

これによれば、姦通罪は必要的共犯として夫（「本夫」）のある妻（「有夫ノ婦」）とその姦通の相手方である男性（「相姦シタル者」）の双方に成立し、夫を告訴権者とする親告罪であるとともに、告訴権者の夫が姦通を容認していた場合には告訴は無効とされ、両当事者は処罰の対象にはならなかったことが理解される。その一方で、内縁の夫のある女性（「妾」）が他の男性と私通しても姦通罪は成立せず、正妻のある男性が「無夫之婦」と私通しても姦通罪は成立しないものとされた。

姦通罪規定が前提としたのは、ボワソナードの影響のもとに編纂された旧刑法（明治十三年（一八八〇）七月十七日太政官布告第三六号）「第三編　身体財産ニ対スル重罪軽罪」「第一章　身体ニ対スル罪」の「第十一節　猥褻姦淫重婚ノ罪」において第三五三条が規定した同罪に関する次の内容にあった。

史料 2

①有夫ノ婦姦通シタル者ハ六月以上二年以下ノ重禁錮ニ処ス其相姦スル者亦同シ
②此ノ條ノ罪ハ本夫ノ告訴ヲ待テ其罪ヲ論ス但本夫先ニ姦通ヲ縦容シタル者ハ告訴ノ効ナシ

姦通罪は親告罪として初めて明文化されたが、ボワソナードはその理由を次のように述べている。

史料 3

婦ノ姦通罪ハ社会ト公ケノ秩序トニ対シ犯セシモノタルハ勿論ナリト雖モ更ニ夫ノ権利及ヒ其家族ノ利益ヲ大ニ害シテ犯セシモノナリ加之夫ハ其家内ノ醜行ト不名誉トヲ避ケント欲スル重大ナル理由ヲ有スルモノナレハ法律ハ検察官ノ其職権ヲ以テ起訴ヲ為スコトヲ許サヽルモノトス……

強和姦を区別したうえで和姦に関する処罰を「凡奸者、徒一年、有夫者徒二年……」と規定する養老律（雑律）の系譜には仮刑律・新律綱領・改訂律例が連なるが、仮刑律以下は犯姦律を和姦の行為類型の基礎としながらも（後述）、処罰対象を明確な形で「有夫ノ婦」に限定する過程を辿った。しかし、その帰結として成立した旧刑法の姦通罪規定に関しては必ずしも西洋法（例えば夫の蓄妾を刑事制裁の対象としていたフランス刑法第三三九条など）を継受するという方法がとられなかった。

その後、刑法施行までの間には数度にわたり刑法改正草案が起草された。最終的に姦通罪は個人的法益から社会的法益に位置づけ直される一方で、旧刑法上の文言「本夫先ニ」の中の「先ニ」が削除され、本夫の縦容行為の成立に関する構成要件（時間的範囲）の拡張される余地が生じた。

刑法においては姦通罪に関してかような変更が加えられるなかで、旧民法の趣旨を引き継いだ民法第四編第五編（明治三十一年（一八九八）六月二十一日法律第九号、昭和二十三年（一九四八）一月一日法律第二二二号［全面改正］）は、第八一三条（「裁判上ノ離婚」）の要件の中に「二　妻カ姦通ヲ為シタルトキ」「三　夫カ姦淫罪ニ因リテ刑ニ処セラレタルトキ」を挙げる一方、第七六八条（「婚姻ノ要件」）で「姦通ニ因リテ離婚又ハ刑ノ宣告ヲ受ケタル者ハ相姦者ト婚姻ヲ為スコトヲ得ス」と規定したように、姦通に関わった両当事者を規律するものとして一定の機能を果たすことになった。

このうえで、本夫が告訴を行おうとする際には、次に引用する旧刑事訴訟法（大正十三年（一九二四）一月一日施行）第二六四条が規定する婚姻に関する要件が前提とされることになった。

史料 4

刑法第百八十三条ノ罪ニ付テハ婚姻解消シ又ハ離婚ノ訴ヲ提起シタル後ニ非サレハ告訴ヲ為スコトヲ得ス再ヒ婚姻ヲ為シ又ハ離婚ノ訴ヲ取下ケタルトキハ告訴ヲ取消シタルモノト看做ス

現行刑事訴訟法第二三〇条は、親告罪における告訴権者に関して「犯罪により害を被った者は告訴をすることができる」と規定し、犯罪によりあくまで直接的な被害を被った者に対してのみ告訴権が与えられるとしたうえで、告訴権を有する者が司法警察員または検察官に対して犯罪事実を申告して犯人の処罰を求める意思表示を行うことを告訴として理解する。したがって、親告罪とされた姦通罪に関する事案において、間接的な被害者の立場にしか過ぎなかった本夫を正当な告訴権者として位置づけていた旧法は、現行法と大きく相違するものであることが明らかである。

他方で、本夫の姦夫・姦婦に対する私的制裁権の存在したことが当然の前提とされていたなかでは、私的制裁があたかも正当な防衛行為であるかのように見なされ、違法性が阻却される正当な行為であると理解されていた事実を見逃すことはできない。私的制裁の考え方は「仮刑律」(「人命四」の「殺姦」)・「新律綱領」(「人命律　殺死姦夫」)・「改定律例」(「殺死姦夫条例」)を経て、「旧刑法」(第三一一条「本夫其妻ノ姦通ヲ覚知シ、姦所ニ於テ直チニ姦夫又ハ姦婦ヲ殺傷シタル者ハ、其罪ヲ宥恕ス、但本夫先ニ姦通ヲ縦容シタル者ハ、此限ニ在ラス」)にいたっている。しかし、本夫に対する一方的な配慮はあまりにも法の均衡を失するものであったことから、新たに刑法第三六条が「一　急迫不正ノ侵害ニ対シテ、自己又ハ他人ノ権利ヲ防衛スル為メ、已ムコトヲ得サルニ出テタル行為ハ之ヲ罰セス」と規定し、姦所において本夫が姦夫・姦婦に対して殺傷行為を行った場合には、当該行為が正当防衛に該当するか否かの法的判断が行われることになった。

このように理解されるわが国の近代法上の姦通罪に関してその法史的な背景を探るべく、次には近代以前にみられた不義密通に関する罪（姦通罪をその一部に含む）を規定する諸法を概観することにより、本夫による密夫・密婦に対する私的制裁権あるいは公権力による刑罰権はどのように理解されるのかについて、江戸時代とそれ以前の時代に分けて少しく考えてみることにしよう。

2　江戸時代以前における密懐をめぐる罪

密懐（密通）行為に対しては私的復讐が可能であるとする強い観念や慣習が支配していたとされる鎌倉～室町時代の社会においては、自己の家に通ってくる姦夫を本夫が現場で取り押さえ、殺害することが一般的な行為として認識されていた。かようななかにあって本夫が現実に取った行動をみるならば、本夫と姦夫側は一定の条件のもとで解決を図っていたことが推測される（『沙石集』巻九「友ニ義アリテ富ミタル事」など）。その一定の条件とは、（一）本夫は、証明し難い密懐の事実を可能なかぎり確実に証拠立てること、（二）本夫の姦夫殺害は社会的に容認された行為であること、（三）密懐による被害補償は姦夫に向けられ、その代償は姦夫の殺害にあったこと、（四）姦夫殺害に代わる手段として本夫の妻子・家財・眷属すべてを姦夫のそれと交換＝相殺することなどである。

ところが、鎌倉幕府が密懐事案の取り扱いを定めた「御成敗式目」第三四条（第23講参照）は、その内容や形式において『法曹至要抄』（雑律）の強い影響を受けるにとどまり、はたして右のような当時の社会における現実の観念や慣習を反映する法にはなっていない。このことは、名主・百姓と人妻の密懐をめぐる処罰方法を規定した建長五年（一二五三）十月一日付の「鎌追」第二九二条についても同様である。

鎌倉幕府の定めたかような密懐法は後に、内容の変化を伴いながら戦国時代の分国法において取り入れられるにいたっている。そこで、密懐に関する分国法の条文を取り上げてみることにしよう。まず、「塵芥集」（天文五年（一五三六））の第一六四条（史料5）をみよう。

史料5

一　ひつくわいのやから、ほんのおつとのかたより、しやうかいさするのとき、をんなをたすくる事、はうにあらす、た丶しねやにおゐてうつのとき、女はうちはつし候ハ丶、うちてをつと有へからさるなり、

次に、「六角氏式目」（永禄十年（一五六七））の第四九条（史料6）をみることにしよう。

史料6

一　妻敵討之事、件女密夫一同仁可討事、

これら二つの条文はともに(A)本夫が姦夫を殺害する時には密婦をも同時に殺害しなければならないとし、前者はさらに(B)姦通現場で姦夫を殺害しなければならない、しかしその時には姦婦をともに殺害する必要はない（姦婦を殺害しなくとも本夫は処罰されない）という方針を打ち出しており、当

時の現実社会の慣習が密懐を規律する法の中に色濃く反映していることが明らかになっている。

そのうえで、「長宗我部氏掟書」（慶長元年（一五九六））の第三三条（**史料7**）をみよう。

史料7

一　他人之女ヲをかす事、縦雖為歴然、男女共同前不相果者、可行死罪、付、親類令同心討事、非道之上、可為曲事、若其男ふかいなく、又ハ留守之時、外聞相洩於猥族者、為在所中可相果事、付、虚名之女契約停止之事、

これによれば、(A)を強く義務づける一方で、(B)を意識的に排除していることが考えられる。

さらに、「板倉氏新式目」（『板倉父子公事裁許定書』などともいう。板倉勝重・重宗の京都所司代在職中の施政・断訟の大要を記す『板倉政要』所収「父子公事扱諸式」の掟書系統の伝本によれば、江戸時代初期に同職にあった勝重による制定が推定されている）の第一八条（**史料8**）をみることにしよう。

史料8

一　人之妻密懐之事、従往古之如作法、何方ニ而も不去寝所可撃果、又浮世之取沙汰計ニ而無証拠事者、公儀之批判難成、是又夫之分別肝要也、併依其時之沙汰、可行流刑之條、男女共常々可相嗜事、

これによれば、(B)が継承される中で、姦夫に対して「不去寝所」殺害することこそが「往古之作法」であるという強い認識が示されている。

加えて、「吉川氏法度」（元和三年（一六一七））の第五九条（**史料9**）をみることにしよう。

史料 9

一　人之女密懐之儀、何方にても不去寝所、可討果之、大形浮世之取沙汰計ニて、無証拠儀ハ、法度も如何、是又男之分別肝要、且ハ可依其時之沙汰事、

これによれば、(B)に関して**史料 8**にいう趣旨がさらに継承されていることがわかる。以上にみた分国法における(A)あるいは(B)の法理は江戸時代の「御定書」の中で形を変えて維持されることになる。次に江戸時代の密通をめぐる「公事方御定書」の規定を概観することにしよう。

3　江戸時代における密通をめぐる罪

江戸時代の刑罰あるいは刑罰思想は、江戸幕府が「御定書」を制定したのを境にして一般予防主義から特別予防主義へ、あるいは威嚇厳罰主義から緩刑教育主義へと傾斜していくなかで、密通に関しては厳罰主義の方針が取られていた。その一方で、公刑主義を原則とした幕府法では私的刑罰権の例外として、密通における本夫の密婦・密夫成敗権を認めていた。夫の私的刑罰権は、密婦に対する私的刑罰権と密夫に対する私的報復権を意味しており、江戸時代を通じて前者には大きな変化はなかったが、後者は享保期以降、現場・男女共にとする条件が解除される傾向にあり、夫の私的刑罰権自体は拡大・強化されていった。しかし江戸幕府の刑罰制度における公刑主義と私的刑罰権の関係を一口で説明することは困難であり、ここでは難問の存在することを指摘するにとどめて

おこう。

さて、私通関係を密通と呼んだ江戸時代では妻（人別帳に妻として登録済の女性）のみならず、婚約がすでに成立した未婚女性の私通（「御定書」第四九条）や下女の私通（「同」第四八条「一　下女下男之密通」）なども密通に含まれており、これらは幕府などの公権力による処罰の対象となっていた。

そこで、「御定書」第四八条「密通御仕置之事」をみよう。第一項・第二項（**史料10**）は告訴を前提に密通現行犯の処罰の基本方針（また同条第一二項には「一　密通御仕置、妻妾都而無差別、」とある）を記し、第三項（**史料11**）・第四項（**史料12**）では本夫の殺害権について記される。以上においては、前節で述べた(A)および(B)の法理が形を変えるなかで維持されていることが理解される。

史料10

従前々之例
一　密通いたし候妻　　死罪
一　同　密通之男　　死罪

史料11

追加
寛保三年極
一　密通之男女共ニ夫殺候ハヽ、　無紛におゐてハ、無構

史料 12

追加
同
一　密夫を殺、妻存命ニ候ハヽ、其妻　死　罪
但、若密夫逃去候ハヽ、妻ハ夫之心次第ニ可申付、

さらに、「夫有之女江密通之手引いたし候もの」に対しては「中追放」とされる一方、「主人之妻と密通いたし候もの」に対しては「男ハ　引廻之上　獄門」「女ハ　死罪」とされるとともに、「主人之妻江密通之手引いたし候もの」に対しては「死罪」が科されることになっていた。

その一方で、妻が同意をしないまま密通を申し掛けて男が家屋に忍び入った場合に、妻の貞操保護のために侵入者を殺害した本夫は殺人罪に問われず、同時にまた妻も無罪とされた。このことは次の規定が明らかにするが、妻が侵入者を殺害した場合についての取扱いについては不明である。

史料 13

一　女同心無之ニ、密通を申掛ヶ、或家内江忍入候男を夫殺候時、不義を申懸候証拠於分明は、　男女共　無　構

妻の貞操保護のためとはいえ、これにより一般的な意味での正当防衛的な法理が発想され始めていたことが推測される。そして、盗人をはじめとする不法加害者に対する反撃者の自己防衛的な行為を考慮した減軽の思想がこれに合わさるなかで、判例の上では次第に盗人殺害や妻の貞操保護の

ための殺害は罪にならないとする考え方が生まれていくことになった。

他方では五倫の中、君臣、父子、長幼の関係は、「御定書」の殺人に関する規定の中で典型的に表現されている。このなかには、密通において夫が妻を殺害した場合に加え、逆に妻が夫を殺害するか、あるいは傷害を負わせた場合の処罰に関する規定がみえるが、それは次のようなものである。

史料 14

従前々之例
一　密夫いたし、実之夫を殺候女　引廻之上磔
　　但、実之夫を殺候様ニ勧候歟、又ハ致手伝殺候男、獄門
寛保元年極
一　密夫いたし、実之夫に疵付候もの　引廻之上獄門

そもそも密通には関係しない状況のもとで妻が夫を殺害した場合の処罰については「御定書」に規定がなく、天保七年（一八三六）には勘定奉行が「夫を殺候者は磔、殺すべき所存ニて手疵負わせ候者は死罪ニて凡そ相当ニて候え共」としており、引廻の科されない磔に処せられたことが推測される。

ところで当時の人々は、密通に関して刑罰が非常に重く、本夫の制裁権の行使は家の恥を世間に晒すものであると考えていた。他方で、密通は実否を明らかにすることが関係者の間で憚られる私的性格の強い犯罪であり訴訟には馴染みにくい事案でもあった。さらには、密通は本来吟味物で扱

われる事案であったが、幕府裁判所の捜査能力が充分ではなく、現実には内済を可能とする出入筋の訴訟事案として扱われた。内済が成立すると多くの場合、姦夫より本夫に対して金銭的な賠償を支払うか（いわゆる『間男七両二分』）、あるいは姦婦を離縁するなどの方法による解決が図られた。しかし内済不成立の場合には、事実究明のための本来の手続が開始されることになっていた。また、ある犯罪容疑で吟味が行われているなかで密通という他の犯罪が露見した場合には、夫からの訴えを前提にしないで、当初は旧悪免除の扱いを受けることなく処罰されることになっていたのである。

【参考文献】

神保文夫「江戸時代の妻敵討に関する若干の史料」（『名古屋大学法政論集』第二五〇号、名古屋大学法学部、二〇一三年）
高柳眞三『明治前期家族法の新装』（有斐閣、一九八七年）
手塚豊『手塚豊著作集　明治刑法史の研究（上）』（慶應通信、一九八四年）
林弘正『改正刑法假案成立過程の研究』（弘文堂、二〇〇三年）
藤田弘道『新律綱領・改定律例編纂史』（慶應義塾大学出版会、二〇〇一年）
本間修平「妻の密通と夫権」（『白門』第四三巻三号、中央大学通信教育部、一九九一年）
牧英正『弘文堂法学選書2　雇用の歴史』（弘文堂、一九七七年）
山中至「幕藩体制における密通仕置の研究——夫の私的制裁権と公刑罰権——」（一）（二・完）（『九大法学』四〇号・四三号、九大法学会、一九八〇年・一九八二年）

第14講　喧嘩両成敗と戦国大名法

1　喧嘩両成敗法とは

「ケンカは両成敗だ！」

小学生の頃、同級生A君が私の筆箱を壊したことからいい合いになり、さらにA君に殴られた私は間髪《かんはつ》入れず殴り返し、取っ組み合いのケンカになった。騒ぎを聞きつけてやって来た先生は、われわれを引き離すと、力任せにわれわれ二人の頭にゲンコツを喰らわせた。納得のいかない私が、「Aが僕の筆箱を壊したんだよ！　先に殴ったのもAだし！」と反論を試みると、先生は一言「ケンカ両成敗《りょうせいばい》だ！」とだけいい残して去って行った。ますます納得のいかない私はつぶやいた。「何だよ両成敗って……何で俺が怒られるんだよ……先にやったのはAなのに……」と。

先生が、ケンカをしたこと自体を重視したのに対し、子供ながらに多少知恵の付いていた私としては、ケンカの前提となる原因・過程こそが大事であり、それによれば、A君だけが叱られるか、あるいは、例えば自分がゲンコツ一発ならA君は二発、というように、少なくとも両者に与えられる罰に差が生じるべきだ、などと考えたのである。

この先生の論理を大人は「喧嘩《けんか》両成敗」と呼び、争いごとに際して持ち出すことも珍しくない。公式の場においてすら、みられることもある現象である。

戦国期の喧嘩両成敗法　この「喧嘩両成敗」の論理は、典型的なものとしては、戦国期にまでさかのぼることができる。それは例えば、以下のようなものである。

史料 1　今川仮名目録　第八条

一　喧嘩に及輩、不論理非、両方共に可行死罪也、

（後略）

駿河《するが》国（現在の静岡県）の戦国大名今川氏の分国法《ぶんこくほう》（戦国家法）「今川仮名目録《いまがわかなもくろく》」の中にあるこの条文の中心的な部分は、**史料1**にみられるように、喧嘩で実力を行使した両当事者を、「理非《りひ》」、すなわち、正当な理由があるか否か、をただすことなく、死刑という同等の刑罰に処す、というものである。その意義として、威嚇《いかく》による喧嘩口論の未然《みぜん》の防止・喧嘩発

写真1　今川仮名目録

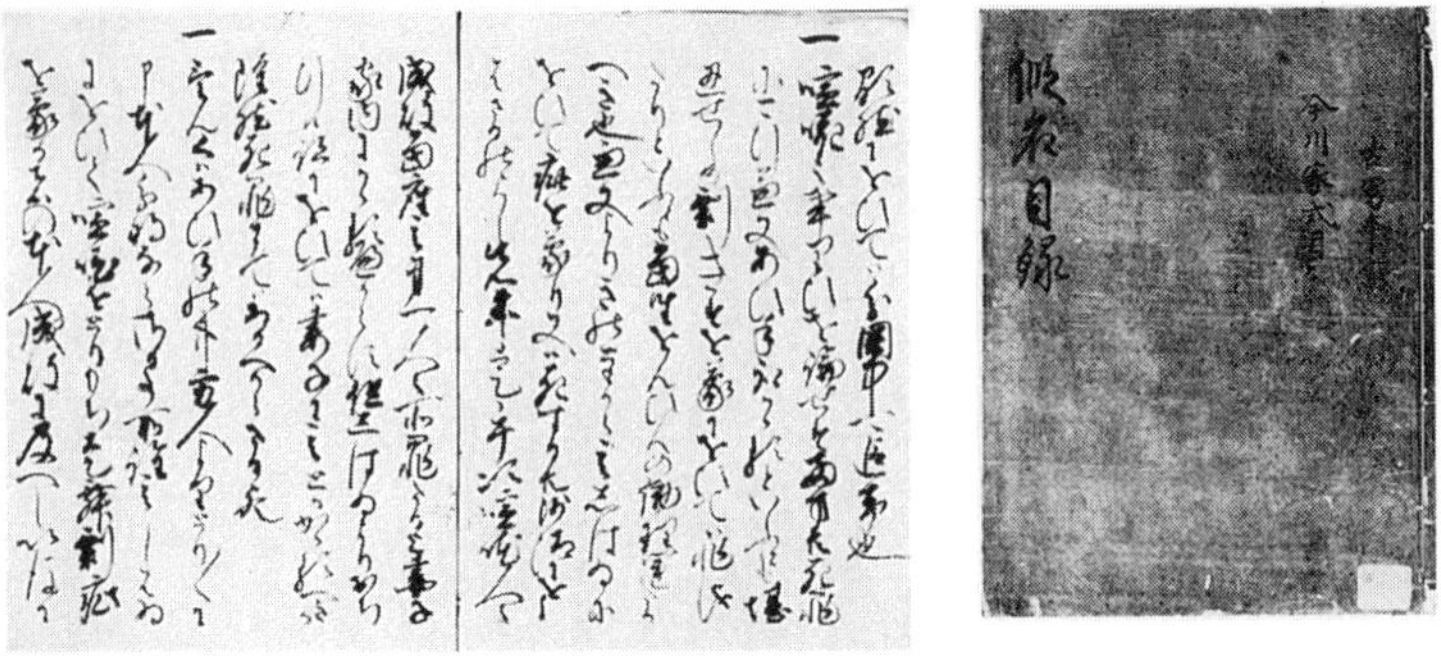

生時の迅速《じんそく》な解決などが指摘されている。この法理は、例えば「今川仮名目録」を参考に制定された、隣国甲斐《かい》（現在の山梨県）の武田氏による分国法「甲州法度之次第《こうしゅうはっとのしだい》」にも採用されており、高校の教科書などでは、「戦国大名法の典型」などとも評価されている。

本講では、現代にも残る「喧嘩両成敗法」の原型として、戦国期の喧嘩両成敗法を取り上げ、まずはそのルーツ・要素に注目しながら検討する。その後、戦国期の喧嘩規制法全体に目を向けて、その中に喧嘩両成敗法を位置づけ、そこから戦国大名法の意義についても考えてみることにしたい。

2　喧嘩両成敗法のルーツと要素

喧嘩両成敗法は、戦国期に突如《とつじょ》として登場したものではなく、実は早くも平安後期にみられるものであった。

中世前期の喧嘩両成敗法

史料 2

永久寺定書案　第一条
一　若当山僧徒有致口論取合程之闘諍出来之時者、不可論是非子細、於彼両人、早可追却山内事、

これは大和国（現在の奈良県）にあった内山永久寺の寺内法の条文である。少なくとも「口論取合程之闘諍」が起きた際はその事情について追及することなく両者を追放する、とあり、少なくとも法理としては喧嘩両成敗的な内容を認めることができよう。

室町時代の喧嘩両成敗法

この後、戦国期の喧嘩両成敗法に向けてしばしば取り上げられるのが、次の初期（南北朝期）室町幕府法である。

史料 3

室町幕府追加法　第六〇条
一　合戦咎事
帯御下文施行輩、尤可相待使節遵行之処、恣乱入所々之間、本主依支申、多及合戦之由、有其聞、甚不可然、自今以後者、不論理非、至故戦之輩者、悉可収公所帯、亦於防戦之仁者、可被分召所領半分、但非領主者、可准故戦也矣、

中世社会では、相論《そうろん》（土地などをめぐる争い）における権利実現の手段として自力救済《じりききゅうさい》が強く支持されていた。これに対し幕府などの公権力は、早くからその対応に苦慮《くりょ》し、これを抑制する政策を打ち出していた。この条文を含め、貞和二年（一三四六）から観応三年（一三五二）までの間に、所領をめぐる相論における自力救済を規制する、同様の観点から数々の立法が、室町幕府によってなされており、併《あわ》せて「故戦防戦法《こせんぼうせんほう》」などと呼ばれる。

上記の条文では、「故戦者」（先に手を出した者）について、「理非」を論ずることなく処罰する、とした点、そして、「故戦者」のみならず「防戦者」（それに応じた者）をも処罰する、とした点、この二点において、喧嘩両成敗法の萌芽《ほうが》とみることができる。

なお、別ルートの原型として挙げられるものとして、第10講で取り上げられている国人《こくじん》一《いっ》揆《き》契《けい》状《じょう》の規定がある。ここでは、「喧嘩」「闘諍《とうじょう》」を起こした時点で「両方二人」を失うこととしてお

り、「所領相論の際に」といった限定もなく、シンプルに「喧嘩」と死刑を直結させている。この点で、より直接的に戦国期の喧嘩両成敗法に結びつくものといえる。

喧嘩両成敗法の要素 ——「衡 平」——

こうして戦国期に向けて完成していく喧嘩両成敗法は、一見乱暴ともいえる法理であるが、社会の中に、それを支持する要素が存在していた。それはすなわち、「衡平《こうへい》」という感覚である。当時の人々の衡平を求める強さは甚大《じんだい》であった（第9講参照）。喧嘩両成敗の法理では、当事者双方とも同等の処罰を受けることになるので、両当事者の主観的な衡平感覚が満たされる。それゆえにこそ、喧嘩両成敗法は社会において受け入れられやすいものだったのである。

3　戦国期の喧嘩規制

多様な喧嘩規制法

「戦国大名法の典型」などと評価されるところからは、戦国期の喧嘩規制は両成敗法が一般的であったかのような印象を受けるであろう。しかし、実はそうではなく、戦国期には多様な喧嘩規制法がみられる。ここでは、戦国大名法の中からそのいくつかを紹介しよう。

伊達氏の喧嘩規制法

伊達《だて》氏といえば、「独眼竜《どくがんりゅう》」こと政宗《まさむね》が有名だが、戦国期のど真中に生きて、その領国の基盤を築いたのは、政宗の曾祖父《そうそふ》にあたる稙宗《たねむね》である。東北地方の一《いち》国人であった伊達氏が戦国大名化を進めている最中の天文五年（一五三六）に、この稙宗によって制定されたのが、分国法「塵芥集《じんかいしゅう》」である。その中から、次の条文をみてみよう。

史料 4

塵芥集　第二〇条

一　けんくわこうろん闘諍のうへ、りひひろうにあたハす、わたくしに人の在所へさしかくる事、たとひしこくのたうりたりといふとも、さしかけ候かたのをつ（越度）とたるへし、

この条文をはじめ、全一七一ヶ条の約半分を占める刑事関係の規定をみると、伊達氏の場合、「喧嘩口論」の時点で処罰するのではなく、「殺害」「刃傷《にんじょう》」「打擲《ちょうちゃく》」などに及び、結果的に明白な被害者が出るにあたって処罰する、というのが基本方針となっていることが、まずは特徴的である。

次に、処罰の理由として、「理非披露《りひひろう》」しなかったことが掲げられていることが注目される。このような規定はほかにも数多くみられ、伊達氏の刑事規定の基調《きちょう》をなしていることがうかがえる。すなわち、伊達氏が紛争の「理非」を判断することが前提にあり、その義務づけが積極的に打ち出されているのである。これは、伊達氏が「理非披露」をとくに重視していたことを表しており、「理非」を判断しない、とする喧嘩両成敗法とは対照的であるが、ほかの戦国大名法でもみられる法理である。

毛利氏の喧嘩規制法

もう一つ、今度は西国の戦国大名・毛利《もうり》氏を取り上げてみよう。安芸《あき》国（現在の広島県）の国人領主（国衆《くにしゅう》）であった毛利氏は、著名な元就《もとなり》が家督《かとく》を継いだ大永三年（一五二三）頃までは、近隣の領主たちと国人一揆を結ぶ一領主にすぎなかったが、しだいに戦国大名として台頭していった。法典としての分国法は制定されず、個別法令に

よる法治が行われたが、次の条文は、戦国大名としての権力を確立する画期となる天文十九年（一五五〇）に、二三八名もの家臣に提出させた起請文《きしょうもん》の一部である。

史料 5

毛利氏家臣連署起請文　第三条

一　御傍輩中喧嘩之儀、殿様御下知御裁判不可違背申事
付、閣本人、於合力仕之者者、従　殿様可被仰付候、左様之者、親類、縁者、贔屓之者共、兎角不可申之事付、御家来之喧嘩ニ、具足にて見所より走集候儀、向後停止之事

これによれば、まずは伊達氏と同様に、喧嘩の際は毛利氏の裁判に従うことを命じ、そのうえで、「合力《ごうりょく》」に注目し、これを禁止している。この法理は、「決闘型」ともいわれ、紛争の拡大を防ぐことを狙いとするもので、これもまた、ほかの戦国大名法でもみられる法理である。

以上、東西二家の戦国大名法を取り上げ、いくつかの喧嘩規制法をみたが、これらは代表的なものであり、戦国大名法全体を見渡せば、実に多様な喧嘩規制法があるのである。喧嘩両成敗法は、決してすべての戦国大名に一様に採用された法理ではなかったことを確認しておこう。

4　喧嘩両成敗法の完成とその後

戦国期喧嘩両成敗法の評価

戦国期の喧嘩両成敗法は一般的に、戦国大名法の「到達点」といった位置づけで、領国支配における重要要素となる画期的な法である、戦国期の喧嘩規制法はここ

に収斂《しゅうれん》する、これ以外の法理はその前段階である、これを採用したか否かはその大名の支配権の強弱による、などと評され、こうした評価は今でも少なからず支持されている。

このような評価は確かに、一面では正当かもしれないが、先にみたさまざまな法理と比較した時なお、ここまで一概《いちがい》に評することができるだろうか。まずはこの点から、分析を加えてみよう。

他の法理との比較

喧嘩両成敗法は突き詰めていえば、①理非判断の独占、と②暴力行使の禁止、という二つの志向によって構成され、それらが最も極端な形で表れているものとされる。

①は、戦国大名権力は、喧嘩両成敗法によって、自力救済行為を否定し、国家裁判権を確立する、などとする立場において、とくに重視される要素である。しかし、これについては、伊達氏や毛利氏のように、「自ら判断を下す」という形でこれを実現することも可能なのであり、むしろその方が自らの意思を表明することができ、より好都合ではないか。何より喧嘩両成敗法では、理非を判断「しない」とするのであるから、それは、実質的な判断の「拒否」を意味し、判断能力の欠如とさえ評価されかねない。

②については、毛利氏にみられた「合力禁止」(「決闘型」)の法理が近世においても採用されることがある。代表的なのは敵討《かたきうち》に関する法だが、それは決して暴力の行使を積極的に認めるものではなく、自力救済観念が根強く、現実的に暴力の全面禁止が難しい現状を正面から受け止め、実現可能な限りでの規制を行っているものと評価すべきである。これと比べると、喧嘩両成敗法は、実効性という点で疑問が残る。

このようにみると、喧嘩両成敗法についてのこれまでの一般的な評価は必ずしも十分なものとはいえないのではないか、という疑念が生じてくるのはむしろ自然なことであろう。

今川仮名目録第八条の全貌

では、今川領国の法制は、理非判断すなわち裁判に消極的であり、喧嘩両成敗法も空文《くうぶん》に過ぎなかったのであろうか。実は、冒頭に掲げた今川仮名目録第八条には続きがある。

史料 6

今川仮名目録　第八条（続き）

（前略）a将又あひて取かくるといふとも、令堪忍、剰被疵にをいてハ、事ハ非儀たりといふとも、当座をんひんのはたらき、理運たるへき也、b兼又与力の輩、そのしは（ゐ）にをいて疵をかうふり、又ハ死するとも、不可及沙汰のよし、先年定了、次喧嘩人の成敗、当座その身一人所罪たる上、妻子家内等にか〻るへからす、但しは（ゐ）より落行跡におゐてハ、妻子其咎か〻るへき歟、雖然死罪迄ハあるへからさるか、

この部分には、以下のことが規定されている。相手が攻撃してきても我慢して負傷した場合、反撃しなかったことにより「理運」とすること(a)、合力した者が負傷したり死亡したりしても不問とすること(b)、喧嘩に関する処罰については、妻子等に縁坐を適用しないこと、その場合、現場から逃亡した場合は妻子に縁坐を適用するが、死罪とはしないこと、である。この後半部分の「縁坐」も当該期においては重要な法理であるが、ここでは前半に注目したい。すなわち、(a)が大名裁判への誘導を、(b)が合力規制を、それぞれ規定していることである。これらが、先にみた伊達氏や毛利

氏の喧嘩規制法に通じるものであることは明らかで、むしろこちらこそが主眼であるとみる研究者もいるほどである。つまり、今川領国における喧嘩規制は、喧嘩両成敗法を基本法としながら、実際の解決の場面では、別枠できちんとした対応策が用意されていた、といえるのである。

今川義元というと、圧倒的な戦力をもちながら、小勢の織田信長に桶狭間《おけはざま》の戦で敗れたことなどから、信長の人気に反比例して人気がない人物であり、その評価も過小であり続けてきた。しかし実は、戦国の世にあって法治的な領国経営を行った、すぐれた戦国大名だったのであり、その法制は、喧嘩両成敗法も含め、正当に評価されるべきではないだろうか。

喧嘩両成敗法のその後

このように、戦国期における喧嘩両成敗法は過大評価すべきものではないが、一方で、人々の意識に合致する法であったことは確かだった。それもあって、喧嘩両成敗法は、後世へと受け継がれていくことになるが、注意しなくてはならないのは、その実際の意味が、決して一義的ではなく、時代・状況・場所・文脈等に応じて幅をもつことである。そして、ある意味ではそれゆえに、「法観念」として柔軟に近世・近代を生き抜き、現代まで脈々と伝わってくることになったのである。

【参考文献】

蔵持重裕「村と合力禁令」（同『中世村落の形成と村社会』（吉川弘文館、二〇〇七年））

河野恵一「戦国大名毛利氏の喧嘩処理に関する一考察――『喧嘩両成敗法』の評価をめぐって――」（『法制史研究』第五〇号、二〇〇〇年）

同「自力救済とその規制　喧嘩両成敗法」（山内進・加藤博・新田一郎編『暴力　比較文明史的考察』（東京大学出

版会、二〇〇五年）
同「喧嘩両成敗法成立の法史上の意義に関する一試論――戦国大名武田氏の喧嘩処理を手がかりとして――」（『九大法学』第九二号、二〇〇六年）
清水克行『喧嘩両成敗の誕生』（講談社、二〇〇六年）
畠山亮「中世後期に於ける暴力の規制について――戦国喧嘩両成敗法の成立まで――」（『法學（東北大学）』第六五巻第一号、二〇〇一年）
同「戦国期における喧嘩規制法について――戦国期喧嘩両成敗法の再定位――」（『法學（東北大学）』第七五巻第五号、二〇一一年）
尾藤正英『江戸時代とはなにか――日本史上の近世と近代――』（岩波書店、一九九二年）

コラム4　中世後期

史料と現実《リアル》のコラボレーションのススメ
――『政基公旅引付』の世界――

本書は史料に触れてもらうことをコンセプトの第一に挙げているものだが、実際に頑張って読んではみたが、読み方すらよく分からない文字の羅列で正直しんどい、これの何が面白いのやら……などと思われた方も（残念ながら）少なくないかもしれない。史料の読解それ自体に関しては一旦措いておいて、それを乗り越えて面白さに気付けるかもしれない方法の一つとして、「日本法制史の史料なのだから、日本のどこかで書かれたもの、そこは今もどこかにあるはず」という思考パターンから、「史料に登場する現地に行ってみる」というのを提案してみたい。勿論、すべての史料がこの方法にマッチする訳ではないのだが、好適な例として『政基公旅引付』という史料を紹介してみたい。

『政基公旅引付』は、戦国時代、現在の大阪府泉佐野市にあった日根荘という荘園の領主であった九条政基という公家が、収益の滞りを解消すべく直務支配のため文亀元年（一五〇一）に現地に下向し四年間滞在していた間に記した日記（記録）である。当時の村の生活や在地の人々の様子が実にリアルに記された貴重な史料で、その内容は大変バラエティに富み、これまで様々な視角からアプローチされ多くの研究がなされてきている。その中には法制史に関わる内容も多くあり、例えば政基が現地に入った当初に掲示した治安維持に係る法令（制札）、人質事件など戦乱における村の慣習、盗犯事件に対する対処及びその後の冤罪主張とその対応、そもそも当時の「領主」とは何かなど、学ぶところはきわめて多いのである。

その舞台となった日根荘は、今どうなっているのだろうか。勿論、荘園などあるはずもないのであるが、関西国際空港の直近という、どこからでもアクセスしやすいという好条件に乗って、思い切って現地に行ってみてはどうだろうか。出発地によっては、上空から現地の地理的状況を眺めることもできるだろう。実は現地は、令和元年（二〇一九）に「日本遺産」に登録されている（https://hinenosho.jp/）。

関西地方ではタオル生産や玉ねぎ栽培でよく知られる現地に降り立つと、『政基公旅引付』に登場する日根神社・慈眼院（当時の無辺光院）やその境内を流れる井川《ゆかわ》などが現存し、史料と現実《リアル》を重ね合わせることができる。また、政基が逗留した長福寺のように現存しないものも少なくないが、総体的な景観には当時と変わらない空気を感じることが今でも十分に可能という印象を受ける。もしそれでもピンとこなければ、これも史料に登場する犬鳴山七宝瀧寺《しっぽうりゅうじ》を訪れ、歩き疲れてしまったら麓の温泉で休むのも良かろう。どうかあまり堅苦しく考えず、少しでも気楽に日本の前近代法史に親しんでくれたらと思う。

写真1　日根荘・円満寺

第15講　御定書にみる犯罪と刑罰

第4講でも紹介した「公事方御定書」（以下御定書）は、主要な法令を収載する上巻と、訴訟手続や刑罰規定を収める下巻とから成る。このうち下巻の内容は、その後幕府による裁判の主要な法源として扱われており、江戸時代後半の刑事法を理解するうえで不可欠の史料といえる。

そこで本講では、御定書の規定をおもな素材として、江戸幕府における犯罪と刑罰とのあり方に関する基本的な理解を得る。

1　御定書の成立と特徴

御定書の成立

徳川吉宗が御定書の編纂を命じたのは元文元年（一七三六）のことであった。寺社・町・勘定の三奉行から、一名ずつが御定書御用掛として選任され、彼らを中心に編纂作業が進められた。数次の草案を経て、寛保二年（一七四二）三月には法文が定まり、同年四月には適用が開始されている。

もっとも御定書は、これをもって完成したわけではない。早くも同年六月には増補修正の作業が開始され、翌年八月には第一次改定が提出される。その後も改定は続けられ、宝暦四年（一七五四）の第五次改定にまで及んだ。

条文の構成　御定書下巻の条文数は、宝暦四年の最終改定版で一〇三条を数えるが、各条はさらに具体的な式条体による規定（以下、便宜上「項」とする）から構成される。例えば、毒薬等の販売に関する第六六条「毒薬幷似セ薬種売御仕置之事」は、次の二項から構成される。

史料1

寛保二年極
一　毒薬売候もの　　引廻之上　獄門
従前々之例
一　似セ薬種売候もの　　引廻之上　死罪

史料1の各項には、「寛保二年極」「従前々之例」といった肩書がある。前者は、当該規定が寛保二年の御定書編纂に関する評議の中で策定されたものであることを示している。また後者は、規定された処罰（引廻之上死罪）が、御定書成立以前から行われていたことを示している。こうした肩書は御定書のすべての規定に付されており、実際の運用にあたってこうした立法過程が参照されることもあった。明和四年（一七六七）には、御定書の立法資料集である『科条類典《かじょうるいてん》』が編纂されている。

非公開の御定書　御定書の末尾には、「奉行中之外他見不可有者也」との文言がみられる。すなわち御定書は、将軍、幕閣および三奉行のほかは閲覧を許されない秘密文書扱いであった。
もっとも、実際にはごく早い段階で写本が流布しており、その内容は広く知られていた。流布の経路のひとつには、裁判実務を担っていた役人による書写が考えられるが、これは幕府の裁判制度上やむを得ないものであり、幕府も黙認していた。しかし天保十四年（一八四三）に、旗本の大野広城が御定書下巻の条文を掲載した「青標帋《あおびょうし》」を印刷出版すると、幕府は大野を処罰し「青標帋」も発禁処分とした。幕府は建前上、非公開の法という姿勢を堅持したのである。

2 「盗み」をめぐる法と刑罰

「盗み」の種類

江戸時代の「盗み」は、今日でいう窃盗のほか、強盗をも含む犯罪類型であった。また窃盗は、その具体的な態様によって細分化されていた。その代表例が「忍《しのび》入《いり》」「戸明《とあき》」「手元《てもと》」の三類型であり、「御定書」第五六条「盗人御仕置之事」はそれぞれ次のように規定している。

史料 2

〈第六項〉享保五年極
一　家内江忍入、或ハ土蔵抔破り候類　　金高雑物之不依多少　死　罪
延享元年極
但、昼夜ニ不限、戸明有之所、又ハ家内ニ人無之故、手元ニ有之軽キ品を盗取候類、

入墨之上重敲、
〈第十一項〉享保五年／寛保元年極
一　手元ニ有之品を與風盗取候類
金子ハ拾両より以上、雑物ハ代金ニ積、拾両位より以上ハ、　死罪
金子ハ拾両より以下、雑物ハ代金ニ積、拾両位より以下ハ、　入墨敲

史料2の前者の項（第六項）は、施錠された建物や収納家具から盗み取る「忍入之盗」を本文で、また施錠のない建物に侵入して窃盗に及ぶ「戸明之盗」を但書で、それぞれ規定している。一方で後者（第十一項）は、当初から窃盗を目的として建物に入ったのではなく、その場にある財物を見て盗みの意思を生じた「手元之盗」を規定する。

「盗み」と「巧」

史料2の本文と但書とを分けるような空間の閉鎖状況を、判例では「〆《しま》り」と表現している。それではなぜ、「〆り」の程度によって刑の重さが変わるのか。その理由を示すのが次の史料である。

史料3

都而御仕置之儀は事実相当之処を以被取計候は勿論之儀ニ候得共、盗賊御仕置之儀、錠前を明又ハ壁を破り、垣を越、〆り有之処江入候類ハ死罪、〆り無之場所江入、又は手元ニ有之品を盗取候類ハ入墨敲と、専〆り之有無ニ拘り、是迄被相伺候、勿論〆り無之場所ニ而盗いたし候類ニも、事実ニおゐてハ巧成仕方、其外〆りを明ケ入候盗人よりも不届之所業有之分

ハ、其訳御仕置附いたし可被申聞儀ニは候得共、〆り之有無ニ拘り御仕置附有之様ニ成行候而は、御定ニもふれ如何に付、以来は専事実相当之処を以、夫々御定之通御仕置申付候様ニ可被心得候、惣而御定之御趣意ニ思念不深して、文面ニ引当、手みしかく事易く決断せしむるを専一とする時は、労煩なる儀は薄き方にてあるへく候得共、自然と事実を考候方は疎ニ成行、且は御定之御趣意ニたかひ候儀ニいたる間敷とも難申候、右之次第ハ肝要之儀ニ而、勿論聊油断なく可被心得事ニ候得共、既ニ別紙ニ相違候盗賊忍入御仕置之ヶ条、〆り之有無ニより候なと申に至り候、此ヶ条ニも不限、品々之内手限ニ申付候類ニ至迄、仕来ニ不泥、猶更厚く被考索候而、事実に相当候様可被申合事、

史料3では、「〆り」のない場所での窃盗でも「巧《たくみ》」によると評価できるものがあるため、以後は「〆り」の有無のみによらず、「巧」の有無によって判断すべきことを指示している。「巧」とは、犯罪に向けた意思を示す語であると理解されている。

すなわち「〆り」を破る行為は、盗みへの強い意志を示す客観的事実として扱われたからこそ、重く処罰されたのである。なお、**史料3**の出された寛政五年（一七九三）以後は、実際に〆りの薄い場所での盗みであっても、その行為態様が強い犯意を推測させる場合には、「忍入之盗」の規定によって処罰された。

以上のような法の運用の在り方からは、幕府が刑事責任を問う際に、犯罪に向けた意思という主観的要素を重視していたことが窺われる。

盗みについては、累犯加重の方針が採られていたことも特徴として挙げられる。

累犯加重と旧悪

盗みに対する最も軽い刑罰は敲であったが、敲を受けたのち再犯に及べば入墨に処された。そして入墨に処された者の再犯については、御定書第八五条「牢抜手鎖外シ御搆之地江立帰候もの御仕置之事」第一四項において、死罪に処すべき旨が規定されている。すなわち幕府刑法では、いかに軽い盗みであろうとも、三度犯せば死罪となったのである。

一方で、死罪にいたらない盗みは、旧悪と呼ばれる制度の対象でもあった。旧悪とは、一旦罪を犯しても、その後再犯がなく、他の犯罪に関わり合いをもたずに犯罪後十二箇月を経過すれば、処罰を免除するというもので、御定書第一八条「旧悪御仕置之事」に規定されている。

3 「人殺」をめぐる法と刑罰

下手人の条件

江戸幕府では、人殺（殺人）に対する基本的な刑罰として下手人を採用していた。下手人は、受刑者を斬首するのみであり、死罪のように財産没収や遺体の試し斬りは行わない。

中世において下手人は、共同体同士の被害の均衡を図る処理方法であった。江戸時代の下手人もその性質を引き継ぎ、被害者を殺害したことを理由に加害者を殺害するという被害の均衡、または復讐の幕府による代行として理解されていたと考えられる。

一方で、下手人が適用される殺人には、その手段や目的など、種々の条件が設けられていた。そのひとつが、被害者と加害者とに身分上の隔たりがないことである。江戸時代は身分が制度化された時代であり、身分秩序の維持は社会秩序の維持と直結していた。そのため幕府は、とくに被害者が加害者より目上の者である場合を「逆罪」と呼び、厳罰をもって臨んでいたのである。その最たるものが主殺であり、御定書第七一条「人殺幷疵附御仕置之事」第一項では、「三日晒一日引廻し、鋸挽之上磔」に処すべき旨が規定されている。このうち鋸挽《のこぎりびき》は、往来に罪人を晒して、望みの者があれば傍に置いた鋸によって罪人の首を挽かせるのが本来の形である。江戸時代には形骸化していたものの、死刑の中では最も重いものと位置付けられており、御定書では主殺のみに適用されている。主人に対しては、攻撃を仕掛けただけでも死罪に処されるほか、親殺は「引廻し之上磔」、夫や師匠の殺害も磔など、いずれも厳罰を免れなかった。

それでは、目上の者が目下の者を殺害した場合には、どのように処罰されたのか。この点は、目下の者の「非分」の有無によって刑罰は大きく異なる。すなわち、非分のある召使や妻子を殺害した場合は、無罪や軽い刑罰で済む場合が多いのに対して、非分なき者を殺害した場合には、下手人や遠嶋など、重い処罰を免れなかったのである。

正当防衛

相手方からの攻撃に対してやむを得ず反撃し、結果的に相手を殺害した場合について、御定書は次のふたとおりの規定をおいている。

史料 4

従前々之例

一　相手より不法之儀を仕懸、無是非及刃傷、人を殺候もの　遠嶋

享保二十年極

一　相手理不盡之仕方ニ而、不得止事切殺候におゐてハ、　　　相手方親類名主等、被殺候もの平日不法ものにて申分無之、下
　　　　　　　　　　　　　　　　　手人御免申出、無紛候ハヽ、
　　　　　　　　　　　　　　　　　　　中追放
　但、武士方奉公人ハ、被切殺候もの之其主人より願無之候ハヽ、縦令親類等願候共、
　差免申間敷事、

両者の区別については様々な議論があるが、いずれの規定も刑の減軽のみが認められ、免除されない点に特徴がある。またこれらの条文の適用例には、必ずしも相手方の攻撃が急迫性をもたないものもみられる。防衛行為の正当性を認める点で現行の正当防衛と共通している反面、必ずしも一致しない法理であったことが窺われる。

他方で、反撃に及んだ加害者の正当性が認められ、殺害について刑が免除された事例もみられる。例えば、窃盗の現場を目撃し盗人を殺害した窃盗の被害者や、「無宿悪党」から攻撃を受けて殺害した「平日実躰《へいじつじってい》」なる者について、刑が免除されている。とくに後者の例では、加害者・被害者双方の素行が考慮要素とされている点が注目されよう。

こうした判例の傾向から、江戸幕府の正当防衛的な法理は、被害者と加害者との身分関係や素行などから、被害者に対して十分な法的保護を認めるに値しないと評価される場合に、その反射として加害者の刑を減免するという法理論であったと考えられる。

「人殺」と過失

殺意なく被害者を殺害した場合について、御定書第七四条「怪我にて相果候もの相手御仕置之事」第三項は次のように定める。

史料 5

寛保元年極

一　怪我にて与風疵付ケ、其疵ニ而相手死候もの、吟味之上、あやまちに無紛、并怪我人之親類存念相尋候上、中追放

但、吟味之上、不念之儀於有之ハ、一等重ク可申付事、

まず本文について見ると、「怪我《けが》」の場合には中追放とする旨が規定されている。怪我とは、加害者が被害者に対して意趣遺恨を抱いていなかったことを示すと考えられている。具体的には、喧嘩の仲裁に入った者を誤って殺害した場合（現代でいう錯誤）や、殺意がなく、かつ刃物を用いずに相手を攻撃し、死に至らしめた場合が挙げられる。

一方で、相手に刃物を向け、結果として殺害した場合には、たとえ傷害や脅迫の意思しかなかったとしても、本規定の適用対象とはならなかった。すなわち人殺における主観とは、具体的に殺害を意図したものでなくともよく、相手に対する害意で足りたと考えられる。そのうえで、客観的な行為の危険性を加味して、過失に対する刑の減軽を認めていたといえよう。

続いて同条但書をみると、「不念《ぶねん》」が認められる場合には本文より一等重く、重追放に処すべき旨が規定されている。この規定が適用された事例には、山で材木を運搬していたところ、材木が転がり落ちて下の道を歩いていた者に衝突し、その者が死亡した場合が挙げられる。

しかし、不念が認められる場合には、怪我よりかなり軽く処罰される事例もみられる。したがって御定書の規定のみをもって不念を重過失と捉えるのは適切でなく、裁判例などからもその意味を探る必要があろう。

4　責任能力をめぐる法と刑罰

以下では火附（放火）を中心に、刑事責任能力に関する規定を概観する。その前提として、まずは火附についての規定を確認しよう。

火罪という刑罰

江戸時代を通じて、火附は重大な犯罪行為として位置づけられており、御定書ではその処罰方法として火焙り（火罪）を採用している（御定書第七〇条「火附御仕置之事」第一項）。火罪は江戸時代初期には火附以外の犯罪にも適用されていたが、御定書成立以後はもっぱら火附にのみ適用された。

火罪に処せられる者に対しては、死罪におけるのと同様に、処刑に要する諸費用捻出のため田畑・家屋敷・家財のすべてが闕所《けっしょ》とされた。また磔と同様に必ず引廻しが行われた。引廻しには、牢屋敷から出発して牢屋敷に戻ってくる江戸中引廻しと、同じく牢屋敷を出て鈴ヶ森または小塚原の処刑場（仕置場）に至る五ヶ所引廻しとがある。火罪は仕置場で行われるから、後者が適用された。御定書第七〇条には、その具体的な執行方法が次のとおり示されている。

史料 6　享保八年極

一　物取にて火を附候もの、引廻之儀
　日本橋　両国橋　四谷御門外　赤坂御門外　昌平橋外
　右之分、引廻通候節、人数不依多少、科書之捨札建置可申候、尤火を附候所居所町中引
　廻之上、火罪可申付事、
　但、捨札は、三十日建置可申候、
享保九年極
一　物取ニ而無之火附、不及捨札、火を附候所居所町中引廻之上、火罪可申付事、

前者の規定では、「物取り」を目的とする火附について、罪状を書いた捨札を五ヶ所に掲げるべき旨を示している。そもそも公開処刑は、幕府による治安維持の成果を示すとともに、犯罪の抑止効果を狙って行われたが、捨札の掲出もその一環として行われたのであろう。後者の規定では、物取り以外の目的による火附の場合、捨札を掲げない旨が示されているが、これとは別に仕置場には捨札が掲げられる。

火附と乱心者

江戸幕府の司法制度の下では、精神障害者が人殺や火附を犯した場合に、これを乱心者と認定し刑事責任を減軽することがあった。たとえば人殺については、被害者の親類などからの宥免願（御仕置御免願）が出された場合、別途詮議して量刑すべき旨が、御定書第七八条「乱気ニ而人殺之事」に規定されている。もっとも御仕置御免願は御定書成立以後形骸化してゆき、乱心者による人殺については刑を減軽する先例が確立していた。

乱心者による火附については、御定書七八条第三項に次のとおり規定されている。

史料 7

享保六年／元文五年極

一　乱心にて火を附候もの、乱気之証拠於不分明は、死罪、乱心に無紛におゐてハ、押込置候様ニ親類共江可申付事、

乱心であることが明白な場合に科される押込は、親類へ引き渡して自宅などに軟禁するという処罰である。これに対して乱心とは断定できず、さりとて正常者とも認めがたい場合には死罪に処すべき旨を定めている。

一方で裁判実務に目を向けると、正常者と乱心者との間に愚昧者を位置づけて、放火を犯した愚昧者を遠嶋に処した判例もみられる。

火附と幼年者

幼年者の殺人および放火の事案に関して、御定書第七九条「拾五歳以下之者御仕置之事」では、十五歳までの間は親類に預け置き、十五歳になれば遠嶋に処すと規定されている（当時の「以下」は、現在の「未満」の意味で用いられた）。

改悛の可能性を期待して死刑を免除する代わりに遠嶋刑が考慮されたことの背景には、特別予防的な効果を前提に、幼年者保護の考え方に基づいて一定の刑罰を科すという基本的な方針を見出すことができる。

一方で同条には幼年者の盗みに関する規定も設けられており、その内容は「大人之御仕置より一等軽可申付」というものであった。一等減軽の方針を定めた当該規定はこれ以降、殺人・放火以外

のすべての犯罪事案に拡張解釈されることになった。なお、刑を一等軽くするとは死刑ならば遠嶋あるいは重追放とし、遠嶋以下は二段階ずつ軽くすることを意味していたが、逆に重くする際には軽追放ならば中追放というように一段階ずつ重くしてゆき、かつ遠嶋から死刑には加重しないことを意味していた。

【参考文献】

石井良助『日本刑事法史』(創文社、一九八六年)
同『江戸の刑罰』(吉川弘文館、二〇一三年)
高塩博『江戸幕府法の基礎的研究』(汲古書院、二〇一七年)
高柳眞三『江戸時代の罪と刑罰抄説』(有斐閣、一九八八年)
平松義郎『江戸の罪と罰』(平凡社、一九八八年)

第16講　人足寄場と近代自由刑

令和四年（二〇二二年）六月、刑法の改正が行われ、禁錮と懲役とを一本化した「拘禁刑」が創設された。明治四十年（一九〇七）の現行刑法制定以来、刑罰の種類が変更された初の改正である。受刑者の自由を制限する自由刑は、現在多くの犯罪に対して科されているが、江戸幕府の刑法においては例外的な刑罰であった。当時の刑事裁判記録には、刑罰の執行に見せしめ（「見懲《みごり》」）としての効果を期待する記述がみられる。すなわち幕府の刑罰は、一般予防を主たる目的としていたのであって、特別予防すなわち受刑者の更生・改善という目的が主となる刑罰は発生しにくかったといえよう。

そのような中で、寛政年間に設置された「人足寄場《にんそくよせば》」という施設は、施設への収容と労働の賦課を中心としており、また収容者の更生・改善を目的とすることから、近代的自由刑に近い施設として位置付けられている。本講では、幕府がこのような施設を設けるに至った理由や、その中での構成・改善のための具体的施策について解説する。

1　人足寄場成立の背景

後述するように、人足寄場は元来、増加する無宿《むしゅく》を収容し、職業訓練などを施して社会復帰させることを目的とした施設であった。無宿とは、いずれの人別にも属さない者のことである。無宿となる原因はさまざまであるが、追放刑の判決を受ける、または本人が自発的に在所から逃亡（欠落《かけおち》）するなどの理由によって、人別の抹消（帳外《ちょうがい》）を受ける場合が多い。彼らは地縁的なつながりを失うため、就労や賃貸契約において必要な身元保証を受けることができず、生活に困窮する場合も多かった。またその結果として犯罪に手を染める者も少なくなく、無宿は犯罪者予備軍として認識されていた。

無宿増加への対応

こうした無宿の発生や増加に対して、各時期の為政者たちはそれぞれに対策を模索していた。例えば享保年間には、無宿が発生する原因のひとつとされる追放刑の適用制限策、本来は病監である「溜《ため》」を無宿収容のため新規に設置する案、さらに無宿を捕えて大名領に移植する案などが提示されたが、いずれも実現せず、あるいは短期に終わるなどして功を奏しなかった。

安永・天明期には、相次ぐ天災や疫病の流行により無宿が急激に増加し、幕府は本格的な対応を余儀なくされた。そこでまず安永七年（一七七八）、佐州水替人足の制度を新設した。これは無宿を捕えて佐渡の金銀山へ送り、坑内の排水作業に従事させるものであった。過酷な環境下での重労働であり、悪性の強い無宿が送り込まれることとなっていた。また安永九年（一七八〇）、町奉行牧野成賢の支配下に「無宿養育所」が設置された、その実態は今日ほとんど明らかになっていないが、無宿を収容して職業訓練などを施していたと考えられる。

こののち、佐州水替人足は刑罰として恒久化するが、無宿養育所は天明六年（一七八六）に廃止され、無宿の更生させるための制度設計は、次の世代に持ち越されることとなったのである。

寄場成立の提言

安永・天明期に政権を掌握していた田沼意次の失脚後、天明七年（一七八七）に老中となった松平定信は、「無宿片付方」についてさまざまな発議を行っている。まず天明八年には帰農令を発し、また同年、軽微な罪を犯して敲などに処され、引き取り手がない者を佐州水替人足とする事を命じた。また寛政元年（一七八九）には、溜に預けられている無宿について、伊豆七島への配流や出身大名領への引き渡しを評定所一座に諮問している。

こうした一連の提案の一環として定信が発議したのが、人足寄場の設立であった。定信の自伝『宇下人言』に、このときの様子が記されている。

史料 1

> 享保之比よりして、この無宿てふもの、さまざまの悪業をなすが故に、その無宿を一囲いに入れ置侍らば、しかるべしなんど、建議もありけれど果さず、その後、養育所てふもの、安永の比にかありけん、出で来にけれどこれも果さず、こゝによつて志ある人に尋ねしに、盗賊改をつとめし長谷川何がしこゝろみんといふ、

すなわち定信は、安永期に設置されていた無宿養育所の再設置を企図しており、その実施責任者を探していた。これに応えたのが、当時火附盗賊改方を務めていた長谷川宣以だったのである。宣

以は定信の発議に沿って、二度にわたって詳細な意見書を上申している。こうして具体的な構想が練られ、江戸隅田川河口に位置する石川島に、「加役方人足寄場」の設置が命ぜられた。仮小屋ながらも寄場が設置され、無宿を収容できるようになったのは寛政二年（一七九〇）二月後半であり、同月二十八日には、三奉行および火附盗賊改に対して、次の書付が発せられている。

史料 2

無宿もの召捕候節、悪事有之、入墨敲等御仕置相済候者は勿論、吟味之上悪事無之ものも、以来都而加役方人足寄場江可遣事、

この書付によれば、人足寄場に収容されるのは、入墨・敲など、盗犯に科される刑罰の執行を終えた無宿、および罪を犯していない無宿であった。したがってこの時点での人足寄場は、無宿が（再びの場合も含めて）犯罪に陥らないように収容する、保安処分のための施設であったといえる。

寄場設立の人的背景

人足寄場設置の発議にあたって、松平定信の念頭に安永期の無宿養育所の存在があったことは、史料1の記述からも明らかである。また、荻生徂徠の「政談」に、無宿を救済することは為政者の責務である旨が示されたことや、寄場設置と前後して著された中井竹山の「草茅危言」において、近代的自由刑に通じる内容が記されていることなどから、寄場設置の背景として、当時の刑事政策的思想の高まりが指摘されることもある。

さらに寄場設置の背景には、定信と関係の深い、二人の人物の影響が指摘されている。その第一は、八代将軍徳川吉宗である。松平定信は陸奥白河藩主として老中の座にあったが、も

とは御三卿の一たる田安家の出自であり、吉宗の孫にあたる。定信は吉宗の施政方針に共感し、吉宗を模範とした施策を行っていた。先にも述べた通り、吉宗治世下である享保期には、無宿対策としてさまざまな政策が立案されており、こうした問題意識を定信も受け継いでいたと考えられる。

第二に挙げられる人物は、肥後熊本第六代藩主の細川重賢である。重賢は熊本藩中興の祖として仰がれるのみならず、藩の刑法典たる「刑法草書」起草の主導者でもあった。そして「刑法草書」は、律令系藩刑法の中でもいち早く労役刑たる徒刑《とけい》を導入したことで知られている。享保六年（一七二一）生まれの重賢と宝暦九年（一七五九）生まれの定信とは、年齢こそ離れていたものの、互いに書簡をやり取りし、また江戸藩邸を行き来するなど、深い親交があったことが指摘されている。こうした親交のなかで、定信は重賢からその為政者としての姿勢や、熊本藩での具体的な施策を学んだと考えられる。実際、人足寄場の特徴である更生改善の理念や、その下で行われた有償作業制などは、すでに熊本藩の徒刑において採用されていた。したがって、定信が熊本藩の徒刑に着想を得て人足寄場の具体像を描いていた、という指摘は、十分な説得力をもっている。

すなわち、松平定信の人足寄場開設に向けた動きは、祖父・吉宗以来の無宿抑制という目的と、細川重賢との親交を通じた徒刑に関する知識の獲得という二つの要素によってもたらされたものであったといえよう。

2　寄場人足の処遇

作業内容

無宿・科人らは寄場に送られると、人定手続と寄場内での規則の読み聞かせを受けた後、仕着せに着替えさせられる。仕着せは柿色に水玉を染め抜いた木綿の筒袖半纏と股引であった。服の色について、中国の古典では獄衣が赭衣となっており、その連想によって柿色にしたともいわれるが、通常人の服にはない色で、かつ染色が安価であったという事情もあったと考えられる。

寄場内での作業内容は多岐に亘った。まず、大工や建具屋など、特定の生業がある者は、これを維持させるように取り計らわれていた。一方でとくに生業をもたない者に対しては、胡粉や炭団の製造、米舂、藁細工、紙漉きなどが用意されていた。このうち紙漉きについては、勘定奉行所から幕府の役所で出る反故紙を譲り受け、これを漉き直していた。もっとも江戸の人々はこれを「島紙」と称し嫌って、あまり使わなかったと伝わっている。いずれにしてもこれらの作業は、出所後の生業となるよう、なるべく社会での需要のあるものが選ばれたと思われる。

一方で、天保年間には作業に「油絞」が加えられ、寄場内での中心的な作業になってゆく。坂本忠久によれば、これは収容者の増加に伴う寄場運用の財源を確保する目的にたったものであり、そこにはすでに社会復帰後の生業とさせるという意識はなかった。油絞は重労働であるうえに、財源となることからノルマも厳しく、後述する有罪者の収容と相俟って、寄場の性質をより懲罰的なものとするにいたったのである。

有償作業制

人足寄場の近代的自由刑との類似点として挙げられ、また熊本藩徒刑制度から取り入れたと考えられている方針の一つが、有償作業制である。

史料 3

申渡

其方共、手業拵候品相払、元入用幷一日諸掛り之内半減引落し、相残分は不残呉遣候、其業々出精可致候、尤呉遣候内、割合を以役所え預、溜銭可致事、右溜銭拾貫文ニ至り候ハヽ、譬引取人無之とも赦免申付候事、

但、常々手業出精致候者は、溜銭拾貫文ニ不至候共、溜褒美拾貫文高手当致、赦免申付事、

（下略）

人足たちには、その作業に応じて賃金が与えられていた。人足の食事には幕府より扶持米が支給されるが、賃金からいくらかを天引きし、味噌汁やおかず代に宛てていた。またそれらの経費を差し引いたのち、残額の一定割合はいったん役所で取り上げ、強制的に積み立て（溜銭）させた。経費および積立金を差し引いた残額は「多《た》葉《ば》粉《こ》銭《ぜに》」と称して、寄場にいながらある程度自由に使用することができた。すなわち人足たちの生活は、官給の扶持米を除けば自弁によって成立しており、こうしたシステムを幕府では「自分稼」と呼んでいた。このような処遇は、労働によって対価を得て、これで自らの生計を成り立たせるという、社会生活の基本を習得させるためのものと考えられる。

なお**史料3**の本文では、積立額が十貫文に至れば、引取人が現れなくとも出所を許すことが示され、但書においては、常々仕事に精を出している者は、溜銭が十貫文に満たなくとも、不足額を寄場が充当して出所を許すとしている。とくに但書の内容から、寄場においては改悛の情が顕著な場合に、出所の条件を緩めるという処遇が行われていたことが窺われる。こうした処遇も、いち早い更生改善を促す効果を狙ってのものであろう。

行事と教育　人足たちに市井と同じ生活を送らせるために、季節行事の導入が主に食事面で行われた。例えば正月三箇日には雑煮餅に塩引鮭の切り身を添え、夏には暑気払いに枇杷葉湯を与え、また鱠汁が一度出される。五節句には休業して小豆飯を与え、盂蘭盆にはそうめん、月見には団子が給された。また季節行事とは別に、二月十九日は寄場開設記念日として、赤飯・汁・煮しめを給した。

人足寄場は、単に入所者を懲戒・矯正するよりも、むしろ生業を授けて改悛・更生させるのが主眼であり、「人民御教育」の場であった。そのため精神修養にも重きをおき、月に三度ある休日には心学（石門心学）の講話を聴かせていた。石門心学は、平易な言葉や卑近な例を用いて実践的な道徳を説くことから、社会復帰を促す寄場の理念に親和的であったと考えられる。なお、講師には当初、大坂より招聘した中沢道二が任じられた。彼は石門心学の事実上の大成者とされる手島堵安の高弟であり、松平定信をはじめとする諸大名にも心学の講和を披露し、高い評価を受けていた。

収容期間と外使い　**史料3**にも示されているように、人足寄場では当初、各人足の溜銭が一定額となった段階で出所させていたのであり、一定の収容年限はなかった。もっとも、後述する有罪者の収容に際しては、その期限を三年ないし五年と画することとなった。またこれらに限らず、幕府の判断で年限を定める場合もある。

出所が近づいた人足を、日用品の買い出しや製作品の運搬・販売のために市中へ出すことがあった。これを「外使い」と称し、社会に慣れさせ、円滑な復帰を促す効果が期待されたものと考えられる。

3 寄場の展開

史料2の記述にもみられたように、人足寄場は当初、罪を犯していない無宿や、敲などの刑の執行を終えた、刑余の無宿を収容対象としていた。

収容対象の変化

もっとも、寛政三年（一七九一）三月には、乱暴狼藉に及んだ武家奉公人で、敲・重敲・手鎖いずれかの刑に処され、その執行が終わった者について、三年を期間として寄場に収容することとなった。また寛政十二年（一八〇〇）三月には、入墨に処された後の有宿を、やはり三年を期限として収容することが決定されている。これらの変更は、寄場への収容対象を無宿から拡大するものであったが、いずれも刑の執行後であるから、保安処分という性格は設置当初と変わっていない。

収容対象がさらに拡大し、刑罰執行終了前の、すなわち有罪の者を収容することが正式に決定したのは、文政三年（一八二〇）のことである。

史料 4

人足寄場江差遣候もの之儀、是迄江戸払以上追放等ニ相成候ものは不差遣候処、以来は右躰御構有之ものも、品ニ𠀋年限を定寄場江遣、尤右之分は、江戸払以追放等之名目肩書ニいたし差遣候間、寄場外之稼は不相成、寄場内之手業為致候積、一座相談之上、公事方御勘定奉行𠀋阿部備中守殿江伺、相済候間申達候、右は年限相立候後、御構場所外之身寄之もの𠀋引受相願候ハヽ、其時々元懸り拙者共江問合之上、引渡遣候様、可相心得旨、兼而奉行江御達被置候様存候、以上、

辰十月

右の史料によれば、江戸払以上重追放以下の判決を受けた者も、場合によっては年限を五年と定めて寄場に収容すること、とされている。具体的にどのような場合に寄場の収容対象となるのかについては、次の史料が参考となる。

史料 5

（前略）悪党もの之内、手放し難置類、御仕置済候上、佐州え水替人足ニ可遣もの、年齢ニ寄、水替働難出来もの、又ハ佐州え遣候程之ものニも無之候得共、三・五年之内ハ、元居村徘徊為致候ては、良民之迷惑ニ可相成もの等は、其品ニ寄、江戸払以上御仕置追放ニ相成候ものニても、人足寄場え差遣、寄場外之稼不為致、（後略）

これは**史料 4** が発せられる元となった、公事方勘定奉行からの提案の一部である。このなかでは、水替人足への派遣は適切でないものの、実際に追放すれば元の居村を徘徊し「良民の迷惑」と

なる者がいるので、そうした者たちを人足寄場に収容することが提案されている。すなわち人足寄場に収容される追放刑受刑者は、本来の刑の執行によってかえって社会の害悪となるような者であり、そうした者たちを寄場で教化改善することが求められているのである。

刑罰への転換?　ところで、以上のような収容対象者の拡大を行刑法上どのように位置づけるかについては、見解が分かれている。

石井良助は、追放刑受刑者の収容は、犯罪に対する懲戒と隔離に重点がおかれており、出所後居村等に立ち戻っても「良民之迷惑」にならないよう矯正することが目的であったのであるから、寄場への収容は「一時変則的な追放刑の執行方法と解すべきであり、その意味で人足寄場が刑の執行場となったと解してさしつかえない」と論じている（「日本刑罰史における人足寄場の地位」『人足寄場史』所収）。

これに対して平松義郎は、追放刑の判決を受け寄場に収容された者が出所する際、追放刑に所定の立入禁止区域（「御構場所」）の外の引請人に引き渡されていることから、「法律的には一八二〇年以後も寄場収容が追放刑に代替したのではない。追放刑は執行を延期されたに過ぎない。」と指摘している（「刑罰の歴史——日本（近代的自由刑の成立）——」荘司邦雄・大塚仁・平松義郎編『刑罰の理論と現実』岩波書店、一九七二年）。

もっとも平松も、追放刑受刑者の寄場への収容が「事実上自由刑的な性格を帯び」たことは認めており、近代的自由刑に類似した役割を帯びることになったという点については、争いがないものといってよい。

4 近代への接続

先にもみた通り、人足寄場は熊本藩徒刑制度の影響を受けて設立されたものであり、日本における近代的自由刑の萌芽は、熊本藩徒刑制度にこそ求められる。しかしそのことは、人足寄場に対する評価を下げるものではない。幕府によって寄場が設立されたことは、同様の施設が全国に広がる契機のひとつになったと考えられるからである。

石川島の人足寄場は、天保九年（一八三八）に一時停止されるも、同十二年（一八四一）には再開され、以後幕末までその役割を果たし、明治に入っても運営が続けられた。明治三年（一八七〇）に「新律綱領」が発せられると、その規定する「徒刑」の執行場として「石川島徒場」と改名された。その後も「石川島懲役署」「石川島監獄署」などと改称しながら、自由刑の執行場所として機能した。明治二十八年（一八九五）には巣鴨に移転するが、関東大震災によって大破したため、昭和十年（一九三五）に府中へ移転し、府中刑務所として現在にいたっている。

【参考文献】

坂本忠久「江戸の人足寄場の性格とその変化をめぐって」（『法制史研究』第四一号、一九九一年）
高塩博『江戸幕府の「敲」と人足寄場――社会復帰をめざす刑事政策――』（汲古書院、二〇一九年）
人足寄場顕彰会編『人足寄場史――我が国自由刑・保安処分の源流――』（創文社、一九七四年）
平松義郎「人足寄場起立考」（滋賀秀三・平松義郎編『石井良助先生還暦祝賀法制史論集』創文社、一九七六年）

コラム5　近世

東海地方の法をめぐる史跡

本書を読んで日本法史に興味をもち、実際にどのような空間で裁判が行われていたのかを知りたい方もいることであろう。そこでここでは、東海地方の法に関わる史跡を紹介したい。

第一に挙げるのは、岐阜県高山市にある高山陣屋である。江戸幕府直轄領におかれた代官のうち、とくに広い地域を支配するものを郡代と呼ぶ。飛騨の地は元禄五年（一六九二）に直轄領となり、安永六年（一七七七）に当時の代官が郡代に昇格した。飛騨郡代の役所である高山陣屋は、幕府直轄領の陣屋としては唯一現存する建物である。

高山陣屋には、二ヶ所の「白洲」がある。一方は三和土と椽（縁側）、そして座敷からなる横長の空間である。この白洲は、出入筋にかかる訴や村方からの願を受ける、いわば庶民のための役所の窓口であった。司法と行政とが未分離であった近世において、白洲は法廷としての役割だけでなく、役人と民衆、言い換えれば領主権力と被治者とが対面して意思疎通を図る場所であった。この白洲はそのことを如実に示している。

もう一方の白洲は、黒の小石が敷かれた「砂利」と呼ばれる空間と椽、そして座敷からなる。この白洲は、吟味筋の訴訟進行に用いられた。時代劇で「白洲」といえば、白い砂利が敷かれた露天の空間が定番であるが、高山陣屋の白洲に敷かれた小石は黒く、また屋内に設置されている。そもそも江戸町奉行所の白洲も、完全な露天ではなく砂利を覆うように庇が設けられていたが、高山は豪雪地帯であるため、支障を来さぬよう、とくに屋内に設置したものであろう。

現在、砂利敷の白洲には、罪人を乗せる籐丸駕籠や拷問道具が陳列されている。これらは当時のものではなく、また実際の責問は牢屋内で行われていたが、吟味筋の様子を想像するには格好の空間である。

続いて、近代法にかかわる史跡として、名古屋市政資料館を挙げよう。この建物は、大正十一年（一九二二）に当時の名古屋控訴院・地方裁判所・区裁判所として建設され、昭和五十四年（一九七九）に名古屋高等・地方裁判所が現在後に移転するまで、裁判所として機能した。

資料館の二階には、明治憲法下での法廷や、昭和三年（一九二八）から同十八年（一九四三）まで行われていた陪審制で用いられた法廷が復元展示されている。いずれの法廷でも、検事の席は判事の席に近く、弁護人や被告の席より高い位置におかれている。こうした空間配置は、戦前の検事局が裁判所の中におかれたことと併せて、裁判官と検察官との関係の近さを物語るものであり、また江戸時代の吟味筋以来の、糾問主義的訴訟進行の名残をみることも可能であろう。

このほかにも、愛知県犬山市にある博物館明治村には、金沢監獄の正門や看守所・監房、前橋監獄雑居房、宮津裁判所法廷が移築されている（いずれも一部）。金沢監獄は、明治五年（一八七二）に制定された「監獄則図式」に則っており、看守所を中心に監房棟が放射状に配列された煉瓦建築をみることができる。一方で前橋監獄雑居房や宮津裁判所法廷は、木造瓦葺の建物で、近代法形成期の過渡的な様子が窺われる。

ここに紹介した史跡はいずれも一般公開されており、気軽に見学することができる。実際の建物をみながら、ぜひ当時の法のあり方に思いを馳せてほしい。

B 民事法①——物権と裁判

第17講 律令制下の土地所有観念とその変容
——「公地公民」と墾田永年私財法——

1 はじめに

日本律令国家の土地人民支配は公地公民制である、大化改新により氏《うぢ》の私的領有が否定され、国家すなわち天皇に帰属する公のものになったという歴史像は、今日でも広く普及している。しかし、この観念は、大名家や大寺社が領有してきた土地を収公して廃藩置県を実行した明治維新を氏の私有を否定した大化改新に遡及させて正当化した、「王政復古史観」が生み出した歴史像にすぎない。このイメージの影響のもと、例えば荘園制などは古代国家が衰弱・解体する中世のメルクマールのように位置づけられ、墾田永年私財法による墾田のみを初期荘園の名称で捉えつつも、なお中世荘園に連続するものではないと強調されてきたのである。

しかし、法制史の世界では、古く中田薫が口分田は「公田」ではなく「私田」と認識されていたことを明らかにしている。また、長屋王木簡の出土により墾田永年私財法以前から初期荘園の範疇に収まらない大規模な熟田の経営とその継承が広く行われ、改新以前の屯倉《みやけ》・田荘《たどころ》が位田・職田などの名目で存続していたことが知られるようになった。最近では、この熟田主体の大土地所有を「古代荘園」の概念で把握するようになっている。ここでは、そうした研究成果をふまえつつ、律令制下の土地所有観念の特質と、それを大きく変化させた墾田永年私財法について考察しよう。

2 「公地公民」は実在したのか——公田・私田の観念から——

口分田は私田であること

律令その他の法制史料において、官（国家）に属する動産が「官物」「公物」と称されるのに対して、私人の享有する私財物・私奴婢・私畜産などの私動産は「私財」「私物」と呼ばれ、後者の所有主体は「財主」「物主」と称している。他方、園地・宅地・私墾田などの不動産を享受する私人は「田主」「地主」と表現されている。中田はこれを私有不動産の外的指標とみなしたうえで、口分田の性格を再検討したのである。

口分田は、公民が六歳以上に達して戸籍に登録されると男女良賤を問わず律令国家から班給され、死後に収公されるものだから、土地の用益権の享受、一種の貸借にすぎないと考えられてきた。しかし、田令《でんりょう》29荒廃条の「公私田」という語に対し、『令義解』は「謂《い》ふこころは、位田・賜田、及び口分田・墾田等類、是れ私田と為す。自余は、皆な公田と為せ」と解説している。また、『令集解』に引用された延暦年間の法律書「令釈」も「口分田・墾田等、これを私田と謂ふなり。乗田、これを公田と謂ふ」と説明する。さらに、雑令22宿蔵物条「凡そ官地に於て宿蔵物を得たれば、皆な得たる人に入れよ。他人の私地に於て得たれば、地主と中分せよ。古器の形製の異なれるを得たれば、悉く官に送り直を酬《さず》けよ」に対する『義解』の説明に「其れ口分・職分は、皆な私地と為すなり」とあって、口分田の享受者は「地主」と呼ばれているのである。ここから中田は、口分田が当時は私有不動産と認識されていたことを証明したのである。

そのうえで、古代日本は土地公有主義ではなく私有主義であったとし、期限付の所有であってもそれを私有とみなす当時の意識を抽出したうえで、ローマ法の淵源をもつ近代の所有観念と大きく異なるゲルマン法における私有観念と近似していることを指摘した。実際、口分田を賃租に出すことも当時は一年を限って「口分田を売る」と表現している。近年では吉村武彦が公地公民という用語は歴史認識に大きな混乱を与えると警鐘を鳴らしている。

三世一身法から墾田永年私財法へ

口分田以外に、五位以上官人に対し位階に応じて与えられる位田や、天皇が詔勅を出して賜与する賜田、そして私墾田もまた、私田と称されているが、このうち墾田については律令に明確な規定が存在しなかった。吉田孝によると、日本の班田制は農民の小規模な開墾田を口分田に含みこんでいく仕組みになっておらず、次第に増加する私墾田に対して開墾者の権利を公認するわけでもなく、無届けのまま放置された状態にあった。そうした状況に目を向け始めたのが養老七年（七二三）の三世一身法だというのである。

史料 1　『続日本紀』養老七年（七二三）四月辛亥条

太政官奏、頃者《このごろ》、百姓漸多、田池窄狭。望請、勧三課天下、開二闢田疇一。其有下新造二溝池一営二開墾一者、不レ限二多少一、給二伝三世一。若逐二旧溝池一、給二其一身一。奏可レ之。

用水や溜池などの灌漑施設を新たに設けて開墾した場合は三世まで、すでに存在する灌漑施設を活用した場合は開墾者が死亡するまでその墾田を収公しないと規定するが、むしろ非公認の私田であった小規模墾田を三世一身後に収公することを制度化した点に主眼がある。しかし開墾者の死亡までとか三世代までといった期限付所有権にされてしまうと、開墾意欲は大きく削がれたことだろう。

二十年後の天平十五年（七四三）には墾田永年私財法が制定される。ここにおいて土地私有の原理は根本的に転換する。

史料 2

『続日本紀』天平十五年（七四三）五月乙丑条
詔曰、如聞《きくならく》、墾田依二養老七年格一、限満之後、依レ例収授。由レ是、農夫怠倦、開地復荒。自今以後、任《ほしいままに》為二私財一無レ論二三世一身一、咸《みな》悉永年莫レ取。其親王一品及一位五百町、二品及二位四百町、三品四品及三位三百町、四位二百町、五位百町、六位已下八位已上五十町、初位已下至二于庶人一十町。但郡司者、大領少領三十町、主政主帳十町。若《もし》有三先給地過二多茲限一、便即還レ公。姧作隠欺、科レ罪如レ法。国司在任之日、墾田一《もっぱら》依二前格一。

国史が引用する墾田永年私財法には『類聚三代格』所引の同法令にみえる開墾手続「但人為レ開

レ田占レ地者、先就レ国申請、然後開レ之。不レ得三因レ茲占二請百姓有レ妨之地一。若受レ地之後、至二于三年一、本主不レ開者、聴二他人開墾一」が抜け落ちている。国史だから省略したのだろう。他方、『三代格』は先行の『弘仁格』を再編したものだが、弘仁年間には無効となっていた位階による開墾面積の制限規定は削除されている。

墾田は三世一身の期限が切れると班田の年を待って収公されるようになったから、収公が近づくと耕作に努めず荒廃させてしまう。それを防ぐために期限なしにするのだと正直に説明している。ただし、開墾は事前に国司に申請する必要があり、占有後三年たっても開墾しない場合は他の人が開墾することを許すと記している。虎尾俊哉もいうように、墾田永年私財法が発令されたことで新しい永年私財田の観念が現れ、ここに墾田・寺田を私田、口分田・乗田を公田とみなす考え方も現れ始める。

なお、墾田永年私財法は平安末期の公家法を集成した法書『法曹至要抄《ほっそうしようしょう》』に引用され、それ以降この書を通して中世以降の荘園領有の根拠として末永く利用されることになる。

史料 3

『法曹至要抄』巻中（傍点筆者）

一　荒地以二開人一可レ為二領主一事。

弘仁十年十一月五日格云、応下以二閑廃地一賜中願人上事、右云云。空閑之地、自今以後賜二冀《こいねがい》申輩一為二常地一。若《もし》授レ地人二年不レ開者、改賜二他人一。遂以二開熟之人一永為二地主一。

天平十五年五月廿七日勅云、墾田、自今以後任為二私財一。

案レ之、開発田地、皆以二開熟人一永為二私財一。以二次第手継一、可レ令二領掌一。

開墾した土地を私財と認める墾田永年私財法は、公地公民制の解体という律令国家崩壊史の一頁として位置づけられてきた。しかし、口分田を年期付私有とみる中田学説からすればこの政策は私有の展開とも位置付けられるし、前述の古代荘園論が指摘するように大化前代の大規模な熟田所有は位田・職田など名義を変えながらも継続していた。むしろここで重要なのは、熟田ならぬ墾田に関する根本法規が設定されたという点である。

墾田永年私財法と唐の永業田

吉田は、墾田永年私財法を律令制の衰退を象徴するものではなく、これまで把握できていなかった未墾地と新墾田に支配を及ぼしていく過程として積極的に評価する。唐の均田法では成年男子一人の受田額は百畝とされていたが、これはあくまで土地占有の限度額である。すべての土地は王土なので、自前で開いた開墾田も皇帝からの受田と計算されるから、実際に班給されるのはその半分程度にすぎなかった。農民が小規模な開墾を進めたとしても規定の受田額を超えることはまずあり得なかった。このように唐の均田法はフィクションを内包しており、豪族の大土地占定を規制する機能をあわせ持っていた。

日本の班田法では、均田法のような口分田と永業田（世襲田）という二重構造は採用されず、私墾田を含む永業田の規定を切り捨てて口分田だけを採用した。そして男二段、女はその三分の二という数字はすでに耕作されている熟田をその数字通り班給するべく定められており、開墾田を受田に組み込む構造にはなっていなかった。

吉田は、墾田永年私財法はこうした要素の補完と解するのである。位階に応じた開墾予定地の占定面積制限も、唐の均田法において官人が無主の荒地を身分に応じた限度内で申請・開墾して永業田とする規定と同じである。庶人に十町以内の墾田地の世襲を認めたのも、均田法における小規模な開墾田を受田額に取り込む仕組みと類似する。墾田永年私財法の基本はすでに中国の均田法が実質的に内包していたものだといえる。開墾地は輸租田として田図に登録されるわけだから、律令国家の田地支配と租税徴収はむしろ拡大する。

墾田永年私財法を律令制の深化と捉えるこの吉田説は、学界に大きな衝撃を与えた。ただし、こうした説明だけですべてを理解することはできないだろう。律令制の受容段階で、日本があえて独自の口分田班給システムを一度は創設したわけだから、そこには唐の制度とは異なる独自の目的があったと考えるべきだろう。その出発点をなす大化改新での旧俗廃止詔に「市司、要路の津済の渡子の調賦を罷めて、田地を給与へ。凡そ畿内より始めて四方の国に及ぶまで、農作の月に当りては早く営田に務めよ」とみえるように、流通などの経済活動に従事する民にまで田地を無償で与えて農業民化しようとしている。既存の農民については現行の所有関係を追認したにすぎないが、水稲耕作のみに依存していない東国の民や国内外を渡り歩く商人に対しても、口分田を無償で支給、しかも負荷される租は収穫高のわずか三%というのである。九七%が無償で支給されるという魅力によって彼らを水稲耕作に誘導し、土地に張り付けて公民化するという目的があったのではないだろうか。

天平九年の疫病流行

墾田永年私財法については別の視点からの評価もある。これに先立つ天平七年（七三五）と同九年（七三七）にかけて国内で天然痘が大流行し、藤原四子を含む議政官七名のうち五名が死亡する。生活環境が恵まれている貴族層ですらこのような状況なのだから、民間の惨状は想像に難くない。ウェイン・ファリスの研究によると、天平九年の全国平均死亡率は二五%から三五%と推定されている。外国からもたらされた流行性伝染病という特性からすれば、西国や人口が密集地たる畿内都市部において被害は最も甚大であっただろう。

これに天平六年の地震、七年の凶作・疫病の被害を加えると、未曽有の大惨事が連続して列島社会を襲ったといえるわけで、聖武天皇と橘諸兄らの背負った喫緊の課題は衰微した社会の復興であったと吉川真司は説明する。このような災害復興のなかで施行された墾田永年私財法には、社会復興・国力回復の意図が含まれていたはずである。墾田は課税対象であり、荒廃地の再開発と新開地の増設は、安定した国内の食糧確保と田地を失った人々の雇用に役立つ。越前国の広大な東大寺領荘園は、墾田永年私財法の翌年天平十六年からスタートする。初期荘園は付近の住民の賃租で経営されており、都市周辺の農業生産に過度に依存する傾向を避けつつ、食糧需給を確実に保障する目的があったと考えられるのである。

3 奈良・平安時代初期の田地・家地売買の実態——官司の関与と保証人の設定——

売買立券文 律令制の原則では田地の永代売買は禁止されていた。年期売が認められていたにすぎない。他方、宅地・園地の売買は認められてはいたが、養老田令17宅地条に「凡売二買宅地一、皆経二所部官司一申牒、然後聴之」とあるように、所管官司の許可が必要である。養老七年(七二三)の三世一身法、天平十五年(七四三)の墾田永年私財法が出されて以後は、田地の売買を認めるようになるが、こちらも官司の許可は不可欠であった。当事者は京内ならば坊令に、諸国ならば郷長に申請書を提出する。これを受けて解文二通が作成され、左右京職もしくは郡にまわされ、京職・郡司は署判を加え、一通は官司に保存し、もう一通は買主に交付する。特別に国判を受ける場合もある。これらの手続を売買立券という。ここに初めて売買が成立する。

天平勝宝三年（七五一）七月二十七日付の売買立券文をみてみよう。

史料 4

売買立券文（近江国蔵部荘券）

甲可郡司解　申売二買墾田并野地一立券事。

合墾田貳拾壹町、野地参町 東谷、南溝、西川、北佐遅谷境 在二蔵部郷一者。

右、左京五條三坊戸主従五位上阿倍朝臣嶋麻呂墾田者。

以前、得二嶋麻呂申状一偁、以二己墾田并野地一売二与大倭国高市郡弘福寺大修多羅衆一已訖。所レ得価銭貳佰参拾貫者。仍勒二売買両人所レ連署名一、依レ式立券如レ件。仍具録二事状一、付二使大初位上鷹養君安麻呂一申上。以解。

売人従五位上阿倍朝臣「嶋麻呂」
買弘福寺大修多羅衆
大鎮兼大上坐法師「蓮勝」
少鎮僧「栄猷」
上坐僧「林蔵」
都維那僧「栄脩」
寺主兼大学頭僧「恵興」
少学頭僧「善勝」

天平勝宝三年七月廿七日主帳无位川直「百嶋」
擬大領外正七位上申可臣「乙麿」
□(少カ)領无位甲可臣「男」
国判、依レ請。
介従五位下熊凝朝臣「五百嶋」　少掾正六位上播美朝臣「奥人」
員外少目正七位上穴太史「老」
医師少初位上物部医連「巻」
天平勝宝三年八月二日　○字面二「近江国印」アリ。

近江国甲賀郡の郡司が近江国に上申したもので、平城京に住む官人阿倍嶋麻呂が蔵部郷の墾田二十一町・野地三町を弘福寺《ぐふくじ》の大修多羅衆に二三〇貫売却した際の立券文である。後半には売主の阿倍嶋麻呂、買主の弘福寺僧の署名があり、続いて甲賀郡郡司らの署判が付され、最後に「国判、請ひに依れ」と記したうえで国司三人が署名する。

養老田令26官人百姓条「凡官人百姓、並不レ得下将二田宅園地一、捨施及売易与上レ寺」によると、官人百姓が田宅園地を寺院に捨施売易することは禁じられていたが、実際は奈良時代から立券文が散見する。現地の官司が許可しているのである。

延暦二年（七八三）にはこのような行為を禁じる勅が出されている。

史料 5　『続日本紀』延暦二年（七八三）六月乙卯条

勅曰、京畿定額諸寺、其数有レ限。私自営作、先既立レ制。比来、所司寛縦、曽不二糺察一。如経二年代一、無二地不一レ寺。宜三厳加二禁断一、自今以後、私立二道場一、及将二田宅・園地一捨施并売易与レ寺、主典已上、解二却見任一、自余不レ論二蔭贖一、決杖八十。官司知而不レ禁者、亦与同罪。

私的に道場を建立したり、田宅・園地を寺院に捨施・売易したりすることを禁じ、取り締まらなかった官人は厳罰に処されるという。延暦二十四年（八〇五）にも田宅園地を寺に捨施売易することを禁じる勅が出ているが、度重なる禁令にもかかわらず寺院の田地集積は進行する。

奈良時代の不動産売買に関する史料はあまり残っておらず、内容も寺院への売却に関する文書ばかりだが、長岡京時代まで視野を広げると、延暦七年（七八八）に京内家地を個人間で売買した著名な立券文を掲げることができる。

史料 6

六条令解

六条令解　申売二買家地一立券文事。

合家地壹処（長十五丈 広十丈）　在二三坊一。長岡京。

右、得二左京六条一坊戸主従八位下石川朝臣今成戸口正六位上石川朝臣吉備人解状一偁、己家地以二銭伍貫陸佰文一充二価直一、売二与右京四条三坊戸主御山造大成戸口同姓少阿麻女一已訖。望請、依レ式欲二立券一者。令下依二申状一勘中覆知実上。仍勒二両人署名一、以解。

売人兵部大丞正六位上石川朝臣「吉備人」

買人御山造少阿麻女

保証人
巡察弾正正六位下石川朝臣「弟勝」
隼人司佑正七位上石川朝臣「清嶋」
延暦七年十一月十四日
右京職判券弐通一通職案 一通給買人 依二本券一行。
正六位上行少進勲十一等大伴宿禰「真直」
正六位上行少進勲十一等佐伯宿禰「瀧万呂」
正六位上行大属勲七等飯高宿禰「忍足」
正六位上行少属別臣「総万呂」

正六位上の中級官人石川吉備人が、長岡京の右京六条三坊にある家地を右京四条三坊の戸主御山大成の戸口御山少阿麻女という女性に銭五貫六百文で売却した。家地の所在地六条の坊令が京職に申請を出し、売買の許可を受けている。後半には売主と買主の署名があり、さらに保証人二名の署名が続く。

保証人は奈良時代の立券文にはみられなかったもので、両名とも石川氏であることから売人の一族と推測される。申請を出した六条坊令の署名はみえないが、末尾に右京職の官人四名が署名する。右京職の署判した券文二通のうち、一通は京職に控として保存され、一通は買主に与えられたということまで明記されている。

このように官司の許可と保証人の設定がこの時期の売買契約の条件となっているが、平安時代中期になると官司が文書を作成することはなくなり、当事者間で売券と呼ばれる証文が直接授受されるようになる。中世的な当事者主義への転換である。

【参考文献】

佐藤進一『新版　古文書学入門』(法政大学出版局、一九九七年)
虎尾俊哉「律令時代の公田について」(『法制史研究』第一四号、一九六四年)
中田薫「律令時代の土地私有権」(同『法制史論集』第二巻、岩波書店、一九三八年)
W.Farris, *Population, disease, and land in early Japan, 645-900*, the Council on East Asian Studies, Harvard University, and the Harvard-Yenching Institute. 1985.
本庄総子『疫病の古代史——天災、人災、そして——』(吉川弘文館、二〇二三年)
三上喜孝「平安遺文第四号「六条令解」の復元的検討」(『日本歴史』第五八九号、一九九七年)
吉川真司『天皇の歴史〇二　聖武天皇と仏都平城京』(講談社、二〇一一年)
同ほか『古代荘園——奈良時代以前からの歴史を探る——』(岩波書店、二〇二四年)
吉田孝『律令国家と古代の社会』(岩波書店、一九八三年)
同『大系日本の歴史三　古代国家の歩み』(小学館、一九八八年)
吉村武彦「土地政策の基本的性格——公田・公地制の展開——」(同『日本古代の社会と国家』岩波書店、一九九六年)
同「律令国家と土地所有」(同『日本古代の社会と国家』岩波書店、一九九六年、初出一九七五年)

第18講　「永仁徳政令」とは何だったのか

1　「永仁徳政令」とは？

鎌倉幕府が窮乏する御家人を救済することが目的であったと理解されている「永仁徳政令」は、恐らく日本法史の中で最もよく知られた法の一つといえるであろう。「永仁徳政令」が発布された当時の御家人たちは、蒙古襲来に際して総動員をかけられ莫大な出費を強いられたにもかかわらず、戦後には容易に恩賞を受けられないなど、生活に困窮していたといわれている。折しも御家人の所領はその分割相続が進行するなかで零細経営を迫られる一方、貨幣経済が全国的に浸透していく状況のもとでは所領を売却あるいは質入れする御家人も目立って現れるようになった。「永仁徳政令」はまさに、そのような社会情勢に対応するために幕府の取った大胆な政策であるというのが一般的な理解である。

「永仁徳政令」の目玉としてとりわけ注目を集めたのは、「売主（＝御家人）が無償で旧領地を取り戻すことができる」とした斬新な方針にあった。現代人の法感覚からすれば社会の信用を脅かす

写真１　下久世荘内の一部所領に関する返還請求を行う訴状に対して反論を述べる陳状

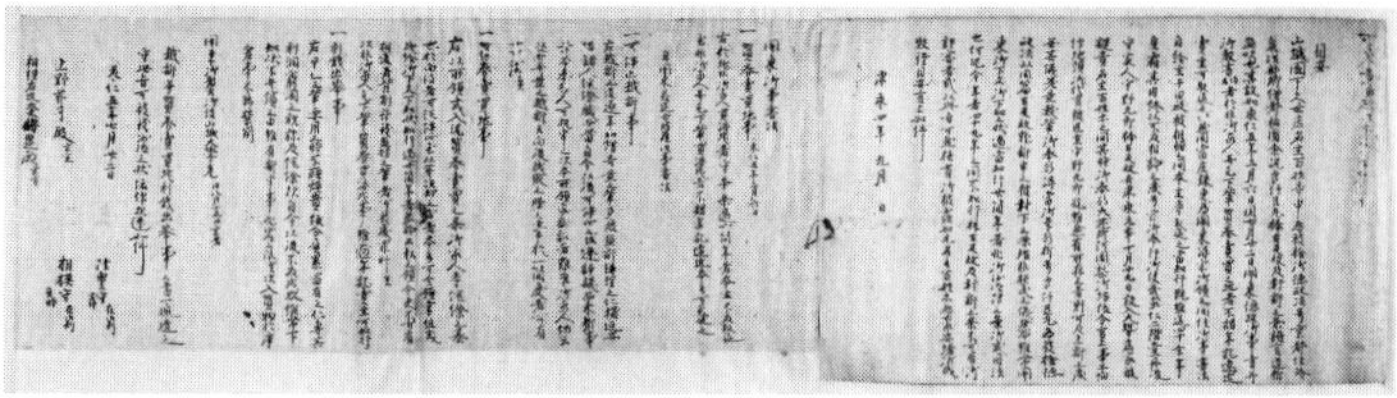

「徳政令」の写し　　紙継目部分　　陳状本文の末尾

ことにもなりかねないとも受け止められるこの法を、当時の人々はしかし、まさに徳政を具現する法として素直に理解し無条件に受け入れていたのであろうか。鎌倉～室町時代においてはこのような法理を盛り込んだ徳政令が幾度となく発布されたことは周知の通りであるが、本講では徳政令の先駆けともいえる「永仁徳政令」の内容にあらためて注目し、この問題について考えていきたいと思う。

2　「永仁徳政令」の内容

鎌倉幕府が永仁五年（一二九七）に発布したとされる「徳政令」は、例えば、**史料1**（写真１参照）がその事実や具体的内容を間接的に伝えている。

この文書は、訴人（良伊豆丸）が論人（京都近郊の下久世荘の名主百姓たち）を相手取り、山城国下久世荘内の一部所領の返還を求める訴訟を荘園領主（東寺）の裁判所に提起した事案において、論人が訴状に対する反論の内容を記し裁判所に提出した陳状（正文）である。文書末尾の日付部分には北朝年号を示す康永四年（一三四五）が記されていることから、この文書が作成されたのは「永仁徳政令」が発布されてからすでにおよそ五十年近くもの年月が経過した時期であったことがわかる。

そこで、論人の主張した内容について少しくみることにしよう。訴人が返還を要求する所領は鎌倉時代を通じて北条氏の所領（得宗領）とされた下久世荘にあり、「永仁徳政令」の発布以前にはいったん他人に売却された。ところが「永仁徳政令」の発布後には、本主（本来の持主）として再びその所領を取り戻した。それ以来五十年近くが経過しているなかでは何の紛争も生じなかったが、訴人はかつての買主の継承者であると称して、反古になったはずの当時の売買証文を持ち出してきてこの所領を返還せよと要求している。この所領は「永仁徳政令」によって合法的に本主の無償取り戻しが完了していることに加えて知行年紀を定めた「式目」第八条の適用対象となり得るから、訴人の主張は不当である、と。このように反論する論人は自らの主張の正当性を証明するために、決定的な証拠文書となる「永仁徳政令」の条文の写しを陳状の副進文書として提出したのである。

「永仁徳政令」の全貌を明らかにするこの副進文書には「関東御事書の法」と「関東より六波羅に送らるる御事書の法」の二つが記されているが、本講では三つの条文が併記されている後者（「鎌追」第六六一条〜第六六三条）を詳しくみていきたい。以下ではそれらを順に引用することにしよう。

史料 1

一　越訴を停止すべき事

右、越訴の道、年をおって加増す。棄て置くの輩多く濫訴に疲れ、得理の仁なお安堵し難し。諸人の侘傺、もととしてこれによる。自今以後、これを停止すべし。ただし評議に逢いて未断の事は、本奉行人これを執り申すべし。次に本所領家の訴訟は、御家人に準じ難し。よって以前棄て置くの越訴といい、向後成敗の条々の事といい、一箇度においては、その沙汰あるべし。

一　質券売買の事

右、所領をもって或いは質券に入れ流し、或いは売買せしむるの条、御家人等侘傺の基なり。向後においては、停止に従うべし。以前沽却の分に至っては、本主領掌せしむべし。ただし、或いは御下文・下知状を成し給い、或いは知行廿箇年を過ぐるは、公私の領を論ぜず、いまさら相違あるべからず。もし制符に背き、濫妨を致すの輩あらば、罪科に処せらるべし。次に非御家人・凡下の輩の質券買得地の事、年紀を過ぐるといえども、売主知行せしむべし。

一　利銭出挙の事

右、甲乙の輩の要用の時、煩費を顧みず負累せしむるにより、富有の仁その利潤を専らにし、困窮の族いよいよ侘傺に及ぶか。自今以後成敗に及ばず。たとえ下知状を帯し、弁償せざるの由、訴え申す事ありといえども、沙汰の限りにあらず。次に、質物を庫倉に入るるの事、禁制に能わず。

「永仁徳政令」の中でとりわけ注目を集めてきた第二条は、次に示す四つの部分から構成される。

①所領の質入（ないしは質流）、売買を禁止する。

②立法時点以前の売却所領は、「本主」（売却人である御家人）に返還させる。

③ただし、売買を認可する幕府の安堵状を帯びているもの、および買主（御家人）の占有が二十年以上を経過しているものは、公領・私領を問わず、買主（御家人）は売主に返還する必要はない。この規定を無視して返還を迫る者は処罰の対象となる。

④また、買主が「非御家人・凡下」といった御家人でない武士や庶民である場合には、③で定めた例外規定は適用されず、二十年以上が経過した後であっても売主（御家人）に返還しなければならない。

幕府はこのように、所領の売却や質流が御家人の困窮を招く根本的な原因であると考えており、今後は売買・入質を全面的に禁止するとしている。同時にまた、幕府が安堵した所領および占有状態が二十年以上経過している所領以外の売却地を無償で取り戻させるとしている。この時、所領を取り戻すことが可能な主体（＝売主）として御家人が想定されていたということには注意を要する。

ところで、「永仁徳政令」には当時の社会通念を無視して唐突に出された悪法であるかのように理解されてきた一面もある。そして、「永仁徳政令」発布の翌年に出された幕府法（**史料2**）は、不評の徳政令の内容に変更を加えた法令であると理解されてきた。「永仁徳政令」はこのように、当時の社会には受容されず程なくして撤回を余儀なくされる道を辿ったと理解されてきたのである。

史料2

一　質券売買地の事　　　永仁六　二　廿八

或いは御下文ならびに下知状を成し給い、或いは知行年紀を過ぐるのほか、公私領を論ぜず、本主に返し付くべきの由、制符を下されおわんぬ。いまさら改変に及ばず（ⓐ）。ただし、自今以後は禁遏《きんあつ》するあたわず、前々成敗の旨に任せて、沙汰あるべし（ⓑ）。

しかし、**史料2**において変更が行われたのは、永仁五年の徳政令において禁止された所領の売買や質入について、これを適法であると宣言しなおしたことにある（ⓑ）。「永仁徳政令」の主眼である売買・質入地の無償取り戻しに関する規定そのものは撤回されるどころか、むしろ再度その確認が行われていること（ⓐ）には注意しなければならない。このような意味において理解される「永仁徳政令」は、鎌倉幕府滅亡の頃にいたるまで有効な法として機能し続けていたことがうかがえる。

3 「永仁徳政令」を受容した社会

「永仁徳政令」が当時の社会通念に反して唐突に出された法令ではなかったことは、これに類似する諸法令がそれ以前に存在していたという事実によっても明らかになる。以前より御家人が私領を売買・質入することは許されていたが、幕府から給与された所領（「恩領」）の売買・質入は禁じられていた（「式目」第四八条）。このなかにあって幕府は早くも延応二年（一二四〇）には、御家人が恩領を質入して借金した場合の取り扱いを規定し（「鎌追」第一三九条）、本銭（借金）の半額弁済による質入地の請戻しを認めるにいたったが、このことは事実上、恩領の質入が許容されることをも意味していた。そして、文永十年（一二七三）制定の「鎌追」第四五二条をみると、本主（質入主）は質入地を無償で取り戻すことが可能であること、ただし、質取主が幕府から安堵を受けているならばこの限りではないとするなどの新たな原則が打ち出されていることがわかる。

このように、借金の棒引きを許すともいえる法令が文永十年（一二七三）頃にはすでに制定されていたことが知られるが、それ以降「永仁徳政令」にいたるまでの間、本主に対して売却所領を無償で取り戻すことを許すとする趣旨の法令が制定された事実を確認することができない。しかし弘安年間にはすでに、売主が売却地を無償で取り戻すことを許す法令が出されていたことを推測させる史料が今に伝わっている。それは次に示す弘安八年（一二八五）に作成された「売券」（＝売買の際に売主が買主に渡す売買証明書）であり、この文書の存在が確認されて以来、夙に注目されてきた。

史料 3

「小督局法名
比丘尼蓮念　唯照房沽却本券案」

沽却す、醍醐菩提寺の西堺、大道縄地下の田の事「事」、
　合わせて五段弐百四十歩ていり、四至堺は具に本証文等に見ゆ、
右、件の田は、小沢尼御前より源氏女時に小督の局、今は法名蓮念買領の地なり、しかるに要用あるにより、直銭百十貫文を限り、代々の手継証文等を相副え、唯照御房に売り渡すところ実なり、しからば、他の妨げなく領地せらるべきなり、もし不慮の牢籠出来の時は、ことさらに合力を致し、明らめ沙汰せしむべし、また当時披露のごとくんば、新式目を出され、売買の地においては、本銭返し与えず、本人知行せしむべきの由、載せらるると云々、しかりといえども、この田地に至りては、敢えてその沙汰致すべからず、向後さらに違乱なからんがために、新券を立つるの状件のごとし、
　弘安八年十一月　日　　比丘尼蓮念　在判

この文書は、五段余りの所領の移動をめぐって作成された一連の文書（手継券文）の中の一通で、いわゆる売券と呼ばれるものである。売買の対象となった所領は、この文書が作成された八年前の

建治三年（一二七七）に小督局（法名蓮念）が小沢尼から買い取ったものである。そして、この売券は蓮念が当該所領を僧唯照に売り渡した際に作成されたものである。

ここで注目されるのは傍線部分に記された文言である。弘安年間に出された「新式目」が「本銭返し与えず、本人知行せしむべきの由」、つまり「無償取り戻し」を定めていることを確認したうえで、「この売買においては「新式目」を適用しない」ことが宣言されている。このように徳政令の不適用を約諾する内容の文言は、徳政担保文言と呼ばれている。それがこの売券に記されていることから、弘安年間にはすでに「売主が売却所領を無償で取り戻すことを許す」という趣旨の法令が出されていたことが推測される。弘安年間にはまた、武家による徳政と時を同じくして朝廷版の徳政令ともいうべき新制が行われていたことも想起される。

これに加えて、所領の売買・質入に関する中世人の意識は、「一　諸人相伝の所領の事、道理に任せて、本主に返付せらるべきか」（『公衡公記』弘安十一年正月廿日条）と記されている。代々相伝の所領はあくまでも本主に帰属するのが道理であるとするこの考え方からすれば、売却所領の取り戻しを許容する規定は決して中世社会の常識から逸脱したものではなかった。しかし、永仁五年（一二九七）の幕府法（**史料4**）は「関東御事書法」として、御家人の買得・売却所領に限って一定の条件のもとで保護するという原則を明確に打ち出すにいたった。

史料4

一　質券売買地の事　永仁五年三月六日

右、地頭御家人買得地においては、本条を守り、廿箇年を過ぎれば、本主、取り返すに及ばず。非御家人ならびに凡下の輩、買得地に至っては、年紀の遠近をいわず、本主取り返すべし。

「永仁徳政令」は当時の社会のさまざまな場面において大きな影響を与えていたことが推測される。このことに関して、具体的な事例を取り上げることにより考えてみることにしよう。

史料 5

舎兄志賀太郎《（泰朝）》入道殿に譲渡し奉る豊後国大野荘下村泊寺院主兼地頭職の事

右、件の寺は、祖母深妙・養父明真房《（大友能職）》の手より譲り得、知行領掌、相違なし。しかるに直用あるによって、去る弘安六年の頃、大野太郎基直の後家尼善阿に相逢いて、直銭四百五十貫文に売り渡しおわんぬ。ここに関東御徳政、諸国平均の法出来するの間、その沙汰を致さしむるによって、前司退出の刻、売地等の事、関東御教書到着の程は、作毛を中に置くべきの由、上総守殿仰せ出ださるの間、その旨を存ずるの処、（中略）

永仁五年八月五日　　僧禅季（花押）

「譲状」（所領相続における権限譲渡証明書）と呼ばれるこの文書の中には、徳政令が発布された頃の社会状況について次のように記される。弘安六年（一二八三）頃に善阿尼（買主）は所領（豊後国大野荘下村泊寺院主（兼地頭職））を買い取ったが、その後に「永仁徳政令」（関東御徳政、諸国平均の法）が発布されたので、善阿尼はこれに従って売主（本主）の僧禅季に当該所領を返還した。しかしこれと同時に、その収穫物（作毛）はいずれに帰属させるべきかが新たな問題として浮上することになった。この中で解決を委ねられた鎮西探題（金沢実政）は、「永仁徳政令」が記された文書（＝関東御教書）が鎮西の裁判所に到着してその具体的な内容が明らかになるまでの間、係争物である収穫物は両者どちらにも与えることなく保全せよ（＝中に置く）と命じたのである。

　あるいはまた、買主が売買によって売主から得た所領を、後に第三者に寄進した場合には、当該所領に関してどのような対応がとられることになったのであろうか。次の史料をみることにしよう。

史料 6

（端裏書）
「和与状西平井畠正文」
吉川村の内、字西平井僧小作りの畑一反は、先年の頃、宰相阿闍梨御房に、永く売渡し進らせ候処に、売買田返るべき由、関東御徳政に任せて、返し給い候べき処に、勝尾寺へ御寄進の地にて候上、和与の儀を以て、銭二貫文を給わるによりて、永く元の如く御知行あるべく候、子々孫々に至り候まで、聊も相違あるべからず候、（中略）
永仁五年十一月廿九日
尼心蓮房（花押）
嫡子僧教海（花押）

　この文書は、もともとの売主（本主＝尼心蓮房・嫡子僧教海）の作成した和与状（契約状）であり、買主（宰相阿闍梨御房）に渡されたものである。折しも「永仁徳政令」が発布されたことから、売主はこれを根拠に売却済の所領を取り戻そうとしたものの、買主の方はすでに当該所領を勝尾寺に寄進してしまっていた。かような状況のなかで売主は新たに認められることになった所領の無償返還を請求する権限を放棄する代わりに、所領の売却代金と推測される銭二貫文の支払いを買主から受けることで、徳政令による混乱や紛争が生じるのを回避し円満な解決を図ったことが考えられる。

加えて、この売券は次に記すような意味においても興味深い内容を伝えている。それは、売買が行われた後に徳政令が発布されることを予想した買主がその適用から逃れるための次善の策として、所領を買い受けた後に寺社に寄進を行っていたということである。このような形態で所有の権限が移動することは当時、売寄進と呼ばれていた。売寄進の実態については基本的に、徳政忌避が意図されるなかで売却行為を隠匿するために別途寄進状（あるいは譲状など）が作成される場合、あるいは対象所領の一部が売却され残りの一部が寄進される場合のあることなどが明らかにされている。

当初は御家人のみを対象とするはずであったのが関東から九州にいたるまでの広い範囲にわたって速やかに受容されることになった「永仁徳政令」は、他の徳政とはまったく比較にならないほどの効果を発揮することになり、後には一般の人々にいたるまで幅広く受容されることになった。また、後の室町幕府においても徳政令はたびたび発布されることになったが、その際にも、「永仁徳政令」が売却所領の無償取り戻しの可否を判断するための有力な根拠や先例として位置づけられるとともに、所領の帰属をめぐるトラブルを処理するための有効な規準としてその効力を発揮した。

中世の社会においてはこのように、徳政という言葉によって「売却所領の無償取り戻し」という法理の存在がよりいっそう強調されることとなり、このことは同時に、人々の所有・売買・貸借等に関する法観念にも大きな影響を及ぼしていったのである。

【参考文献】

海津一朗『中世の変革と徳政――神領興行法の研究――』(吉川弘文館、一九九四年)
筧雅博『日本の歴史10　蒙古襲来と徳政令』(講談社学術文庫、二〇〇九年)
京都府立総合資料館編『再開館記念　第一七回東寺百合文書展　東寺百合文書からみた日本の中世』(編集担当　池田好信・武田修、二〇〇一年)
安田元久編『古文書の語る日本史3　鎌倉』(筑摩書房、一九九〇年)

第19講　中世における売券

中世社会において財産の授受に関する重要な法律行為であった売買にはどのような形態がみられ、その中ではどのような文書が作成されていたのであろうか。本講では、とくに契約文書（譲状・売券・借用状・相博状・避状・契状などの証文類）の中から売券を取り上げることにより考えてみたい。

1　中世における売券

古代における売券の特徴は売買両当事者が在地有力者とともに連署名していることにあり、売買行為に関しては第三者的な存在としての保証人集団がこれを周囲から支える社会構造が存在した。中世に移行すると、売買に関する文書の形態に新たな変化がみられるようになった。すなわち、移動物件の所有者である売主自らが作成し、その宛所である買主に直接渡す文書としての売券が登場する。売券は当事者双方の契約交渉が行われる中で合意のもとに作成されるのが一般的なあり方であるが、売買行為自体の合法性とその法的効果の永続的保証は引き続き要請されていた。このために、第三者の証人が券文作成時に同席し署判を加えることもある一方で、「売渡申事、在地明白也」という売券にみえる常套文言も売買の公正性が音声で告知されていたことを示している。中世の売券はこのように古代の売券にみられる相互承認を行う形式を受け継いでいることがわかる。

そこで、鎌倉時代前期にみられる売券の一つを次に掲げることにしよう。

史料1

（異筆）「田地直米如数請取畢、請使藤井貞安（略押）」
謹辞　申売買田地新券文事
　合水田壱段者
　四至 限東際目 限南畔 限西畔 限北畔
　在大和国城下郡東郷十五条二里十五坪之内西畔本
右、件田地元者、在原広綱相伝所領也、而今依要用有、限直米拾壱斛、於内舎人藤原親清永年常地売渡事既畢、仍為後代証験、注売買両人署名、相副本公験、放新券文之状如件、
　建久三年十二月廿一日　　売人内舎人在原（花押）
　　　　　　　　　　　　　買人内舎人藤原

鎌倉時代の売券は一般的に売主が単独で署名し花押を据えているものが多いが、なかには右の史料のように売主買主の双方が署名し、売主がひとり花押を据えているものも見出される。右の売券は、売主である在原広綱が買主である藤原親清に対して相伝所領を直米十一石で永代売却した際に、所領の「由緒」（正当性）を記した「本公券」（本公験）とともに買主に与えたものである。そしてこの売買では直米を受け取る請使（買主との関係は不明である）が存在し、受取りを済ませたことが文

書袖に追筆されている。この形態の売券がどの程度用いられていたのかは不明であるが、売券はそもそも買主に渡される券文であるから、買主は自らが所持することになる券文に署名を行うことは必要とされず、何らかの条件が求められる際にこの形式のものが作成されていたことが考えられる。

他方では、鎌倉時代後期以降の状況として、売券には買主の思惑が反映されていく傾向がみられる。例えば、売主が買主に対して売渡後の保証を売主自らが行うことを約束する際に書き記す担保文言が広く見出される。「万一天下一同御徳政有りといへとも、この地においては違乱あるまじく候」などの徳政忌避文言、売買契約の内容に違背した者を「罪科に処す」とした罪科文言、あるいは債務者の違背に対して本銭を二倍にして弁済させるとした違乱忌避文言などがある。十四世紀以降においては、違背者を在地の裁判に付すとした公方罪科文言が記されることが多くなっていった。

2 売券にみられる代表的な文言

中世における売券には、多種多様な約束事項が担保文言として記されることが慣行となっていた。これは当時、次第にさまざまな形態による商取引が活発化していくなかで、取引の安全を図るための法的な工夫が要請されるようになったからである。そこで、この担保文言とはどのような内容のものなのか、また、それにはどのような目的を果たすことが期待されていたのかという関心のもとで、担保文言として理解されているものの中でも代表的な二つのタイプについて紹介しよう。

追奪担保文言

中田薫によれば、追奪担保とは「買主が買い受けたる物又は権利を他日第三者が追奪し若は追奪するの虞ある場合に於て、売主が負うべき責任をさすもの」であるという。ここにいう追奪とは一般的に「いったん他人の権利に属したものを自己の権利を主張して回復すること」（『日本国語大辞典』）ことを意味する。今日の法律学上の理解では、例えば「他人の権利の売買における売主の義務」に関して民法第五六〇条が「他人の権利を売買の目的としたときは、売主は、その権利を取得して買主に移転する義務を負う」と規定する一方、「他人の権利の売買における売主の担保責任」に関して同第五六一条が「前条の場合において、売主がその売却した権利を取得して買主に移転することができないときは、買主は、契約の解除をすることができる」と規定するなど、瑕疵担保責任あるいは追奪担保責任の問題として扱われている。したがって追奪担保文言とは、売買を主とする有償契約の成立後に売買の目的物に対して売主あるいは第三者による何らかの妨害行為が生じた場合を想定して、売主が買主に対して負うべき責任・補償に関する具体的な事柄をあらかじめ決定しておく際に記された文言であるといえる。

追奪担保文言をもつ売券は平安時代中期以降にみられるようになるが、鎌倉時代に入るとその数が激増していった。その理由として考えられるのは、売買の件数が増加するのに伴って複雑化を増すことになった所有の権限をめぐる紛争が多発するようになったという社会的状況である。

さて、売券の保証内容に反する事態が生じた場合の対応を記した追奪担保文言には、大別して二つのタイプがある。売主が代価を返還することを約するものと、他からの妨害に対して売主が買主とともに、あるいは売主が単独で訴訟によって事態の解決を図ることを約するものである。さらにはまた、この二つのタイプが約する内容が併記されている場合もあった。

鎌倉時代における追奪担保文言付売券にみられる特徴として、生じた損害に対して売主が何らかの方法により賠償することを約した弁償文言を記すものが多くなった点を挙げることができる。次に掲げる売券をみると、保証内容に反して違乱などによる妨害が生じた場合には、売主が買主に対して売買代価の倍額に相当する損害賠償を支払うことを約するとした文言（傍線部分）が記される。

史料 2

沽却　私領田地事

　合弐段者

　　在山城国宇治北郡山科郷内

　　庄御油田 限東山際 限西八幡田 限南類地 限北堤

右、件田者、藤原重家之重代相伝之私領□（也カ）、雖然依有要用、直銭拾弐貫文限永代、沙弥行恵仁所沽却、在地明白也、更不可有他妨、而於本券文者、依有類地、立新券文、若於向後、彼田違乱出来之時者、本直物壱倍仁天可令糺返者也、其時更不可有子細状、沽却如件、

　建保三年六月十五日　　　　藤原重家（花押）

「本直物壱倍にて」とあるのは「元本に一倍の利を加えて」ということであり、買主が支払った代価と同額の利子を加えて弁償することを意味した。鎌倉時代には売買の代価と等価の返還を約しているものと、この売券のように違約の代償として本銭の一倍増し、すなわち二倍の支払いを要求するものとして一倍弁償を約する場合が少なくない。あるいはまた、弁償の約定に違約した場合に

は罪科に処せられるとしたうえで、この対応に異議申立てを行わない旨を付記している場合もある。なお、弁償文言を記した売券の中には、加えて人身を引き渡すことにより賠償を行うことを約しているものもある。次に掲げる文書はその一例である。

史料 3

（端裏書）
「やくいのちのけん」
しりやう□（のカ）田地事
合一所大
右、件地は、はりの小路むろまち、むろまちよ□（リカ）はひかし、はりのこおち□（よカ）りは南、つしおとるつしのおく北南七丈五尺、東西十三丈五尺、此ハ円海房かし領也、しかるに、要用依在、永代おかきて、七貫五百文ニ□いのいんさう（マヽ）二郎殿ニ、うりわたす事実也、本けん一手継共相そえて、うりたてまつる事実也、円海か領なるを、他人いかなるい乱わつらいを申いてきて候ハヽ《候ハん》時ハ、本銭お一はいおもて、わきまへまいらせ候へし、もしこれに子細お申候ハん、二人の子共被取まいらせ候へし、又家門せい家ニよても、さたおいたし候まし、依うりふミの状如件、

弘安二年九月十日

うりぬし円海房（花押）
相共女房（略押）
并ちやくし太郎（花押）

この売券には、当該所領に違乱が生じたならば一倍の弁償を約すとしたうえで、それでも不都合が生じる場合には子供二人を引き渡すことが記されている（傍線部分）。差し出される子供は、買主

が自由に支配することができる下人となるのであり、それは同時に譲与の対象ともなり得た半人半物的な身分に落とされることをも意味していた。

その一方で、本文には手継を揃えて買主に売却することが明記されていることにも注目しておこう。手継（手継券文・手継証文などとも呼ばれる）とは、対象所領が売買行為などによって移転するたびごとに新たに作成されることになった売券などが、その都度貼り接がれることにより一連の権利関係文書群として成立した一通の文書のことをいう。所領の売買が行われる際には、譲状や売券などの所領に関する権限の存在を証明する一切の関係文書が売主から買主に対して売券とともに引き渡されるのが原則とされていたからである。したがってこの売券においても、当該所領に関する権限を証明する文書の集合体ともいうべき手継を売主が買主に譲り渡すことを約束しているのである。

徳政文言　中世にみられる担保文言の中で最も注目すべきものは徳政担保文言であるといえよう。永仁五年（一二九七）には鎌倉幕府が徳政令を発したことにより、御家人はすでに売却していた自己の所領を無償で取り戻すことが可能になった。この法理が出現したことにより、将来あらためて徳政令が出されたならば、いったん買い取ったはずの所領であってもこれを売主に返還しなければならないという新たなリスクを、買主の側は背負わされることになった。そこで、このような形で一方的に不利益を蒙《こうむ》ることになる買主を保護するために、売主は徳政令によって自らが受益することになる事柄の一切を放棄するという文言をあらかじめ売券の中に記載しておくという慣習が生まれることになった。

次にみる史料は、永仁五年の徳政令が発布された直後に作成された売券の一つであり、徳政担保文言が記載されているものである。

史料 4

（端裏書）「南堂院二段文書」
沽却　私領田事
　　合弐段者、南堂院領、
　　　於所当分源（マヽ）者、見于本券文ニ、
　　在山城国紀伊郡幢里卅三坪内北縄本二反次、
右、件田者、兵衛尉久継相伝私領也、而依有要用、限直銭拾玖貫文、相副次第証文、永代所奉売渡智願御房実也、向後更不可有他妨、若不慮違乱出来之時者、本主并請人相共、可致明沙汰也、尚以不事行者、不日本直銭於可令糺返者也、若及遅々懈怠者、雖預苛法之責、更付公私惣別、不可申異議子細、兼又近日関東御徳政御式目風情之子細等、任於事左右、申出違乱候者、可被処盗犯罪科者也、仍為後日亀鏡、売券之状如件、
　　永仁五年十一月十一日
　　　　　　　　売主兵衛尉久継（花押）
　　　　　　　　沙彌行蓮（花押）
　　　　　　　　請人れんしやう（花押）

傍線部分をみると、発布されたばかりの関東御徳政（永仁徳政令）を売主が持ち出してきて、売買契約の内容を反故にしようとするなどの違乱を企てる事態が生じた場合には、売主は盗犯の罪科に処せられるとする約諾の内容が記されている。買主はこのように、契約の内容が遵守されない場合には違反者が処罰され得るという内容の文言をあらかじめ約定のなかに入れておくことにより、

写真1　史料**4**（「手継文書」）　↓紙継目部分

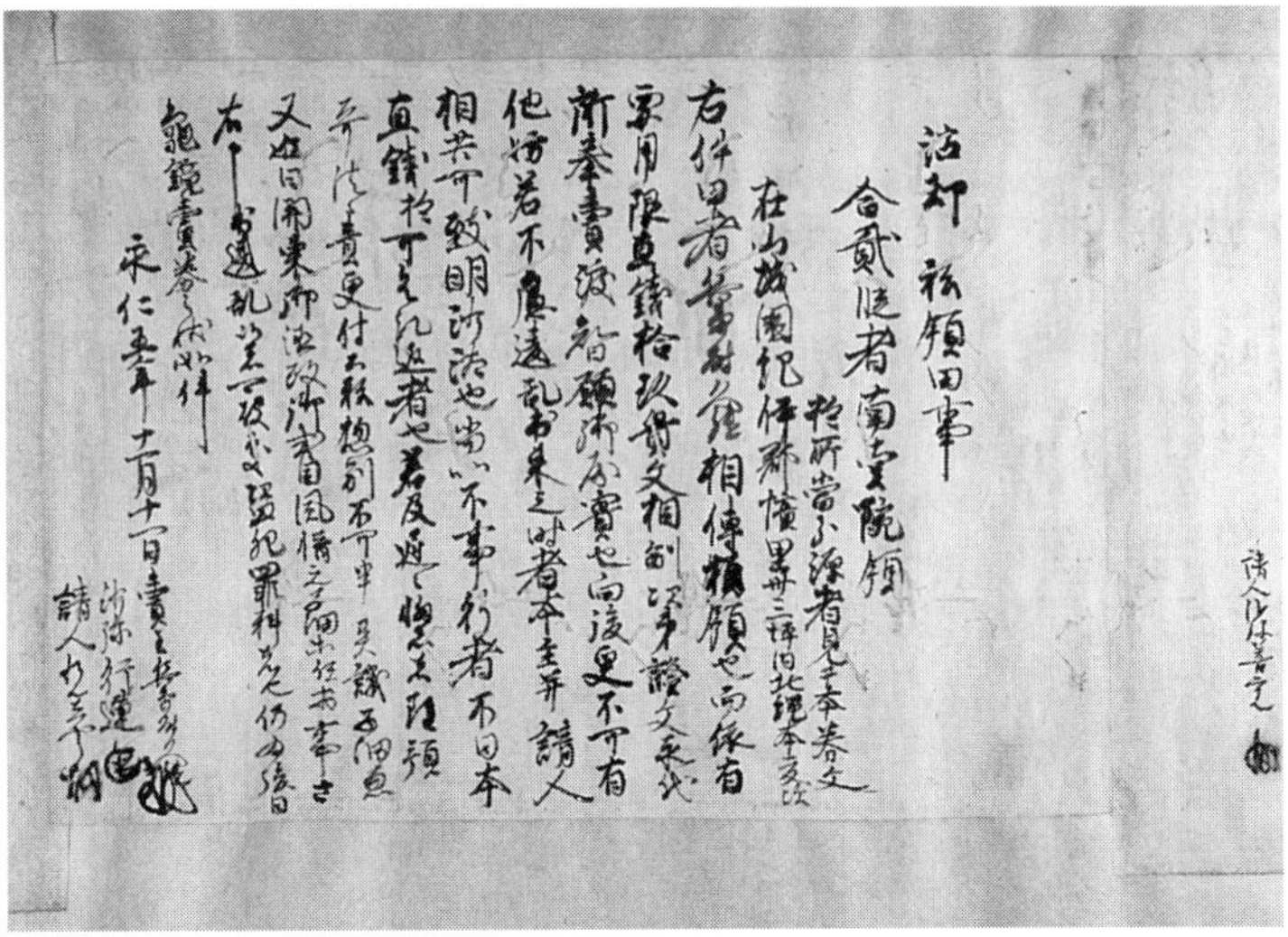

売主が徳政令を盾に所領の無償取り戻しを働くことを未然に防ごうとしたのである。売券は売主によって作成される文書ではあるものの、それは将来に不安を感じることなく売買契約が履行されることを期待する買主の側の要求にも応え得る内容が記されたものであった。

3　もう一つの売買のあり方

今日伝えられる売券の多くは大寺院や中世後期の領主層が買得者として土地の集積を行うなかで残されたものである。この意味において売券には、中世における土地売買のあり方を解明するための重要な素材として多くの関心が寄せられてきている。その一方で、買券は売買が行われる際に作成された文書でありながらも残存するものが少なく、その存在が必ずしも明らかにされていなかった。近時の研究によれば、売券が売主から買主に渡されるのと同時に、買主や貸主からも売主に対して買券などの契約文書が発せられるという、売買の当事者間で行われた文書の授受の一端が明らかになっている。買券が当時、どの程度一般的な文書として認識されていたのかという問題はさておくとして、買券を新たな素材とすることにより、もう一つの売買の実態を少しく観察してみることにしよう。次に引用する文書は、売主が買主に渡した本券（手継証文）と引き換えに、買主が売主に渡した買券であり、比較的早い時期に買券が作成されていたことを示すものとして注目される。

史料 5

沽却　西松尾田畠事
　合陸段者
大和国添下郡山田之内　四至在本券
　字川副弐段　臥礼壱段　村岡弐段　小迫南上壱段
右、件田地元者、僧長允之先祖相伝所領也、而今依有要用、限直米拾弐斛本斗定相副本券等、定慶院売進畢、但長允於親父処分帳者、依有残地不能副進、仍毀本券面畢、随雖令本券進、残所田畠者、本領主長允之許留置処也、此上請文取持置畢、仍為後代証文、放新券文之状如件、
　建仁三年十月五日　　買人僧（花押）

これによれば、建仁三年（一二〇三）に売主の僧長允は買主の定慶院僧に対して、売却対象の所

領に関する過去の文書類のすべて（本券）を副えて当該所領を売却したことがわかる。しかし、一定の田畠（類地）がその対象から外され本領主長允の許に留め置かれることになったために、当該田畠の権利関係を記した「親父処分帳」は売主の許に残されることになった。そこで、本券の「裏を毀《こぼ》つ」ことにより、売却対象外の所領が記載事項から抹消される一方、買主は売主の求めに応じて一連の経緯を記したこの請文を取り持つことになったのである。

これまでの一般的な理解では、売主の許には売却対象所領の権利証文が残らないために売主が当該売券の案文を作成し所持していたとされているが、近時では、売券の案文に買主のみが花押を据える場合、あるいは買券という形式で買主が新たに券文を作成し売主に与えている事例が指摘されている。右史料の本文の中で請文と記されている文書こそが、当該所領を購入したとする趣旨で買主の定慶院側が作成したこの買券そのものを意味するのであり、これが売主（本主）の証文とされるにいたったことが推測されるのである。

【参考文献】

勝俣鎮夫『中世社会の基層をさぐる』（山川出版社、二〇一一年）
小早川欣吾『叢書・歴史学研究　日本担保法史序説』（法政大学出版局、一九七九年）
瀧澤武雄『売券の古文書学的研究』（東京堂出版、二〇〇六年）
寶月圭吾『中世日本の売券と徳政』（吉川弘文館、一九九九年）
村石正行『中世の契約社会と文書』（思文閣出版、二〇一三年）

第20講　相対済令と内済

1　はじめに

第11講で述べた通り、個人間での紛争は本来当事者間で解決すべきであるというのが、民事訴訟をめぐる江戸幕府の基本的な姿勢であった。そのため公事訴訟全般について、その解決を役所の発する判決（裁許《さいきょ》）によるのではなく、当事者の対話と互譲、すなわち内済《ないさい》によることを理想としていた。また、一部の紛争については、江戸時代を通じてしばしば発せられた相対済令《あいたいすましれい》によって、そうした解決方法が強制されたのである。

本講では、こうした当事者間での紛争解決システムを概観するとともに、それらに対する評価や近代への影響についても述べることとしたい。

2　相対済令とはなにか

相対済令の対象　ここで問題とする相対済令は、ほとんどが金公事を対象としたものであった。寛文元年（一六六一）に幕府が初めて発した相対済令（**史料1**）は、江戸町中の商人達の売掛をめぐる紛争についての訴えを今後は受理しないが、問屋からの売掛に関する訴えはこの限りではないとするものであった。

史料 1

> 一　町中諸商人売買物売懸仕、出入有之、訴訟ニ罷出候共、自今以後ハ、幷申付間敷候間、此旨相守可申候、但諸問屋方より売懸申儀は格別之事ニ候間、相滞候ハヽ、可申出候事、

相対済令はこれ以来、内容を変えながら一〇回以上発せられた。なかでももっとも有名な相対済令は享保四年（一七一九）十一月のもので、それまでの相対済令が、すべて過去の一定時期の債権について訴えを受理しない趣旨であったのとは異なり、三奉行ともに、今までの分も、これからの分も、借金銀・売掛買掛に関する訴えを認めないこと（訴権の停止）を宣言したもの（**史料2**）であった。

史料 2

> 覚
>
> 一　近年金銀出入段々多成、評定所寄合之節も此儀を専取扱、公事訴訟ハ末に罷成、評定之

本旨を失候、借金銀買懸り等之儀ハ、人々相対之上之事ニ候得は、自今は三奉行所ニて済口之取扱致間敷候、併欲心を以事を巧候出入ハ、不届を糺明いたし、御仕置可申付候事
但、不届と有之候ハヽ、身躰かきり申付候類之儀候事
一　只今迄奉行所ニて取上、日切に申付、段々済寄候金銀出入も、向後罷出間敷由可申付候事

ところが、享保十四年（一七二九）十二月になると、右の享保四年令は廃止されて、同年正月以降の借金銀売掛などの訴は受理することとなった。

延享三年（一七四六）の相対済令では、代表的な一四種の金公事債権が定められ、これが御定書第三三条に採用された。すなわち借金銀・祠堂金・官金・書入金・立替金・先納金・職人手間賃金・手附金・持参金・売懸金・仕入金・諸道具預ケ証文ニ而金子借り候類・諸物売渡証文ニ而金子借り候類・御家人又ハ御用達町人等、拝領屋敷地代店賃を書入、金子借り候類という借金銀に関する一四ケ条である。

その後、寛政九年（一七九七）九月、金銀出入の増加を理由として、再び相対済令が発せられた。

史料 3

一　金銀借貸之儀は、年古キ儀ニても、相互ニ実意を以之応対ニ候得は、容易ニ出訴裁許請ニも不及事ニて候処、返済方も不実意より、多くは猥ニ出訴ニおよひ、風俗不宜候、此度裁許之限り相改候ても、只今迄之借金銀棄捐ニ可致抔心得候は、尤不埒之次第ニて候、又欲心を以事を企、出入ニおよひ、或は全く利徳ニ而已拘り、不埒成出訴之類は、吟味之上、

夫々急度咎可申付事

最後に、天保十四年（一八四三）十二月のもので、同月十三日分までの借金銀・買掛り、諸職人作料手間賃などに関する出入りを受理しない旨が命じられた。

相対済令の効果

以上のように、相対済令は多くの場合、発令以前の金公事を対象として、その訴訟の不受理を宣言したものである。しかし同令は、債権の存在自体を否定したものではない。**史料2**や**史料3**では、自分の利欲から事を巧んで借金を返さないような者があった場合には、糺明のうえで処罰するという方針が記されている。享保五年（一七二〇）二月の法令においても、

史料4

一　借金銀并買掛金等之済口之儀、自今は奉行所にて不申付筈に候、事を巧候て或返弁を滞らせ、或掛り金を払さるもの有之におゐてハ可申出、不届之品を糾明可有之旨去冬相触処、心得違候ものハ、金銀出入之儀は、一同に不申出筈之様ニ心得候と相聞候、奉行所にて不取扱品は前々切金ニて、日延偏々と申付たる儀向後不申付筈ニ候、可済筋をわさと滞候か、又は借金等不相済候上、質物をも約束之切過候て、彼是申延し、いつれ共不埒明筋、惣て此等之類有之候ハヽ、早々御役所え訴出へし、急度可申付事

と定められ、幕府は金公事を受理しないが、借金を返さなくて良いという趣旨でないことがわかる。すなわち相対済令は、債権債務関係自体を消滅させるものではなく、当該債務を任意弁済の可能

な、いわゆる自然債務とする旨の法令であったといえる。

これに対して、いわゆる棄捐令は、相対済令とは異なって、貧窮に苦しんでいた武士の非常救済手段として、債権自体の消滅（捨り）などを企図した法令であった。幕府法では、寛政元年（一七八九）九月に初めて確認される。（史料5）

史料 5

大目付え

此度御蔵米取御旗本御家人勝手向御救之ため、蔵宿借金仕法御改正被　仰出候事

一　御旗本御家人蔵宿共より借入金利足之儀は、向後金壱両ニ付銀六分宛之積り、利下ケ申渡候間、借り方之儀ハ、是迄之通蔵宿と可致相対事（中略）

一　旧来之借金ハ勿論、六ケ年以前辰年まてニ借請候金子は、古借新借之無差別、棄捐之積り可相心得事（中略）

右［九］ケ条之趣、向後堅く相守、御旗本、御家人とも可成丈借金高不相増様心掛可申候、前条之通借金棄捐利下ケ等被　仰出候上、一統猶更厚く相慎、倹約等別て心掛可申候、右体之　御仁慈をも不相弁、不正之事聊ニても於有之は、急度御咎可被　仰付候、勿論是迄之借金棄捐并済方等之儀ニ付、異論ケ間敷儀無之様、明白可致対談もの也

九月

右之趣、万石以下之面々え可被相触候

すなわち寛政元年の棄捐令は、札差から旗本および御家人への貸附金について、今後の利率を下げるとともに、天明四年（一七八四）以前の貸附金を古借新借の区別なく棄捐すべき旨を定めたも

のであった。
棄捐令はこののち、天保十三年（一八四二）八月と翌十四年五月にも発せられている。前者は、旗本および御家人の一定の条件を満たす借入金について、貸借から二十五箇年の経過後に棄捐となることを定めている。また後者は、大名および旗本の特定の貸附金について、半額のみ棄捐するという内容であった。

3　相対済令導入の理由

訴訟抑制という目的

相対済令の制定理由について第一に挙げられるのは、訴訟件数の抑制という裁判実務上の必要である。

第11講でも述べた通り、そもそも本公事と金公事との区別は、借金銀に関わる訴訟件数の多いことを幕府が問題視したことに端を発する。**史料3**でも、双方が実意を尽くさぬうちに濫訴に及ぶことが、相対済令を発する背景として挙げられている。

それでは、当時の訴訟件数は具体的にいかほどであったのか。例えば、町奉行所に提起された訴訟件数は、享保三年（一七一八）で約四万八千件、翌四年も三万四千件に及んでいた。そしてその多くを占めるのが金公事であり、その数は享保三年に三万三千件、同四年二万四千件と、七割ちかくを占めていたのである。

町奉行所は、江戸の町政全般を担う役所であるから、訴訟にばかり時間や人員を割くことはできない。そもそも町奉行所の人的資源は、南北併せても与力五十騎、同心二百人しかおらず、また裁判に携わるのはそのうちの一部であったから、上にみたような訴訟件数は、すでに奉行所の受訴能力を超過していたと考えられる。そこで、出入筋の多くを占める金公事を受理しないことで、奉行所の負担軽減、その他の行政への注力を図ったと考えられるのである。

ところで、以上のような実際上の必要に基づくとしても、金公事債権について保護を弱めるには、正当な根拠が求められるはずである。史料2の表現を用いるならば、金公事を「公事之本旨」でないとする根拠はどこに求められたのであろうか。

金公事に対する意識

この点について先行研究では、金公事債権の利息付および無担保という基本的性格に着目して説明がなされてきた。

まず利息付という点については、その反道徳性・反封建性が注目される。当時の人々は利息を取るという行為を、債権者の営利的行為であると理解していた。つまり、貸していなければ増えるはずのなかった金銭が、貸し出されたことによって債権者に利益をもたらすと考えていたのである。金融商品という概念に乏しい当時にあってそのような営利的活動は、物理的な生産を伴わない卑しい行為であるとされていた。それゆえそのような債権は、当事者同士での解決を基本とする出入物のなかでも、とくに保護の必要性の薄いものであると意識されたのである。

つぎに無担保という点については、債権債務者相互の信頼関係が注目される。第11講でも述べたように、無担保での金銭貸借は、利息付のそれに比べて当事者間での信頼関係を必要とする。そのため、たとえ債権が回収できなくとも、それは債権者の不明によるものであって、幕府裁判所の手を煩わせるべきではないと考えられたのである。

金公事軽視に関する先行研究を総括した大平祐一は、我妻栄『近代法における債権の優越的地位』（有斐閣、一九五三年）の指摘をも踏まえつつ、次のように分析している。すなわち、資本主義経済の基礎となる「金銭債権の進出」を可能ならしめた法制度の一つが「担保制度」であり、担保を伴った債権を厚く保護していた近世法は、その限りにおいて金銭債権の進出を促す可能性を秘めていた。ところが、収利的金銭債権を軽視・蔑視する近世の思想と、そうした債権をめぐる争いを当事者間の「相対」に委ねる法制度が、その可能性を大きく制約した。日本における金銭債権の進出には、こうした近世的な債権に対する意識が打破され、資本主義的自由主義的経済が展開する段階を俟たねばならなかったのである。

4　出入筋の手続と内済

訴状提出前の内済

出入筋の手続は、役所に訴状を提出する以前に、町村役人を介した手続が必要とされており、内済もまたこの段階から試みられた。例えば江戸の町人が訴えを起こす場合、まずその家主や五人組に訴の内容を述べ、彼らの承諾を得る必要があった。訴の内容は家主を通じて相手（被告）の家主にも伝えられ、双方で家主や五人組による内済が試みられる。これが不調に終わると、訴人の家主は名主にその旨を伝える。名主は訴人とその家主を呼び出して内済を勧めるが、聞き入れられない場合は相手側の名主にその旨を通達する。相手側でも名主による内済が試みられ、これも不調に終わると訴人側の名主にその旨が伝えられる。以上の段階を踏むと、訴人側の名主が訴状に押印し、訴状は奉行所に提出できるようになるのである。

訴状提出後の内済

第11講において述べた通り、出入筋においては、訴状に裁判役所が裏書を記した「目安裏書」が、訴人の手によって直接相手に届けられる。金公事の場合はこの目安裏書に、内済を勧奨する旨の文言が記載されていた。これを受けて、出廷日までの間に内済が成立すれば、訴訟を取り下げること（願下）も可能だったのである。

奉行所における審理が始まったのちも、裁判役人によって内済が強く勧められた。「縫殿助在府日記」は、訴訟のため江戸に上った訴人の日記であるが、その中には裁判役人が、相手に入牢の脅しも交えながら弁済を強要する一方、訴人に対しても全額の弁済を求めれば決着まで時間がかかると諭す様子が記されている。石井良助はこうしたやり取りを、双方から譲歩を引き出して内済に持ち込もうとする役人の手法であると指摘する。

また幕末に評定所留役や奈良奉行を務めた小俣景徳も、「裁判をすると後の納まりが悪いとか、〔中略〕その方はこういうことを申すけれども、これはこういうわけであるから、これだけで勘弁しろとか、その扱いをいたすので、なるべく内済を旨といたしたのであります」「中には三年位も掛って決せぬこともありましたが、その中には、なるたけ内済にさせようと思って永く掛ったのもあったかもしれませせぬ」と述べている。

裁判の進行中に当事者間で和解の合意が成立すると、両当事者は「済口証文」を作成し、これを奉行所に提出した。

史料 6

差上申済口証文之事

何誰知行所何国何郡何村組頭誰より同州同郡何村百姓誰え相掛り預ケ米滞出入、去丑十二月中何之誰様え御訴訟申上、去ル二月二日御差日御裏御尊判頂戴相附候処、相手方よりも御差日当日罷出、夫々返答差上御吟味中、引合人をも被召出、当時御吟味中ニ御座候処、扱人立入、再応御日延奉願、掛合之上熟談内済仕候趣意左ニ奉申上候

一　右出入扱人立入篤と及掛合候処、一躰双方共懇意之間柄故、自然と勘定合等閑ニ相成居、入組有之候ニ付、扱人立会勘定取調候処、内実金何拾何両何分訴訟方え可遣勘定ニ相成候ニ付、右之内え当金何拾両相渡シ、残金之儀は訴訟方ニて不足いたし候筈、其外双方申争ひ憤之儀は扱人貰受、右出入無申分熟談内済仕、偏ニ御威光と難有仕合奉存候、然上は、右一件ニ付重て双方より御願筋毛頭無御座候、為後証連印済口証文差上候処如件、（後略）

右のように、済口証文は訴人と相手の連名で作成されるのが原則であったが、両当事者が加印しただけでは効力を生じず、奉行所の承認が必要とされた。奉行所の承認がなければ、中世の「私和与」と同じように法律上の効果を生じなかったのである。

5　特殊な内済

片済口

片済口とは、金公事出入において、訴人からの提出書面のみによって内済を認めるというものである。内済は両当事者の合意によって紛争処理を行うものであるから、済口証

文も通常は両当事者の連名で作成される。ところが、金公事出入においては、訴人のみの名義による済口が認められることもあった。**史料7**はその文例である。

史料7

差上申片済口証文之事

何州何郡何村誰奉申上候、私より何州何郡何村誰外何人相手取貸金滞出入申立、当御奉行所様へ奉出訴、当幾日御差日の御尊判頂戴相附候処、相手の内何州何郡何村誰外何人の者共、滞金高何百何十両の処、何十両は期日証文取之、猶残る金何十両に私方にて不足いたし、無申分熟談内済仕、偏に御威光と難有仕合に奉存候、且何州何郡何村誰滞金高何程は相済不申候間、此分御吟味奉願候、依之片済口証文差上申処如件、(後略)

片済口が行えるのは金公事だけであり、本公事では双方印形の済口証文によるのが原則であった。金公事は、反封建的な債権関係であると見なされていたからにほかならない。

一方で本公事の中にも、内済が強く奨励された紛争がある。例えば、土地の境界や水利をめぐる紛争(論所)については、目安裏書の作成前に熟談による内済が命じられた(場所熟談もの)。これは、紛争内容が容易に決着しがたい問題であるとともに、村落内部ないし村落どうしの合意が、紛争状態の解決にとって重要であると考えられたためであろう。

疵附と内済—刑事内済①

出入筋で可罰的事案が処理される場合には、内済が認められることもあった。とくに、傷害(疵附)や密通についてのものが知られている。

第11講でも述べたように、吟味筋において内済は原則として認められなかった。刑事裁判の本質は刑罰の執行による秩序の維持回復にあり、またその手続は幕府の職権によって進められるものであったから、当事者間に和解が成立したとしても、幕府による訴訟遂行の判断には劣後するからである。しかし実際には、一部の可罰的事案においても内済は認められていた。なぜこのような取扱いが可能であったのか。

例えば疵附については、そもそも御定書に規定される処遇が治療代の支払いであって（御定書第七一条第四一項）、刑罰というより賠償に近い性質のものであったと言える。したがって、幕府裁判所の訴訟遂行の意思よりも、当事者間による合意を優先させて差支えないと考えられたのであろう。もっとも、上記御定書条文の適用は、被害者に重度の後遺症がない場合に限られており、内済が認められるのもまた、その範囲にとどまっていた。このほか疵附の内済には、加害者と被害者との間に身分上の尊卑がないこと、および傷害行為の動機に特別の悪性がないことも要求された。

密通事件と内済——刑事内済②

つぎに密通についてみると、これが私的刑罰権を認められた犯罪であるという点に、内済を可能とすることとの関連性が見出されうる。御定書においては、密通に及んだ妻および相手の男性を、両人を本夫たる男性が殺害したとしても、無罪とされる旨が規定されている（第13講参照）。この法理は「妻敵討《めがたきうち》」と呼ばれ、夫婦という身分関係、とくに夫の妻に対する優越的地位を根拠とする、私的刑罰権の一種であった。密通についての内済は、いわば処罰しない権利の行使と捉えることができるであろう。

もっとも近世の私的刑罰権は、原則として幕府による訴訟手続以前に行使されることが必要であり、一旦吟味が始まればこれを行使することはできなかった。そのため密通についての内済では、済口証文において「密通の疑いが晴れた」旨を記し、密通の事実がなかった体裁にして、訴訟を願い下げていたのである。

ところで、夫が妻の密通を役所に訴え出た場合、役所ではまず内済すべき旨を夫に命じたという。このような手続は、江戸幕府の直轄領のみならず、私領でも広く行われていたことが知られている。このことから幕藩領主は一般に、表面上は密通仕置という建前を保持しながら、実際の取扱いでは、自己の監視の下でできる限り内済させるという方針を採っていたことが窺われる。可罰的事案であるにもかかわらず、かくも内済が推奨されたことの背景には、密通という犯罪の外聞の悪さが影響しているものと考えられる。

総じて刑事内済は、とくに被害者の処罰への意思を優先させることに相当の理由がある犯罪類型に限定して行われたものと考えてよいであろう。

6　内済に対する評価

民事事件において内済が奨励された原因としては、当時における裁判機関の未整備や、私法法制の未発達という事情があったことは確かだが、内済を偏重したことで、いわゆる公事巧みの横行や公事師の跳梁といった悪弊を招き、無知で無資力である者が不利益に甘んじる事態となり、民衆の権利意識の発達を妨げたという側面があったことも忘れてはならない。

こうした内済の否定的側面を強調したのが、ヘンダーソン（Dan Fenno Henderson）であった。彼は、その著書『調停と日本法――徳川と現代』全二巻（一九六五年）において、近世日本の調停（＝内済）を教訓的（didactic）調停に分類する。そして調停は裁判の過度の中央集権を防ぎ、農民にとってこの分権が有利に機能し、裁判の個別化を広く可能にし、衡平な結果を生んだ点で評価できるとはいえ、江戸時代の調停が反法律的であったことは疑いない、とヘンダーソンは言う。ヘンダーソンは、第一に、法律的結果でなく協定を求めたものであったこと、すなわち法律上の権利主張でなく当事者間で主観的に決定される特殊な裁判を求めたものであったこと、そして、第二に、調停の協定は判決の代用とはなったが、判例にはなり得ず、そのため商事判例法の発達が妨げられたことを重視したのである。

【参考文献】

石井良助『近世民事訴訟法史』（創文社、一九八四年）
大平祐一「近世における『金公事』債権の保護について」（大竹秀男・服藤弘司編『幕藩国家の法と支配――高柳眞三先生頌寿記念――』有斐閣、一九八四年）
同「内済と裁判」（藤田覚編『史学会シンポジウム叢書　近世法の再検討――歴史学と法史学の対話――』山川出版社、二〇〇五年）
同『近世日本の訴訟と法』（創文社、二〇一三年）
陶山宗幸「江戸幕府の刑事内済――傷害罪の検討を中心として――」（『法制史研究』第四一号、創文社、一九九一年）

第21講　田畑永代売買の禁止から解禁へ

1　近世の田畑所持

豊臣秀吉による太閤検地《たいこうけんち》は、農地について、その現実の耕作者を名請人《なうけにん》として検地帳に登録し、貢租《こうそ》を負担させたが、江戸幕府もこの政策を引き継いで、農地を検地帳に登録して高請地《たかうけち》とし、その名請人を貢租負担者、すなわち「本百姓」とすることで、高請地に対する農民の私法的支配を「所持《しょじ》」権として保障した。しかし、他方では、貨幣経済に巻き込まれずに百姓の経営を安定させ、年貢や諸役の徴収を確実にするため（田畑の売却によって貧弱な百姓がますます困窮して担税力が減少することを防ぐほか、田畑の集中による地主勢力の勃興《ぼっこう》や社会不安の発生を懸念したためでもあったと解されている）、所持に種々の制限を加えた。そのうち最も重要な制限として、私たちは、中・高等学校の社会科あるいは日本史の教科書で、寛永二十年（一六四三）以来、江戸幕府が、田畑の永代売買《えいだいばいばい》を禁止していた旨を教わってきた。幕末までこの禁令は維持され、明治五年二月（一八七二年三月）の太政官布告によって、ようやく土地永代売買が解禁され、田畑が近代資本主義的な商品交換法体系の中に組み込まれるようになったというわけである。

2　田畑永代売買の禁止

幕府の法令

江戸幕府は、確かに、寛永二十年（一六四三）三月、幕府直轄領たる御料（天領）を対象に、百姓所持の田畑の永代売買を禁止し、その違反者に対する罰則（「田畑永代賣仕置」）を定めた。

史料 1

一　売主牢舎之上追放、本人死候時は子同罪。
一　買主過怠牢、本人死候時は子同罪。
　　但、買候田畑ハ売主之御代官又ハ地頭え取上之。
一　証人過怠牢、本人死候時ハ子ニ搆なし。
一　質に取候者は作取りニして、質に置候者より年貢役相勤候得は、永代売同前之御仕置。
　　但、頼納買といふ。
右之通、田畑永代売買御停止之旨、被　仰出候。

売主に対しては牢舎《ろうしゃ》のうえ追放、買主と証人に対しては過怠牢《かたいろう》に処するなどの処罰を定め、形式的には質であっても実質的に売買と見做《みな》される「頼納《たのみおさめ》」も禁止したのである。

右と同様の禁令は、五代将軍綱吉の貞享四年（一六八七）にも出されたが、さらに、八代将軍吉宗による延享元年（一七四四）の御定書にも盛り込まれた。

史料 2

> 一　田畑永代に売候当人過料、加判之名主役儀取上、証人叱、同買候もの、永代買候田畑取上
> 一　高位［請］無之開発新田畑抔、其外浪人武家所持之田畑無構、質ニ取候者、作取にして、質置主年貢諸役勤候分、質置主過料、質取候者地面取上過料、加判之名主役儀取上、証人叱

とはいえ、御定書の規定を前掲の寛永二十年禁令と比較すると、対象が百姓所持の高請地に限定され、また刑罰についても、売主は過料、買主は当該田畑の没収、加判の名主は役儀《やくぎ》取上《とりあげ》、証人は叱《しか》りと、大きく緩和されていることがわかる。

禁令の実態

田畑永代売買の禁令は、明らかに経済上の需要に反するものであったから、御定書のように処罰を緩和しただけでは、根本的な解決にならず、禁令の実効性を事実上否定する事態が進行していた。そもそも、①いくつかの藩（常陸の水戸藩、日向の延岡藩の例が良く知られている）では、田畑の永代売買は認められていたし、また、②幕府が禁止したのは田畑であって、町屋敷は沽券地《こけんち》として永代売買が許されていた。③田畑についても、「永代」売買は禁止されていたものの、「期限付」売買は認められていたのであり、「期限付」売買は、買戻約款付の売買のことで、借金を返済期日内に返済できなかった場合には、担保とされていた田畑は質流れとなったから、実際には、売買と同じ効果（所持権の移転）が齎《もたら》されていたのである。

大岡越前守忠相らの提言

このように、田畑永代売買の禁令は形骸化《けいがいか》していたから――とりわけ元禄期以降、貨幣経済の農村部への侵潤《しんじゅん》が加速した――、幕府内においても、享保年間には、

荻生徂徠《おぎゅうそらい》『政談』や田中丘隅《たなかきゅうぐ》『民間省要』らが公然と禁令を批判し、延享元年（一七四四）六月には大岡越前守、島長門守および水野対馬守が、吉宗に対して、御定書における禁令の撤廃を伺い出るまでにいたった。

史料 3

田畑永代売之儀者、寛永二十未年被仰出候ニ付、只今迄右之通御仕置仕来候得共、御下知之通田畑ニ離れ申度もの者無之、無拠売買をも仕来候儀と奉存候、其上質地ニ入候程之もの者請戻候・(御附紙)手当も無之、流地ニ罷成候類、数多有之候得者、名目替候迄ニ而、即永代売ニ罷成候間、此度右御仕置者相止候而も可然哉ニ奉存候付、奉伺候

大岡らの主張は、要するに、吉宗が言うように、田畑を離れたいと思っている者はおらず、やむなく売買に及ぶのであり、また質地に入れて請け戻せずに流地になる者も多く、事実上、永代売買になっているのだから、この際、思いきって、御定書では、永代売買の禁令を廃止してはどうかというのである。しかし、この伺いに対して、吉宗は、

史料 4

此儀者、売買御免に成候而ハ、不身上之百姓、当分徳様ニ目を付、猥ニ田畑売放候様ニ可相成哉、其上此度之御定ニ成候得者、売主咎メも軽ク成、且又是非差詰り候者、今迄之通質地ニ差入候得者、差支も無之候間、先今迄之通ニ可差置事

と述べて、もっぱら永代売買の解禁が農民心理に及ぼす影響を顧慮して、刑罰を緩和するにとどめて廃止しないよう命じたのである。

3　山城国乙訓郡長岡の田畑売買証文

諸藩では、田畑の永代売買禁止について、幕府に倣《なら》った例が多かったが、その一方で禁止しなかった藩も存在したことは先に触れた。ここでは、京都の西郊、山城《やましろ》国乙訓《おとくに》郡長岡地域（とくに長法寺《ちょうほうじ》村）の例を紹介することにしたい。

長法寺村の領有関係

近世の長岡では、幕府領や宮家・公家・寺社領などによる領有が入り組んでいた（相給《あいきゅう》）ことが知られているが、長法寺村の場合、村高は二二〇石余り、江戸初期には、その内、一二九石余りが中和門院《ちゅうかもんいん》料、三〇石余りが北面《ほくめん》領、六〇石余りが宮内卿局《くないきょうのつぼね》領であった。中和門院は、近衛前久《さきふさ》の娘前子《さきこ》のことで、天正十四年（一五八六）に秀吉の猶子《ゆうし》となり、後陽成天皇の女御《にょうご》として後水尾天皇を産んだ。元和六年（一六二〇）に中和門院の院号を賜っている。寛永七年（一六三〇）に死去したため、同料は上知となり、その後、二度にわたって細分されて、三つの局領となった。局とは、天皇に仕える女官で、典侍《すけ》と内侍《ないし》（あるいは掌侍）の別があり、局在任の間、五〇～二〇〇石の領知が複数の村に分け与えられたが、役を退くと上知となり、蔵入地（京都代官支配）となるのが通例であった。北面は、仙洞御所に勤仕した地下官人《じげかんじん》で、上北面《しょうきためん》一〇軒と下北面《かほくめん》一五軒があったが、長法寺村に領知が与えられたのは、下北面の内、速水左京亮ら旧家の一三軒（当初は九軒）であった。なお、宮内卿局領は、寛文八年（一六六八）に、下鴨神社の社家である梨木家に与えられている。以上のように、長法寺村は、十七世紀後半に、三つの局領・北面領・梨木家領の相給となり、

写真1　田畑永代売渡証文

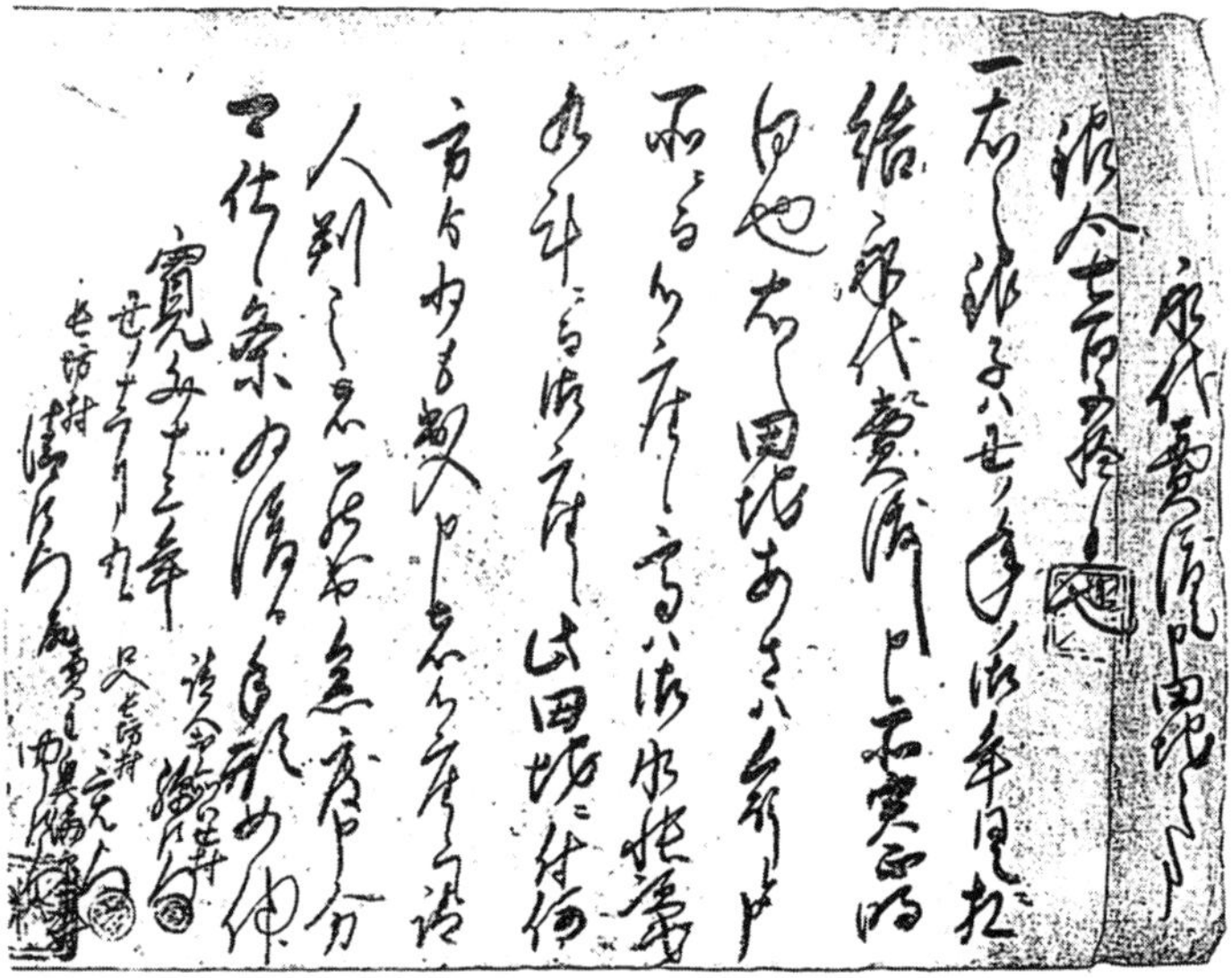

以後幕末まで、同様の領有関係が続くことになる。

田畑の永代売買

さて、まずは、長法寺村における田地永代売買の証文を紹介しよう。

史料 5

永代売渡シ申田地之事
合金子百八十七匁五分也
右の田地御年貢六斗ニ相つ
まり申候故永代其方へ売渡
シ申所実正名白也右之田地
ニ付何方よりも違乱有間敷
候若於之有者売主請人罷出
急度相済シ可申其方へ者少
も御六ケ敷事掛申間敷候仍
而為後日売状如件
明暦弐〔一六五六〕年
申ノ極月廿四日
売主
十　蔵　書判

仁右衛門書判
請人
源十郎　書判
同
山三郎　書判

清左衛門殿へ

幕府の禁令は、寛永二十年三月に発せられていたのだが、それにもかかわらず、長法寺村では田畑の永代売買が公然と行われていたことがわかる。

田畑の年季売（期限付売買）

幕府が合法的な売買として、年季ないし年季売（関東）あるいは本物返《ほんもつがえ》しといった買戻し特約が付いた売買（売買の形式の質入ともいえる）を認めていたことは、すでに述べたが、次に掲げるのは、本物返しによる田地売買の事例である。

史料 6

本物返シニ売渡シ申田地之叓
丁銀壱貫目也
一　右之銀慥ニ請取当御年貢米年々之御未進米ニ相詰り字九十歩九畝九歩高壱石三斗弐合三勺之処元銀壱貫目ニ当辰極月より午之年迄三年切売渡シ申所実正也此田地ニ付外之搆少モ無御座候若午之年暮レニ銀埒立不申候ヘ者右之田地ハながれ其方之支配ニ可被成候仍而為後日売券状如件

正徳二〔一七一二〕年
辰十二月五日

売リ主 ㊞源太郎

請人 ㊞忠右衛門

清左衛門殿

右のような年季売のほか、借金の担保として田畑を質入することも、一般的に行われていた。一定期日に（期日の定めがない「有合せ次第」受戻しの場合もあった）元利を支払えば、当該田畑が返還されることはいうまでもない。しかし、借用銀子が返済されなければ、当該田畑は質流れとなって、貸主にその所持権が「永代」に移転することになるから、この場合にも、永代売買と同様な結果が生じることになる（このような意味で、質入は、質入という形式の売買であったともいえよう）。

田畑の質入

史料 7

借用申銀子之事

合銀子弐百四十目也　但シ利息ハ弐厘利也

一　右の銀子御年貢米ニ相詰候故中畠壱反之所を質物ニ書入借用申所実正名白也右の銀子来ル極月中ニ元利共ニ急度御算用可仕候若シ少シにても無違仕候者右田地其方へ永代御作可被成候其時一言申間敷候若違乱於有之ハ此証人罷出急度埒明可申候其方へハ少も六ケ敷事掛申間敷候仍而為後日之請状如件

寛文弐〔一六六二〕年
とりノ極月廿八日

借主 市左衛門
同 吉十郎
請人 庄右衛門
同 市兵衛
同 助右衛門

浄蔵坊へ

以上のように、長法寺村では、幕府の禁令にもかかわらず公然たる田畑の永代売買が行われ、加えて、合法的な本物返し（年季売）や流質《りゅうじち》も行われていた。田畑の永代売買を禁止した幕府の法令は、まったく形骸化していたといって良い。もっとも、所持権の移転は、村落あるいは領有の範囲内にとどまっていたから、村請を基準とした貢租の確保にとって支障となるものではなかった。

4　明治期の土地所有と担保

明治時代になると、西欧的な近代的土地所有権法制が導入されて、かつての利用権と処分権の地位が逆転、期限付売買は廃止され、売買と賃貸借・担保の観念が明確に分離されるようになる。

土地所有

明治政府は、明治元年（一八六八）に百姓の土地所持権を確認したうえで、明治四年（一八七一）に作付および地種転換を制限し、翌五年（一八七二）には、地租額決定の基準である地価を定めるため、田畑永代売買の禁令を廃止し、土地所有者に対して、土地の所在・地種・面積・価格・持主などを記載した地券《ちけん》を発行して、近代的土地所有制度の確立を図った。地券は、本来的には地租収納のための制度であったが、同時に、土地の所有権を表示することにもなった。明治五年（一八七二）二月の「地所売買譲渡ニ付地券渡方規則」（大蔵省達第二五号）は、地券を「地所持主タル確証」とするとともに、売買譲渡などで持主が替わる場合には、地券の裏面に、その旨を認めて、地券書替《かきかえ》を願い出ることとし、地券の授受を土地の所有権取得の効力発生要件とした。

史料 8

一　地所売買譲渡ノ節地券相渡候ニ付テハ於府県元帳ヲ製シ地券申受ノ儀願出候節ハ別紙雛形ノ通地券本紙並控共二枚ヲ書シ押切印ノ上本紙ハ地主ヘ与ヘ控ハ右元帳ヘ綴込置可申事

一　右地券ハ地所持主タル確証ニ付大切ニ可致所持旨兼テ相論置可申候

一　初度地券相渡候以後売買譲渡シ並代替リ其外質地流込等ニテ持主相替リ候節ハ地券ノ裏ヘ雛形ノ通相認地券書替ノ儀為願出可申事

明治十三年（一八八〇）十一月の「土地売買譲渡規則」（太政官布告第五二号）になると、土地の売買譲渡にも戸長奥書割印帳による公証をうけることとなり、これによって地券は納税名義としての意義しかもたなくなった。さらに、明治二十年（一八八七）二月に登記法（法律第一号）が施行されて、明治二十二年（一八八九）頃に土地台帳が裁判所に整備されるようになると、徴税も同帳に基づくことになり、地券はその意味を失うにいたるのである（登記は、フランス法の影響を受けて、第三者に対する対抗要件とする解釈に転換されることになる）。

担　保

明治六年（一八七三）一月の「地所質入書入規則」（太政官布告第一八号）は、質入とは、金穀の借主（地主）より、返済すべき証拠として、貸主（金主）に地所と証文を渡し、貸主がその作徳米《さくとくまい》をもって貸高の利息に当てるもの、また書入とは、借主より、返済すべき証拠として、貸主に地所引当の証文のみを渡し、借主の作徳米の全部または一部を渡して利息に当てるものとした。地所の質入には地券の引渡しを要し、また質入には期間の制限はないが、書入の期間は三ヶ年以下とし、いずれの場合も、期間を証文に記載することを必要とした。同規則は、フランス法を参照して、旧来の質入・書入を近代的な担保物権に近いものへと更新したといってよい。書入は、旧来、非占有の担保手段であり、幕府法上は金公事に属し、金銭貸借と同様に扱われていたのだが、今日の抵当権に該当するものとなったのである。同規則はさらに、戸長役場に奥書割印帳《おくがきわりいんちょう》を備えさせて、すべての質入・書入を公証させることとした。戸長は契約証書を取り調べてこれに公証文言を奥書し、奥書割印帳には番号を朱書して証書の要旨を記し、割印をして両者を契合しておくのである。わが国に、本格的な不動産公証制度が初めて導入されたわけである。

旧来の占有担保としての不動産質はしだいに廃止されていくなかで（流地の場合には糶売《せりうり》［競売《けいばい》］に付された）、非占有担保の書入（のち抵当）に一本化され、これによって売買と担保の観念が峻別されるようになるのである。

【参考文献】

石井紫郎『日本国制史研究Ⅰ　権力と土地所有』（東京大学出版会、一九六六年）
石井良助『江戸時代土地法の生成と体系』（創文社、一九八九年）
中田薫『法制史論集』第二巻（岩波書店、一九三八年）
長岡京市史編纂委員会編『長岡京市史　本文編二』（長岡京市役所、一九九七年）
福島正夫『福島正夫著作集3　土地制度』『同4　民法（土地・登記）』（勁草書房、一九九三年）
渡辺尚志・五味文彦編『新体系日本史3　土地所有史』（山川出版社、二〇〇二年）

C　民事法②――家族

第22講　古代日本の相続法と氏《ウヂ》・家の観念

1　はじめに

日本古代の家族の観念は現在とかなり異なるが、同時期の中国の家族とも大きく相違していた。氏（ウヂ）という単位の併存もあり、財産に対する考え方も独特の様相を呈している。本講では、日本古代の財産相続を法制と実例の両面から具体的に照らし出してみよう。

今日では民法により法定相続人と法定相続分が定められ、遺言状がなければそれに基づいて相続の手続が執行されるが、古代日本においてもこの点は同じである。これに該当する法制は律令に規定された戸令応分条である。ただし、遺産の内実は奴婢・牛馬などの動産と家地・私墾田などの不動産とからなり、動産・不動産・債権がそれぞれ異なった原則で相続される点で、今日につながるローマ法とは異なり、ゲルマン法と共通の特質を有している。

2　戸令応分条からみる財産相続の特質

戸令応分条――唐令・大宝令・養老令の比較――

日本古代の相続を規定する戸令応分条は、唐令の当該条を模倣したものである。しかし中国において財産は家族の共有で、世代交代ごとの遺産相続によって所有関係がリセットされるものではない。唐の戸令応分条はあくまで「家族共有財産の分割法」なのだが、日本令ではこれを純然たる「遺産分割法」に修正している。

現在残る日本令は、養老二年（七一八）に編纂され、天平宝字元年（七五七）に施行された養老令であるが、日本法制史研究の基礎を築いた中田薫は、『令集解』に引用される大宝令の注釈書「古記」（天平十年（七三八）成立）を用いて大宝元年（七〇一）の大宝令を復元し、さらに『大唐開元礼』『大唐六典』などに引用された逸文《いつぶん》から唐令《とうれい》を復旧（その成果は仁井田陞の『唐令拾遺』に纏められ、その後の知見は『唐令拾遺補』に集成）、三者を比較検討した。今日まで受け継がれる「日唐律令比較」という画期的な研究方法である。一九九九年に中国天一閣で北宋天聖令《てんせいれい》が発見され、従来の唐令復元では明らかにできなかった部分も見え始めているが、残念ながら戸令の部分は欠損している。具体的にみてみよう。まず手本となった復旧唐令である。

史料 1

唐戸令応分条

諸《すべて》応レ分田宅及財物者、兄弟均分。〈其父祖亡後、各自異レ居、又不二同爨一、経二三載以上一、逃亡、経二六載以上一、若《もし》無二父祖旧田宅・邸店・碾磑・部曲・奴婢、見在可レ分者一、不レ得二輒更論一レ分。〉妻家所得之財、不レ在二分限一〈妻雖《いえども》二亡没一、所有資財及奴婢、妻家並不レ得二追理一〉。兄弟亡者、子承二父分一〈継絶亦同〉。兄弟倶《ともに》亡、則諸子均分〈其父祖永業田及賜田亦均分、口分田即准二丁中老小法一。若田少者亦依二此法一為レ分。〉其未レ娶レ妻者、別与二娉財一。姑姉妹在レ室者、減二男娉財之半一。寡妻妾無レ男者、承二夫分一。若夫兄弟皆亡、同二一子之分一〈有レ男者、不二別得一レ分、謂下在二夫家一守レ志者上。若改適、其見在部曲奴婢田宅、不レ得二費用一、皆応レ分人均分〉。

田宅・財物からなる家産の分割は、相続人たる兄弟間の均分を原則とする。兄弟の妻が持参した財産は分割の対象とはならない（妻が死亡していても、妻の実家は資財・奴婢の返還を求める権利はない）。兄弟のなかに死亡者がいる場合、その分は子が受け取る。兄弟全員が死亡している場合は、彼らの子の間で均分する（父祖の永業田・賜田も均分。口分田は年齢基準授田額によるが、少ない場合は均分規定に従う）。なお、未だ妻を娶っていない者がいれば、別に娉財（結婚資金）を受け、姑や姉妹の未婚者は男の娉財の半額である。子がいない場合は寡妻妾が亡き夫の分を受けるが、兄弟全員死亡の場合は一子分となる（息子がいれば寡妻妾に別途与えることはない。ここにいう寡妻妾とは、再婚せず家に留まっている場合である。再婚者は部曲・奴婢・田宅の使用は許されず、権利者の間での均分となる）。

中国では父子同気の観念のもと、子は父の人格を平等に継承して祖先祭祀を受け継ぐと考えられており、父が死亡しても家産はなお残された家族構成員の共財である。婚姻による別居など家産分割の必要が生じた場合に限って、個別に算定して相続されるのである。

このような中国の家族のあり方を前提とする法規定が日本に導入されたとき、いかなる修正が加えられたであろうか。

史料 2

大宝戸令応分条

応レ分者、宅及家人・奴婢並入二嫡子一。〈其奴婢等、嫡子随レ状分者聴〉。財物半分、一分庶子均分。妻家所得奴婢、不レ在二分限一。〈還二於本宗一〉。兄弟亡者、子承二父分一、兄弟倶亡、則諸子均分。寡妻無レ男承二夫分一。〈若夫兄弟皆亡、各同二一子之分一。有レ子無レ子等。謂在二夫家一守レ志者。〉

遺産のうち宅・家人奴婢の全部と財物の半分は嫡子が相続し、財物の残り半分を庶子で均分する。被相続人の寡妻が所有している奴婢は相続の対象とせず、最終的には実家に返す。嫡子庶子のなかに死亡者がある場合、その分は子が相続する。嫡子庶子が全員死亡している場合は、彼らの子の間で均分相続する。子がいない場合は寡妻が相続する（夫の兄弟が全員死亡している場合には寡妻が一子分を相続。ただし再婚せず家に留まり志を守っている場合に限る）。

相続対象から田地を除き、唐令の諸子均分主義を嫡庶異分主義へと大きく変更している。また、宅や家人・奴婢はすべて嫡子に相続させた。妻家所得財産を奴婢に限定し、遺産分割から控除して本宗に返還すると定めている。

唐令には戸令応分条と並列して封爵令の遺封相続法があるが両者は明確に区別されており、応分条の方はあくまで家族普通財産の分割法である。他方、日本では「封爵の継承」の代わりに「蔭位の継承」を継嗣令継嗣条に規定した。そのうえで応分条をこれと密接な関係のもとに設定している。

養老継嗣令には「凡三位以上継嗣者、皆嫡相承。若無二嫡子一、及有二罪疾一者、立二嫡孫一。無二嫡孫一、以レ次立二嫡子同母弟一。無二母弟一、立二庶子一。無二庶子一、立二嫡孫同母弟一。無二母弟一、立二庶孫一。四位以下、唯立二嫡子一。〈謂、庶人以上。其八位以上嫡子、未レ叙身亡、及有二罪疾一者、更聴二立替一。〉其氏宗者、聴レ勅」とある。また、中田は大宝令を「凡八位以上継嗣者、皆嫡相承。若無二嫡子一、及有二罪疾一者、立二嫡孫一。無二嫡孫一、以レ次立二嫡子同母弟一。無二母弟一、立二庶子一。無二庶子一、立二嫡孫同母弟一。無二母弟一、立二庶孫一。其氏上者、聴レ勅」と復元しているが、これとリンクしている応分条もまた、八位以上の有位者を対象とするもので、庶民に適用されるものではなかったと主張した。

継嗣者の選定とともに氏上の勅定規定もあり、男系直系卑属による単独相続である。蔭位の及ぶ範囲を意識したもので、本質的には祖名を相続する氏・家の継承者を対象としているといえよう。この継嗣としての嫡子を念頭に置いて相続を規定したものが、大宝戸令応分条なのである。宅〈ヤケ〉や家人・奴婢はすべて嫡子が継承し、それ以外の財産も半分は嫡子が相続するという内容は、令制以前の氏〈ウヂ〉の再生産を意図したものであろう。義江明子も中田説を再評価したうえで、氏の財産相続を定めたものだと推定する。

養老令では、あらためて大幅な変更が加えられる。

史料 3

養老戸令応分条

凡応レ分者、家人・奴婢〈氏賤不レ在二此限一〉、田宅・資財〈其功田・功封、唯入二男女一〉、総計作レ法。嫡母・継母及嫡子各二分〈妾同二女子之分一〉、庶子一分。妻家所得、不レ在二分限一。兄弟亡者、子承二父分一。〈養子亦同〉。兄弟倶亡、則諸子均分。其姑姉妹在レ室者、各減二男子之半一〈雖二已《すでに》出嫁一、未レ経二分財一者亦同〉。寡妻妾無レ男者、承二夫分一〈女分同レ上。若夫兄弟皆亡、各同二一子之分一。有レ男無レ男等。謂下在二夫家一守レ志者上〉。若《もし》欲二同財共居一、及亡人在日処分、証拠灼然者、不レ用二此令一。

遺産のうち氏賤以外の家人・奴婢と田宅・資財は、総計して以下の分法に従って相続する（功田・功封は唐令とは対照的に嫡庶男女を問わず均分）。嫡母・継母（被相続人の寡妻）および嫡子はそれぞれ二分（庶子の二倍）を（妾の相続分は庶子の姉妹の相続分と同額、庶子の半分）、庶子は一分を相続する。被相続人の寡妻が所有する財産は相続対象としない。嫡子・庶子のなかに死亡者がいる場合は、子がその分を相続する（養子でも同じ）。嫡子・庶子の全員が死亡している場合は、その子の間で均分する。姑や姉妹のうち家に残っている女子は、男子の半額を相続できる。（すでに嫁に行った場合でも分財されていなければ同じ）。子がいない場合は寡妻妾が亡夫の分を相続する（姑・姉妹などの女子相続分は上記に従う。夫の兄弟が全員死亡している場合は、その寡妻妾が一子分を相続する。この時は子がいてもいなくても同額。ただし再婚せず家に留まって志を守っている場合に限る）。同財共居を望む場合や被相続人が生前に遺言により処分（生前譲与）したことが明らかな場合はこの条文を用いない。

中国の法意に近づけようとしたのか、氏に帰属することが明らかな氏賤を除いて、すべての財産（田も含む）の平等分割を志向するようになる。嫡子分を庶子分の二倍に留めているが、あえて差を設けたのは祖先祭祀を担うという名目による。また、相続人の範囲を拡大して、姉妹・嫡母・継母・妾などの女子に及ぼしている。庶人以上を対象とすることをめざしつつも、従来の「官位継承の嫡子」と新たな「庶人の戸政継承の嫡子」とを「承家」観念のもとに統一したものだと義江は説明する。吉川敏子は、養老令規定には父祖伝来の財産を持たない藤原不比等が伝統的な氏々の巨大財産を相続により解体させようとしたものだろうと推察する。

これに対応する養老令の継嗣条は、嫡孫承祖（相続人としての嫡孫の設定）を三位以上に制限した。四位以下の継嗣の範囲を嫡長子に限定したのである。その結果、平安時代になると被相続人の孫を養子にして嫡子の地位を与えるという慣行が生まれた。また、傍系親が継嗣となることも認めていなかったので、自己の弟や甥などの傍系親を養子として嫡子に選定することも行われるようになる。血統を重視した直系卑属による継承よりも、氏や家の存続を第一に考える固有の慣習法の復活といえるだろう。

3 古文書からみる財産相続の実態

均分相続の慣習と孝養

相続法制定の際のこうした揺れは、家族の財産と氏の財産とが併存する日本古代社会のなかでの紆余曲折の結果といえようが、「亡人在日処分、證拠灼然者、不レ用ニ此令一」と明記されているように、被相続人が生前に処分を行わなかった場合に適用されるにすぎない。ここにいう処分とは、遺処分すなわち遺言による処分のことであるが、次第に和与のことをも意味するようになる。遺言状は教令権を根拠として何度でも書き改めることができるものであるが、和与は譲状《ゆずりじょう》による生前処分で、遺言とは異なる双方的契約であるから、明法家の解釈では悔い返しを認めていない。中世の武家社会における悔い返しとは大きく異なるものである。

法定相続の背後にある在地社会における慣行をみると、十世紀くらいまでは男女均分相続が広く認められる。しかし、十一世紀になると在地領主層が新たな開発に基づく所職や一円所領を領有するようになり、それら主要財産は男子に、なかでも嫡子に譲る傾向が現れ始め、女子にはそれ以外の私領田畠を処分するという男性優位の男女異分相続が現れると服藤早苗は説明する。とはいえ、私領主層や僧侶・農民の間では依然として男女均分相続の慣行が残り、女子の相続権は男子と同等であった。

十世紀ころの財産相続の実態を知る手掛かりは非常に少ないが、延喜九年（九〇九）の処分状は当時の状況をリアルに映し出している。民安占子という女性が自分の家地・園地を一男四女に分割譲渡したものである。

史料 4

民安占子家地処分状

処分給二家地壹段一事。

女子安倍屎子給二佰歩一、同阿古刀自給二佰歩一、

同弟町子給二佰陸拾歩一。此女子依レ有二殊思一レ心益給。

在、上県二条給理里八道祖田坪中北辺子小南地者。

已上地公験文、在二男安倍葛丸許一。

右家地、已女子等処分給已了、但男葛丸・女子大刀自子等者、園家地随二分法一、相別可二

領掌二之。

延喜九年十一月十五日

給民首安占子

証刀禰

吉野連「今貞」

民首

仲《伴カ》宿禰「乙枚」○手印一アリ。

家地一段（三六〇歩）を一〇〇歩、一〇〇歩、一六〇歩に分割して、娘の安倍屎子・阿古刀自・弟町子という三人の娘に相続している。弟町子だけ少し多い理由は「此の女子、殊に思ほす心有るに依り益し給ふ」と説明されており、これと一連の処分状では「孝養有るに依り」と明記されている。

史料 5

民安占子家地処分状

□□□而依レ有二孝養一、以二件地一女子□《安》倍乙町子、殊行給已了。但本券契者、在二男同葛丸所一、以後日見男女等、不レ可レ妨レ之。

延喜九年十一月十五日

件家地、乙町子行給見《ママ》。

給民安占子

吉野今貞

仲《伴カ》乙枚

相知男安倍葛丸

郡判　同十四年三月廿五日
国目代　伴宗行　　転擬主政御手代
左京史生　県　　擬主帳　秦
検校　県利貞　　長谷部
擬大領　仲（伴カ）有並
少領　宗形
件地、以二延長九年三月十七日直稲卅五束一、沽二与於県扶実一。安証事借籾可レ上二一石二斗一。

被相続人の意志で多少上乗せされることもあったが、基本は均分相続である。「已上の地の公験文は、男の安倍葛丸の許に在り」とあるように、土地の権利書は嫡子と思しき葛丸が管理している。男の葛丸と女子の大刀自子については、「園家地を分法に随ひて相ひ別ち領掌すべし」とあって、養老戸令応分条のことか慣習法のことかはわからないが、既定の分法に従った園・家地の相続が行われている。内実は不明で、他の女子と同面積であったかどうかもわからないが、大刀自子は名前から長女の可能性が高く、長男・長女二人には別に相続対象が設定されているようである。

宅地・資財相続をめぐる訴訟

もう一つ、奈良時代に遡る史料、「家屋資財請返解案」（唐招提寺文書）を紹介しよう。宝亀二年（七七一）のものと推定される。父の遺産をめぐって父の妹たちとの間で生々しい遣り取りが交わされている。実際に起こった出来事を抽象化した書札礼だが、頻発する事象であったからこそ雛型が作られたのだろう。橋本義則が詳細な検討を加えている。

6 史料

家屋資財請返解案　○傍点筆者

解　申依父母家并資財奪取請［　　］事

某姓ム甲　左京七条一坊［　　］外従五位下ム甲

合家肆区　一区无物　□在左京七一坊

壹区　板倉参宇　二宇稲積満　一宇雑物積
檜皮葺板敷屋一□　板屋一宇物在　並父所□［　　］

草葺厨屋一宇　板屋三宇　並在雑物□［　　］

在右京七条三坊　壹区　板□［　　］　板屋二宇　草葺□(板カ)敷東屋［　　］一宇□□家

在右京七条三坊　壹区　草葺板倉［　　］　板屋一□(宇カ)［　　］［　　］　所□［　　］

草葺屋一宇　板屋三宇　並空　釜一口□三口　馬船二隻　□□□(在大和)国□［　　］

上件貳家父母共相成家者

以前ム甲可父親ム国守補任弖退下支。然間以去宝字［　　］

死去。然尓父可妹三人、同心弖処々尓［　　］

奪取。此乎ム甲哭恵良久□(父カ)□我□□(礼喪カ)［　　］

間、不久在利。然毛ム甲可苐於返ム甲□(尹カ)父尓従弖□［　　］

彼可参上来奈牟時尓ム甲可不［　　］［　　］牟□(止カ)［　　］

即職乃符波久汝可申事□(諾カ)［　　］［　　］［　　］

遣弖所々、家屋倉并雑物等乎［　　］

期限波不待弖更職乃使条令［　　］

倉稲下并屋物等乎毛□［　　］

亡父から相続するはずの家と資財が、結託した父の妹三人に略奪された、京職に訴えたい、という内容である。喪に服している混乱期に略奪が決行された点も生々しい。父親が没したのは天平宝字年間（七五七～七六四）、養老令施行以降のことである。国守を務める中級官人の財産の内実や平城京内の家の実態を示す史料としても貴重で、二番目の家には檜皮葺の板敷の屋が一宇あり、他に板倉三宇（二宇に稲、一宇に雑物を収納）、板屋四宇（物や雑物を収納）、草葺厨屋一宇（雑物を収納）が付属、各家が複数の建物から構成されている。

いかなる名分によって三人はこの家四区を奪い取ったのだろうか。四区のうち二つの家は「父母共に相ひ成せる家」とあるように父母が婚姻後に新たに取得した家で、祖父から相続したものではない。残る二つの家は事書に「父母家」と記され、二番目の家は本来「母の本貫あるいは母の父母の家」であった可能性があると橋本はいう。

三人の立場に立てば、実力行使を冒してまで亡兄の家を奪ったのは、彼女たちの父（相続人の祖父）が亡くなった時点で正当な財産相続が行われず、兄が財産を独り占めしたことに長らく不満を抱えていたからなのかもしれない。養老戸令応分条には「其姑姉妹在レ室者、各減二男子之半一〈雖二已出嫁一、未レ経二分財一者亦同〉」とあり、姑や姉妹は未婚であれば男子の半分の遺産を得る権利があり、既婚者であっても分財されていなければ相続権がある。養老令規定を意識しつつ、このタイミングで実力行使に出たのだろう。

相続に関する法が整備されていても、現実の社会では一筋縄でいかない問題が発生し、最終的には実力行使で解決されることも多かったが、同時に法定相続が実力行使の正当化に用いられている興味深い事例だといえよう。

【参考文献】

石井良助『長子相続制』(日本評論社、一九五〇年)
今江広道「戸籍より見た大宝前後の継嗣法——特に庶人の嫡子について——」(『書陵部紀要』五、一九五五年)
滋賀秀三『中国家族法の原理』(創文社、一九六七年)
中田薫『法制史論集』(第一巻、岩波書店、一九二六年)
橋本義則「「唐招提寺文書」天之巻第一号文書「家屋資財請返解案」について」(同『平安宮成立史の研究』塙書房、一九九五年、初出は一九八七年)。
服藤早苗『家成立史の研究——祖先祭祀・女・子ども——』(校倉書房、一九九一年)
義江明子『日本古代の氏の構造』(吉川弘文館、一九八六年)
吉川敏子『律令貴族成立史の研究』(塙書房、二〇〇六年)
同『氏と家の古代史』(塙書房、二〇一三年)
吉田孝『律令国家と古代の社会』(岩波書店、一九八三年)

第23講　中世武家法における女性の再婚と相続

本講では、日本中世における婚姻法の一端を理解することを課題として、鎌倉幕府法における女性の再婚と相続をめぐる問題について考えてみたいと思う。具体的には、妻が夫と別れた（死別あるいは離別）後に再婚した場合に、前夫との間にあった財産（具体的には不動産としての所領あるいは動産としての家中の諸財）をどのようなかたちで相続（処分）していたのかという問題を取り上げることにしよう。なお、当時の財産相続に関する一般的なあり方としては、被相続人が生前に財産分与の方法を詳しく書き記した譲状をあらかじめ作成したうえで、これを相続人に渡しておくという処分相続の方法が取られていたことを理解しておこう。

1　中世における婚姻・相続のあり方

鎌倉幕府法における女性の再婚と相続の問題を考える前に、中世における婚姻と相続のあり方について基本的な理解を得ておこう。一般的に、『御成敗式目』は武家社会の慣習が成文化されたものと考えられているが、その一方では、平安末～鎌倉初期における公家法の実態が反映された『裁判至要抄』が参照されていたことがわかっている。そこで婚姻後の財産相続のあり方をみると、両者の間には際だった相違点が存在している。すなわち、夫婦同財を原則とする公家法においては、嫁した女子（親に対して女の子という意味）の所領は夫の進止とされるなかで、当該所領は他人に和与したもの（「和与の物、悔い返すべからず」『裁判至要抄』第一三条）と見なされることによって親の悔返権は基本的に否定されている。これに対して幕府法は公家法におけるのと同趣旨の他人和与の考え方を採用したにもかかわらず、現実には夫婦別財（別財である限り「他人」に譲与したものとしては取り扱わないこととする）を原則としており、とくに「式目」（第一八条・第二〇条）においては明確に親の悔返権を認めるにいたっている。中世社会においては夫の妻方同居という形態から夫婦を単位とする「家」が次第に形成されていくという過程が展望されるが、このなかにあって公家法と武家法の間に右のような相違が生じることになった事情については、婚姻の形態あるいは財産相続の形態から説明されることになるであろう。ここではかような問題が存在することを指摘するにとどめておきたい。

2　再婚一般に関する『御成敗式目』の規定

鎌倉時代において婚姻関係を解消する法律行為は離別と呼ばれており、離別する権限は夫の側にあった。そして離別された妻の権利を守るために、離別後には妻の所領が保護されることになっていた。もっとも婚姻時に夫が将来、妻を離別しないことを約している場合はその例外といえるが、一般的には夫が妻に譲与した所領は悔い返せない（逆に妻が夫に譲与した所領は悔い返せない）こと、あるいは妻自身の所領は妻がそのまま所有できることとされていた。このようななかで妻の所領相続が問題になるのは妻が夫と別れた後に再婚する場合であった。妻の再婚には夫と死別した妻つまり後家が再婚する場合と、死別以外の何らかの事情により離婚した女性が再婚する場合とがある。本講では後家が行う再婚を「改嫁」とし、死別以外の理由で離婚した女性が行う再婚を「再婚」と記すことにする。以下では、改嫁あるいは再婚の場合に生じる問題を考えていくことにしよう。

改嫁の場合

改嫁における所領相続について、式目の制定以前には改嫁後であっても亡夫より譲与された所領（後家分）の知行は可能であったが、このことについて「式目」第二四条（**史料1**）は新たに重要な制約を打ち出すにいたった。

史料 1

> 一　夫の所領を譲り得たる後家、改嫁せしむる事
> 右、後家たるの輩、夫の所領を譲り得ば、すべからく他事を抛ちて亡夫の後世を訪ふべきの処、式目に背く事その咎なきにあらざるか。しかるにたちまち貞心を忘れ、改嫁せしめば、得るところの領地をもつて亡夫の子息に充て給ふべし。もしまた子息なくば別の御計らひあるべし。

これによれば、後家が改嫁する際には亡夫から譲与された所領（後家分）を放棄することが原則であるとする趣旨が述べられている。これを言い換えるならば、後家は原則として後家分を放棄しさえすれば改嫁することが可能であったということになる。そして、この後家分は女子分における

のと同様に、とくに一期分と明記されないかぎり永代譲与を意味していたが、後家にはこのように単独の意思によってその所領の配分を行う権限（配分権）が託されていたこと（いわば代位相続を行う権限）からすれば、一定の高い地位が与えられていたことがうかがえる。

再婚の場合　「式目」には再婚自体に関する規定はとくに設けられていない。しかし「式目」第二一条（**史料2**）をみると、再婚に伴う前夫から譲与された所領の取り扱いについて詳しく記されている。

史料 2

一　妻妾夫の譲を得、離別せらるるの後、かの所領を領知するや否やの事
右、その妻重科あるによつて棄捐せらるるにおいては、たとひ往日の契状ありといへども、前夫の所領を知行し難し。もしまたかの妻、功ありて過なく、新しきを賞して旧きを棄てば、譲るところの所領悔い還すにあたはず。

これによれば、妻側の重科を理由とする離別ではないかぎり、妻は前夫から譲与された所領を前夫側に返還する必要がないとされる。そして、そもそも再婚自体を禁止する文言が記されていないことからしても、妻の再婚は認められていたと考えられるのである。

3　改嫁の現実

改嫁（「式目」第二四条）をめぐる問題

改嫁に関しては「式目」第二四条が定められて以降、後家の中には後家分が没収されないかたちでの改嫁を有利に実現しようと考える者も現れた。改嫁を予定する後家の中には、自分が病気だと偽って改嫁以前にわが子や親類に当該所領を譲与し幕府から所領安堵の下文（知行の正当性を保証した文書）を受け取ることにより、所領の返還を期待する亡夫の子息たちに対抗しようとする者も現れた。このように法の盲点を突こうと目論む後家たちに対して、幕府は暦仁元年（一二三八）十二月十六日付の「鎌追」第九八条（史料3）により規制を図っていった。

史料 3

> 一　御家人の後家、亡夫の譲に任せ、安堵の御下文を給はる事
> 右この条平均の例なり。ここに改嫁せしむるの輩に於ては、他人に充て給ふべきの旨、定め置かるるより以来、その難を免れんがために、或いは少年、或いは無病の族、事を所労に寄せ子息親類に譲与し、安堵の御下文を申し給はるの後、改嫁に及ぶと云々。甚だもって濫吹なり。自今以後に於ては、重病危急に臨まずばその譲を免許せらるべからず。

これによれば、今後は後家が重篤危急の状態にないかぎり、改嫁以前に後家分を自分の子や親類に譲与することは許容しないという。後家が後家分を勝手に処分することが禁じられたのである。

「鎌追」第九八条が制定された後も、それ以前の状況に改善の兆しはみられなかった。そのなかで後家分の取り戻しを図ろうとする亡夫側の子息たちが見出した方法は、後家改嫁の事実を主張するというものであった。そこで、実際に改嫁事実が争われた一つの訴訟事例を参照することにしよう。

後家の「改嫁」とは

この訴訟（※1）は、山代三郎固の子女源氏女（訴人）が固の後家尼法阿弥陀仏（論人）を相手取り、固が家督として父囲から相続した所領所帯以下遺財等の権限をめぐって争ったものである（**略系図1**参照）。関東の問注所は結論として論人側に訴訟物の権限を認める内容の判決を下した。

事の発端は、固が安貞三年（一二二九）一月二十五日に妻（法阿弥陀仏）に対して所領所職を譲与したことにある。この時の譲状には、妻の一期知行後は固の猶子である源広に譲与することや、固が生前に絶縁した子の源氏女には一切の財産を譲与しないとする内容が記されていた。このなかにあって、「式目」第二四条を根拠に後家分を取り戻そうと図った源氏女は改嫁事実を有力な根拠とすることにより、後家尼は当該所領を知行する資格を有していないと主張したのである。

しかし、後家尼の改嫁事実を主張する源氏女はそうだと判断した理由を明確には示していなかった。婚姻関係を公的に証明する手段を知らなかったこの時代に改嫁事実を証明する有効な手段とされていたのは、例えば、後家の不貞行為の現場をとらえて改嫁事実として主張することなどであったが、これはいうまでもなく容易なことではなかった。

略系図1

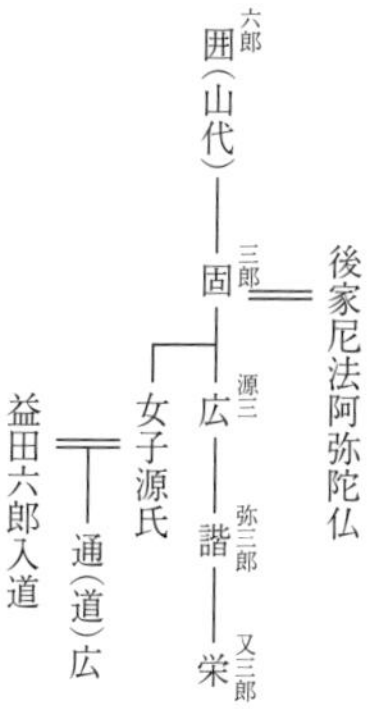

写真1　文永九年十二月二十六日付関東裁許状案

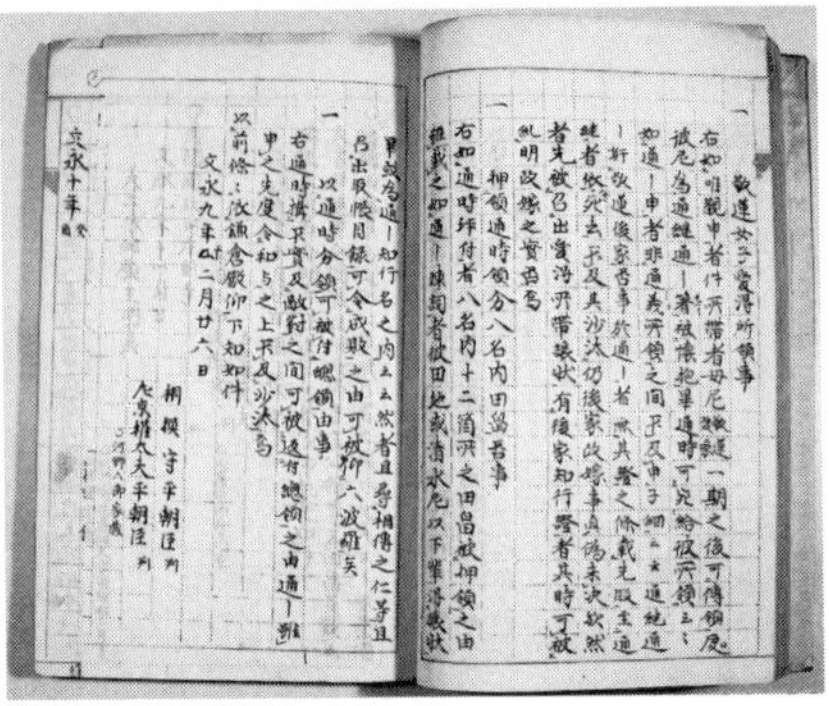

その一方で、後家の密懐の噂（風聞）を改嫁事実の有力な根拠として主張すること自体はさほどの困難を伴うものではなかった。この事例では、源氏女が後家尼の密懐の噂を根拠として改嫁事実を主張したことが推測されるのである。

改嫁の事実としての密懐

そこで、後家の密懐行為を非難することによって後家分を取り戻そうとする当事者が、密懐が改嫁の事実を示す証拠であるとして、「式目」第二四条の適用を求めた訴訟事例（※2・**写真1**参照）を参照することにしよう。

関東の裁判所で審理されたこの訴訟は、伊予国御家人河野四郎通時（訴人）と甥の通義（論人）が同国石井郷幷土居の帰属をめぐって争ったもので（**略系図2**参照）、通時の父（河野九郎左衛門入道敬蓮）の後家が改嫁したか否かが重要な争点の一つとされている。問題の所領は後家が亡夫敬蓮から譲与されたもので、後家が一期知行した後には亡夫の娘である愛得に譲与されることになっていた。

訴人通時は、弟の通継が後家および亡夫敬蓮の妾を相手に密懐したことや、論人通義が後家を相手に密懐したことなどを主張する。これに対して論人通義は、亡夫敬蓮が通時を義絶（絶縁）した理由は通時が後家を相手に密懐したことにあると主張する一方、弟の通継が通時に恩領として石井郷内の所領と所従等を与えているのに、通時が石井郷に押領を働くのは不当であると反論する。

両当事者のこのような主張に対して、裁判所は次のような判断を下した。訴人通時の主張に関しては、通継の密懐事実の存否は本人がすでに死亡しているので取り上げない、そして、通義の密懐事実の存否は証人を立てて争われたが、決定的な証拠が出なかったことなどから不問とする。論人通義の主張に関しては、通時と通継の間でいったん和与が成立し、亡父敬蓮の跡を分領している事実を認容したうえで、主張内容は和与成立以前の事柄であるとしてその一切を不問とする。おおよそこのような内容であった。

ここで注目されるのは、訴人通時の主張の仕方についてである。後家が当該所領を一期知行した後には愛得に相続させるという方針に不満を抱いていた通時は、通継および通義が後家を相手に密懐したということを改嫁の証拠として、これを「式目」第二四条適用の根拠とすることにより当該所領を自らのもとに返還すべきことを訴えているのである。この主張に対して裁判所は、後家の改嫁の存否については不明であるとして判断を留保していることがわかる。

さらに注目すべきは、通時は後家尼の密懐行為を改嫁の証拠として主張する際に密懐について規定する「式目」第三四条の適用を求めないで、改嫁の基本的な要件を規定する「同」第二四条の適用を求めていることであろう。この理由を考えるために「式目」第三四条を確認することにしよう。

略系図２

史料 4

一　他人の妻を密懐する罪科の事
右、強姦和奸を論ぜず人の妻を懐抱するの輩、所領半分を召され、出仕を罷めらるべし。所帯なくば遠流に処すべし。女の所領同じくこれを召さるべし。所領なくばまた配流せらるべきなり。次に道路の辻において女を捕ふる事、御家人においては百箇日の間出仕を止むべし。郎従以下に至っては、大将家御時の例に任せて、片方の鬢髪を剃り除くべきなり。ただし、法師の罪科においては、その時に当たりて斟酌せらるべし。

これは御家人が人妻を相手に密懐した場合に科される罰則を規定したものというべきであり、後家の密懐について規定したものではないことがわかる。したがって、後家の密懐事実を主張する訴人にとってこの条文は適当でなく、やむを得ず「式目」第二四条の方を選択したことが推測されるのである。

改嫁の本当の事実とは

かような状況のなかで、幕府は「式目」第二四条の適用対象を限定し、後家の密懐行為と改嫁事実の関係を明確にするために、延応元年（一二三九）九月三十日付の「鎌追」第一二一条（**史料5**）により新たに改嫁の有無の判断基準を定め、改嫁をしていない後家に対しては「式目」第二四条を適用しないとする方針を明確に打ち出すにいたった。

史料 5

一　改嫁の事
右或は所領の成敗を致し、或は家中の雑事を行ひ、現形せしむるに於ては尤もその誡めあるべし。この外、内々の密儀に至っては、たとひ風聞の説ありといへども、沙汰の限りにあらず。次に尼還俗改嫁の事、その沙汰ありといへども記すに及ばざるの由、評定し畢んぬ。

ところが、これに反して「鎌追」第一二一条の趣旨が逆に悪用されるという事態が生じることになった。改嫁が明白である後家が「内々の密儀」と称して「式目」第二四条の適用を免れようとしたのである。そこで、幕府は弘安九年（一二八六）七月二十五日付の「鎌追」第五九七条（史料6）により、改嫁の基準をより明確なものにさせていった。

史料 6

一　後家改嫁の事
内々の密議に至つては、たとひ風聞の説ありといへども、沙汰の限りにあらざるの由、式目追加に載せられ畢んぬ。これによつて普く現形せしむるといへども、密議と称してその沙汰に及ばず。自今已後に於ては所領の成敗を致さず、家中の雑事を行はずといへども、不調の聞えあらば、本式目に任せてその科あるべし。

「鎌追」第一二一条の改嫁事実が具体的には見出せない場合でも、後家の改嫁の噂があれば改嫁事実と認定したうえで、直ちに「式目」第二四条を適用するという方針が打ち出されるにいたったのである。

4　再婚の現実

鎌倉時代を通じて「式目」第二一条は現実にその効力を発揮し続けていたが、これとは趣旨を異にする文永四年（一二六七）十二月二十六日付の「鎌追」第四三五条（史料7）が新たに制定されることになった。

史料 7

一　離別の妻妾、前夫の所領を知行の事
右、功ありて過なきの妻妾、離別せらるるといへども、前夫譲与するところの所領を悔返すあたはざるの由、式目に載せられ畢んぬ。しかるに離別の後、他夫に嫁し、なほかの所領を知行するの条、不義たるか。自今以後、他夫に嫁するに於ては、早く譲り得る所の所領を召し上げらるべきなり（後略）

妻側の重科による離別ではないかぎり、再婚にあたっては前夫から譲与された所領を嫁ぎ先に持参することを可能とする「式目」第二一条とは異なり、鎌倉中期に制定されたこの法令は、再婚のための新たな条件として譲与所領を放棄し前夫の側に返還を要求するものと理解される。そして、ここには幕府政策の大きな転換が図られようとしていた状況を読み取ることが可能であろう。

鎌倉後期においては、後家分あるいは女子分（女子に配分された所領）には一期分（被譲与者の死後に権利の帰属する未来領主が定められ、一期（一生）を限って譲られる所領をいう）が多くみられるようになる。このなかでは、通婚範囲を一族の内部に限定するか、あるいは一族所領の総量の減少を防止するなどの方針が取られ、武士団の「家」の支配が次第に強化されていった。このことは、所領の他家への流出を食い止めるために、相続形態がそれまでの分割譲与から単独譲与へと根本から転換し始めていた状況に呼応する。単独相続では「器用」「器量」の観念が強く影響しており、嫡子・庶子の中から「器用の仁」一人を選んだうえでこれを惣領として永代に譲るという方式が取られるようになり、所領の譲与を受けない女子・後家・庶子は惣領に扶持されることになった。鎌倉中期頃までは女子の永代分が一般的に存在していたことを考えるならば、鎌倉後期にみられるこのような変化は、それまでに維持されていた女性の社会的地位の高さが大きく低下する状況としても理解されるのである。

【参考文献】

岡田章雄「中世武家社会に於ける女性の経済的地位」（歴史科学協議会編（編集・解説西村汎子）『歴史科学大系第16巻　女性史』校倉書房、一九九八年［一九三三年初出］）
五味文彦「女性所領と家」（女性史総合研究会編『日本女性史』第2巻・中世、東京大学出版会、一九八二年）
近藤成一『鎌倉時代政治構造の研究』
瀬野精一郎『鎌倉幕府と鎮西』（吉川弘文館、二〇一一年）
田端泰子『中世史研究選書　日本中世の女性』（吉川弘文館、一九八七年）
同『日本中世の社会と女性』（吉川弘文館、一九九八年）
辻垣晃一「鎌倉時代の婚姻形態」（高橋秀樹編『生活と文化の歴史学4　婚姻と教育』竹林社、二〇一四年）
山本幸司「中世家族の争い——裁許状の世界から——」（勝俣鎮夫編集協力『ものがたり　日本列島に生きた人たち4　文書と記録　下』岩波書店、二〇〇〇年）
脇田晴子『中世に生きる女たち』（岩波新書、一九九五年）

第24講　わが国の伝統的家族法制とは

1　穂積陳重と八束

史料 1

……加賀屋敷ニ有名ナル『御殿ノ池』ノ側ニ立テル法科大学廿九番教室……既ニシテ神主ハ祭壇ニ立テリ、唯見ル長顔疎髯、眼陥リ、頬痩セ、其悠揚トシテ案ニ倚ルヤ、宛然タル之レ一個ノ病人ナリ、彼ハ先ヅ其紫ノ風呂敷包ヲ卓上ニ置キ、疎髯ヲ撫シテ沈吟スルモノ多時、亦其祭壇ノ整備充分ナルヤ否ヤヲ改メ見テ、ヤガテ満堂ヲ眼下ニ見下シ乍ラ、徐ニ口ヲ開カントトス、此不思議ナル神主トハ誰ゾ曰ク東京法科大学長兼教授穂積八束是ナリ、読者乞フ先ヅ彼レガ其祭壇ニ立チテ如何ナル祝祠ヲ上ルカヲ見ヨ。

右の文は、明治三十六年（一九〇三）二月から八月にかけて、五来欣造（ペンネーム斬馬剣禅、明治三十三年東京帝大法科大学仏法科卒、のち読売新聞主筆・早稲田大学教授となる）が約一二〇回にわたって読売新聞に連載した、東京と京都の帝大法科大学を比較した記事の一節である。ここで、まるで病人のような異様な風貌の「神主」に例えられている人物こそ、穂積八束その人である。本講では、彼の「祝詞」、すなわち彼が主張するわが国の伝統的家族法制の内容を検討してみることにしよう。

郷里宇和島

八束とその兄陳重を生んだ穂積家は、宇和島藩伊達家が仙台から分家する以前にまで遡る伊達家譜代の家臣である。兄弟の祖父にあたる重麿は、宇和島藩に国学を導入して神道を奉じた人物であり、その長子で兄弟の父にあたる重樹は、重麿の学問を引き継ぎ、明治維新後に藩校明倫館に国学の科目が設けられると、その教授となった。今日、宇和島市仲の町11（現在の京町1番34）の生家跡には案内板が設置され、城山公園内には生家長屋門が移築保存されており、また陳重の功績を讃えて命名されたという穂積橋もある。ちなみに、かの大津事件で司法権の独立を護ったとされる大審院長児島惟謙も、宇和島の出身であり、立像と記念碑が建立されている。

写真1　穂積八束肖像

八束の学び

八束は、明治六年――陳重に遅れること三年――に上京し、共立学校・大学予備門などを経て、十二年東京大学文学部政治学科に入学した。十四年六月に兄陳重が五年間の英独留学を終えて帰国、翌年法学部長に就任した頃には、すでに、将来、八束が、二十二年に発布される大日本帝国憲法を講じる道筋が用意されていたようである。十六年七月に卒業、研究生となり、独墺での憲法調査から帰国して憲法起草に

穂積家略系図

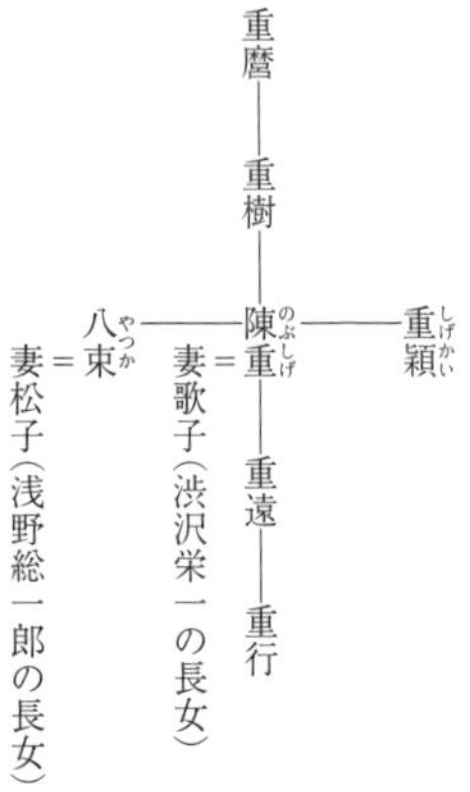

着手した伊藤博文から助言を受けて、十七年から四年半にわたってドイツに留学した。ドイツでは、シュトラスブルグのラーバント（Paul Labend）から法理論的思考を学び、クーランジュ（Fustel de Coulanges）の『古代都市（La cité antique）』から決定的な影響を受けた。同書は、古代ギリシャおよびローマの民衆が祖先の霊魂を崇拝し、その信仰の上に家制が築かれていたこと、その後、キリスト教が祖先祭祀を偶像崇拝として排斥したことで、祖先教と家制が破壊された旨を説いており、八束は、ここに、明治日本と古代ギリシャおよびローマとの共通性を見出して、「祖先教の日本」対「キリスト教の西欧」という東西文明対比論に到達したとされる（長尾龍一）。

　近代日本の家族法制は、この穂積陳重・八束という兄弟を抜きにして語ることはできないのだが、それは、兄の陳重が、イギリス歴史法学の流れをくむ法律進化論者として、また梅謙次郎・富井政章とともに、「家」制度を規定した明治民法の起草者として知られる一方、弟の八束は、ドイツ国法学の立場から天皇制絶対主義を唱えて、戦前日本の家族国家観を築いた憲法学者としてあまりに著名だからである。かつて、福島正夫は、陳重には、①ロンドン留学時代に生まれ終生貫いた法律進化説の学問体系と、②祖先祭祀と家制の信念、という「二つの顔」があり、後者は、八束の家族制度観と近接する旨を指摘されたが、陳重の法思想についてはさておき、以下ではとくに、八束の家族観を中心に検討してみたい。

2　二つの論争

主権論争

明治二十二年二月十一日に大日本帝国憲法が発布される直前、八束はドイツから帰国し、帝国大学総長の渡辺洪基から、教職員を対象とした憲法講義を委ねられた。その講義において八束は「天皇即国家」説を主張したのだが、これに対して有賀長雄は、論文「穂積八束君帝国憲法の法理を誤る」を発表して、天皇は国家機関であって、国家そのものではなく、また主権者は絶対者でなく法の下にあるから、君主の不法は超法的抵抗を招来すると、厳しく批判した。ここに、最初の天皇機関説論争が展開されたのである。

八束は、主権概念を「唯一最高無限ニシテ独立」のものと捉え、国家体制は、この主権の所在によって君主国体と民主国体に、また主権の行使態様によって専制政体と立憲政体に分けられるとし、君主国体・立憲政体を支持する。八束にとって、民主国体・専制政体は、フランス革命のように、民衆による非合理主義的専制として否定されるべきものであった。また、立憲政体は、本質的に権力分立でなければならないから、議会の多数党派が立法権と行政権を支配する政党内閣制は認められない。八束の憲法学説は確かに法論理的ではあるが、祖先祭祀論と結びつくことで天皇の人格ないし神格支配を正当化する理論となるのである。

民法典論争

八束がかかわったもう一つの論争が民法典論争である。明治政府の御雇法律顧問であったボワソナードが明治十二年頃から起草し始めた、いわゆる旧民法の財産法部分（財産編・財産取得編第一部・債権担保編・証拠編）が明治二十三年四月に（法律第二八号）、それから半年遅れて、かつてボワソナードからフランス法を学び、その後パリ大学に留学した熊野敏三・磯部四郎らが起草したと推測される旧民法人事編・財産取得編第二部が同年十月に公布され（法律第九八号）、ともに明治二十六年一月から施行される運びとなったが、その施行の断行・延期をめぐって議論が沸騰し、明治二十五年六月、第三帝国議会において旧民商法の施行延期法案が可決成立、結局、旧民法は施行されないまま葬り去られるにいたった。数多くの旧民法施行延期（批判）論のなかで最も有名な論文の一つが、明治二十四年八月、東京法学院（現在の中央大学）の機関誌『法学新報』第五号に掲載された、穂積八束「民法出テ、忠孝亡フ」である。江木衷のアイディアによるとされる、この奇抜な表題は、覚えやすく口調が良いことで、旧民法の施行延期に向けて「群衆心理を支配するに偉大な効力」（穂積陳重）があったといわれてきた。

3　「民法出テ、忠孝亡フ」

論文の内容

この論文は、わずか六頁に満たない短編なのだが、有名な割には原文に触れたことがない人がほとんどだろうから、主要部分を一緒に読んでみよう。論文はまず、当時の日本が、祖先崇拝（教）の国風であり、キリスト教以前の西欧社会と相似しているとの指摘に始まる。

史料 2

（前略）我国ハ祖先教ノ国ナリ家制ノ郷ナリ権力ト法トハ家ニ生レタリ、不羈自由ノ個人カ森林原野ニ敵対ノ衝突ニ由リテ生レタルニアラサルナリ、氏族ト云ヒ国家ト云フモ家制ヲ推拡シタルモノニ過キス、権力相関ヲ指摘スルノ呼称ハ異ナリト雖、皇室ノ嬖臣ニ臨ミ、氏族首長ノ其族類ニ於ケル家父ノ家族ヲ制スル皆其権力ノ種ヲ一ニス、而シテ之ヲ統一シテ全カラシムルモノハ祖先教ノ国風ニシテ公私ノ法制習慣之ニ依ルニアラサレハ解スヘカラサル者比々皆然リ、之ヲ要スルニ、我固有ノ国俗法度ハ耶蘇教以前ノ欧羅巴ト酷相似タリ、然ルニ我法制家ハ専ラ標準ヲ耶蘇教以後ニ発達シタル欧洲ノ法理ニ採リ、殆ント我ノ耶蘇教国ニアラサルコトヲ忘レタルニ似タルハ怪ムヘシ

それでは、キリスト教以前のギリシャ・ローマの祖先崇拝と家制はどのようなものであったのか。クーランジュに依拠しながら、叙述は続く。

史料 3

耶蘇教以前ノ欧洲ノ文化ハ希臘羅馬ノ盛世之ヲ代表ス……（中略）……欧洲固有ノ法制ハ祖先教ニ本源ス、祖先ノ神霊ヲ崇拝スルハ其建国ノ基礎ナリ、法制史ハ法ノ誕生ヲ家制ニ見、権力ノ源泉ヲ家父権ニ溯ル、然レトモ何カ故ニ家ハ一団ヲ為シ何カ故ニ家父権ハ神聖ナリヤト問ハヽ、之ヲ祖先教ノ国風ニ帰一セサルヘカラス、祖先ノ肉体存セサルモ其ノ聖霊尚家ニ在リテ家ヲ守護ス、各家ノ神聖ナル一隅ニ常火ヲ点シテ家長之ニ奉祠ス、是レ所謂家神ナリ祖先ノ神霊ナリ事細大ト無ク之ヲ神ニ告ク、是レ幽界ノ家長ニシテ家長ハ顕世ニ於キテ祖先ノ霊ヲ代表ス、家長権ノ神聖ニシテ犯スヘカラサルハ祖先ノ霊ノ神聖ニシテ犯スヘカラサルヲ以テナリ、家族ハ長幼男女ヲ問ハス一ニ其威力ニ服従シ一ニ其保護ニ頼ル

ところが、キリスト教の導入以後、家族は男女の自由意思による婚姻を基調とする「冷淡」なものとなり、孝道は衰え、「平等博愛」主義が行われて「民族血族」を疎んずるようになる。「家制」は亡び、「個人平等ノ社会」が形成され、「個人本位ノ法制」「個人主義的法制」となるにいたる、明治政府が編纂中の民法（旧民法）は、「我国固有ノ家制」に反し、この主義に依拠するものにほかならないと、八束はいう。

史料 4

一男一女情愛ニ由リテ其居ヲ同フス、之ヲ耶蘇教以後ノ家トス、我新民法亦此ノ主義ニ依レリ、是レ我国固有ノ家制ニアラサルナリ、是レ欧洲固有ノ家制ニアラサルナリ、欧土ノ古法ハ祖先ノ祭祠ヲ同フスル者ヲ家族ト云フ、家神ハ其子孫ニアラサレハ之ヲ守護セス、各家ニ神火アリ之ヲ絶滅スルコトヲ忌ム家運ノ恒久ヲ顕スルナルヘシ、共ニ同一ノ神火ニ頼ル者ヲ家族ト云フ（古語家族トハ神火ヲ同フスルト云義ナリ）、後代或ハ家長権ノ及フ処ヲ家属トシ必シモ血縁ノ因ノミニ限ラサルノ制アリ、然レトモ民法家カ我国ニ行ハントスルカ如キ家トハ一男一女ノ自由契約（婚姻）ナリト云フノ冷淡ナル思想ハ絶テ古欧ニ無キ所ナリトス、婚姻ニ由リテ始メテ家ヲ起スニアラス家祠ヲ永続センカ為ニ婚姻ノ礼ヲ行フナリ、茲ヲ以テ古法ハ娶ラサルヲ禁シ、又子無キトキハ婦ヲ去ルコトヲ認メ、或ハ他姓ノ子ヲ養フテ家祠ノ断絶ヲ防ク、皆古欧ノ家制ハ今ノ家制ト其主想ヲ異ニシ祖先教ニ本源スルコトヲ証スルモノナリ、之ヲ我国非耶蘇教ノ習俗ニ照応スルトキハ相似タル者アリ、欧洲ハ彼ノ宗教行ハレシヨリ独尊ノ上帝ハ人類ノ敬ト愛トヲ専有シ子孫マタ祖先ノ拝スヘキヲ知ラス、於是乎孝道衰フ、平等博愛ノ主義行ハレテ民族血族ヲ疎ンス、於是乎家制亡フ、而シテ個人平等ノ社会ヲ成シ個人本位ノ法制ヲ以テ之ヲ維持セント欲スキリスト教を基調とする「極端個人本位」の西欧近代的民法を、「祖先教」を「我国固有ノ家制」とするわが国に導入することは、八束にとっては、三千余年の信仰に悖るもので、到底認められないのである。

史料 5

我国未タ他教ヲ以テ祖先教ヲ一洗シタルニアラサルナリ、然ルニ民法ノ法文先ツ国教ヲ排斥シ家制ヲ破壊スルノ精神ニ成リ、僅ニ「家」「戸主」等ノ文字ヲ看ルト雖却テ之カ為メニ法理ノ不明ヲ招ク空文無キノ優レルニ若カサルナリ、嗚呼極端個人本位ノ民法ヲ布キテ三千余年ノ信仰ニ悖ラントス……家父ハ夫若ハ父タルノ身分ニ由リテ此権ヲ有スルニアラス、権力ノ源泉ハ祖先ノ霊ニ在リ、家ヲ守護スルノ家神ハ家属ヲ制裁スルノ威アルヘク子孫ノ祖先ノ霊ニ服従スヘキハ之ヲ顕世ノ代表者ニ移スコトヲ得ヘシ……家父権ハ法ノ源タルコト知ルヘク、法ハ神聖ナリト云フ語ノ完全ナル意味ヲモ解スルヲ得ヘキナリ、耶蘇教ノ入リシヨリ家父権衰フ祖先ノ霊ハ子孫ヲ守護スルノ責ヲ免レ、父子夫婦同シク唯一上帝ノ前ニ平等ナリ、祖先及父ヲ崇敬スルハ神ヲ侮辱スル者ナリ、法ハ俗界ノ制何ソ神聖ト称スルコトヲ得ン、博ク汝ノ隣人ヲ愛セ一視同仁ノ天帝ハ血縁ノ濃淡ヲ認メサルナリ、家制豈久シキヲ保タンヤ、家制衰ヘテヨリ近代国制ノ基礎ヲ固フスルニ到ルノ間、欧洲ノ社会権力相関ノ中心ヲ失フコト久シ、是レ法度弛廃シ豪族割拠優者専恣ノ世トス、僅ニ其社会ヲ救フタルモノハ耶蘇教ノ力多シトス……耶蘇教ノ希望スル個人ヲ本位トシ世界ヲ合同スルハ欧土尚之ヲ実践スル能ハス、家制ヲ脱シ族制ニ遷リ方今ハ国家ヲ以テ相依リ相携フノ根拠トセリ、家制主義既ニ及ハストスルモ国家主義ヲ以テ法制ノ本位ト為スヘキナリ、史家ハ一躍三千年来ノ家制ヲ看ルコト弊履ノ如ク、雙手極端個人本位ノ法制ヲ迎ヘントスル、我立法家ノ大胆ナルニ駭クナルヘシ、万世一系ノ主権ハ天地ト共ニ久シ、其由ル所或ハ祖先ノ教法家制ノ精神ニ渉ルナキカ、所謂君子国ノ美俗ハ祖先教ヲ撲滅シ又新教ヲ容レス唯学校ノ修身教課書ヲ以テノミ保維スルコトヲ得ルカ、史学ノ一好試験ナリ

前述したように、八束は、クーランジュの影響をうけて、西欧の古代社会では祖先崇拝と家族制度が支配し、祖先の威霊を化体した家長が絶対的な家長権をもって家族を統括していたのだが、キリスト教によって支配されるに及んで、キリストと個人が直接結びついて家族が解体し、祖先崇拝は偶像崇拝として排斥され、ここにおいて、社会の結合原理は個人の利己心の合致による契約か、実力支配かのいずれかとなり、強固な団結はもはや得られなくなってしまったと理解したうえで、日本社会との比較に論を進める。日本は古来から祖先崇拝の国であり、西欧古代社会と等しく、共通の祖先の霊を崇拝することによって、血族が団結しており、祖先の威霊の化体者である家長の強力な権力によって結合が保たれてきた。日本は、こうした血族の拡大によって構成された家族国家であり、天皇は天祖の威霊を化体した民族の自然的支配者である。旧民法は、西欧キリスト教に基づく個人主義的な社会組織原理をわが国に導入し、わが国の伝統的な家族制度を破壊するものであり、やがては天皇制国家全体を破壊することになるというのである。

八束論文は、要するに、西欧近代法の基本原理である個人主義的な契約関係および権利義務関係を全面否定するとともに、祖先祭祀を基軸とする日本固有の家父長制的家族制度（キリスト教以前のギリシャ・ローマ社会と共通）を至上のものとみなすことで、近代的な家族法原理を根本的に拒絶し

た。明治国家は、教育勅語などを通じて、国民に「忠孝」という服従倫理を説きながら、政治・経済・軍事のあらゆる分野で絶対主義的支配を貫徹させようと企図していたから、「そうであるとすれば、家族主義の衣の下に絶対主義の鎧をまとった」八束の家族学説は「明治体制の正確なイデオロギー的表現」（長尾龍一）であったともいえるであろう。

八束論文の意味

手塚豊はかつて、第一草案から公布規定にいたる、旧民法人事編（とくに戸主権および養子制度）の編纂過程を克明に分析して、第一草案の段階では、ブルジョア自由主義的で進歩的な内容であったが、公布の段階になると、明治民法と同じ程度に保守的なものに変質していたことを指摘した。例えば、旧民法第一草案は、成人に達した男女は婚姻に際して父母の同意を不要としたが、編纂過程で徐々に保守化し、公布の段階では、当事者男女の年齢のいかんを問わず婚姻に際しては父母の同意を必要とする旨の規定に改変されており、また第一草案の段階では、裁判離婚原因について夫妻の姦通を平等に定めていたが、公布規定では、夫の姦通は姦通罪で有罪となった場合に限るとするなど、人事編全体をみると、第一草案から公布規定へと、近代家族的要素が、祖先祭祀を基軸として家父長制的に改変されていたのである。もっとも、家族における夫婦中心主義（夫権優位）は完全には払拭されず、その限りで、近代家族法的要素が残存・維持されており、また、このような性格は、明治民法においても基本的に継承され、明治民法ではさらに、扶養請求や認知請求など、子から親に対する請求権さえ認められて、戸主権に制限が加えられたのである。

確かに、民法典論争は、八束論文を画期とし、その後は彼の見解を中心に主要な延期派論文が発表され、これに断行派論文が反論するというかたちで論争が進んでいったことは事実なのだが、八束論文をいくら精読しても、およそ旧民法の正確な条分解釈のうえに立論されていたとは思われない。旧民法の公布規定では、第一草案が後退して、祖先祭祀と家長権の強化が実現されていたにもかかわらず、八束論文は、旧民法の個々の条文には目もくれず、旧民法が前提としていた基本的家族観、キリスト教的近代家族的要素を攻撃しているのである。そのためであろうか、八束の当該論文を積極的・全面的に支持した論稿は、土方寧や東京日々新聞社説などわずかしか見出されず、またこれを直接に批判の対象とした断行派論文も多くはない。さらにいえば、八束の主張は、明治民法が審議された法典調査会において、積極的に採用された形跡がほとんどないのである。

穂積陳重が『法窓夜話』の中で、八束論文こそが世論を先導し、延期派を勝利に導いたと喧伝したことから、これまでの通説的見解では、八束が延期派（＝歴史法学派）の理論的中核に位置づけられ、八束論文の延長線上に明治民法（とりわけ「家」制度）が編纂されたかのように解されてきたのだが、この「神話」はどうやら、再吟味する必要がありそうである。

また、明治民法の「家」制度は、わが国の「醇風美俗」たる伝統的な家族法制を立法化したものであると穂積陳重は説明したが、中田薫が「古今無類の新制度」だと痛烈に批判したように（本書「プロローグ」参照）、明治民法の父系血統主義、家父長（戸主）制、夫権主義などは、歴史的に実証できない虚構であると断じざるを得ないのである。

【参考文献】

長尾龍一編『穂積八束集』（信山社、二〇〇一年）
福島正夫「兄弟穂積博士と家族制度――明治民法の制定と関連して――」（『法学協会雑誌』第九六巻九号、一九七七年、のち『福島正夫著作集2　家族』勁草書房、一九九六年）
星野通編『民法典論争資料集』（日本評論社、一九六九年、復刻増補版：日本評論社、二〇一三年）
穂積陳重『法窓夜話』（岩波文庫、一九八〇年）
リチャード＝マイニア（佐藤幸治・長尾龍一・田中成明訳）『西洋法思想の継受――穂積八束の思想史的考察――』（東京大学出版会、一九七一年）
村上一博『日本近代婚姻法史論』（法律文化社、二〇〇三年）
同『日本近代家族法史論』（法律文化社、二〇二〇年）

コラム6　近代

法務史料展示室

東京都千代田区霞ヶ関の法務省旧本館（通称「赤レンガ棟」）の三階に、「法務史料展示室」がある。この法務省旧本館は、ドイツ人建築家のベックマン（Wilhelm Böckmann）とエンデ（Hermann Gustav Louis Ende）の設計により、明治二十八年（一八九五）に竣工された、ドイツ・ネオバロック様式の建物である。昭和二十年（一九四五）の戦災で大半が消失したが、戦後改修されて法務省本館として使用され、平成三年（一九九一）からの再改修工事によって、平成六年に、創建当時の姿に復原された（同年十二月、外観が重要文化財に指定）。

「法務史料展示室」には、「司法の近代化」と「建物の近代化」に関する史料が展示されており、ボワソナード・ロエスレルなど、我が国における近代司法制度の基盤形成に貢献した先人を紹介したコーナーや、『日本刑法草案』（日・仏文）など、明治期に編纂された法典や貴重書のほか、『民事慣例類集』（明治十年）の地方報告書や、ボワソナードの雇用契約書・司法省法学校での「性法講義」筆記（関口豊ノート）など、数々の貴重な法史史料の現物を見ることができる。

なお、「展示室だより」として、展示にまつわるエピソードや展示物の説明など興味深い話が掲載されている、『時をたずねて』『歴史の壺』『法史の玉手箱』『書生「耳助」法史見聞帖』も発行されているので、日本近代法史を学習する際の参考になるだろう。

写真１　法務省旧本館（通称「赤レンガ棟」）

参考文献・史料出典一覧

参考文献

複数の講が参照している文献を中心にしつつ、各講末で掲げられていない文献であってもとくに重要な文献を古代・中世・近世・近代という時代区分に則してまとめたものを次に掲げる。

【古代法史に関するもの】

井上光貞・関晃・土田直鎮・青木和夫校注『日本思想大系新装版　律令』(岩波書店、一九九四年)
石井良助『法制史論集第五巻　日本相続法史』(創文社、一九八〇年)
上杉和彦『歴史学叢書　日本中世法体系成立史論』(校倉書房、一九九六年)
棚橋光男『中世成立期の法と国家』(塙書房、一九八三年)
中田薫『法制史論集』第一巻・第二巻・第三巻下(岩波書店、一九九四年)
吉田孝『律令国家と古代の社会』(岩波書店、一九八三年)
利光三津夫『裁判の歴史——律令裁判を中心に——』(至文堂、一九六四年)
同『慶應義塾大学法学研究会叢書　律令制とその周辺』正・続(慶應義塾大学法学研究会、一九六七・一九七三年)
同・長谷山彰『新裁判の歴史』(成文堂、一九九七年)

【中世法史に関するもの】

石井紫郎『日本国制史研究Ⅱ　日本人の国家生活』(東京大学出版会、一九八六年)
石井進・石母田正・笠松宏至・勝俣鎮夫・佐藤進一校注『日本思想大系新装版　中世政治社会思想　上』(岩波書店、一九九四年)
石井良助『中世武家不動産訴訟法の研究』(弘文堂書房、一九三八年)
同『法制史論集第二巻　日本婚姻法史』(創文社、一九七七年)
笠松宏至『日本中世法史論』(東京大学出版会、一九七九年)
同『徳政令——中世の法と慣習——』(岩波新書、一九八三年)
同『法と言葉の中世史』(平凡社ライブラリー、一九九三年)
勝俣鎮夫『戦国法成立史論』(東京大学出版会、一九七九年)
佐藤進一『鎌倉幕府訴訟制度の研究』(岩波書店、一九九三年)
同『新版古文書学入門(新装版)』(法政大学出版局、二〇〇三年)

高橋一樹『中世荘園制と鎌倉幕府』(塙書房、二〇〇四年)
中田薫『法制史論集』第三巻下
藤木久志『豊臣平和令と戦国社会』(東京大学出版会、一九八五年)
同『村と領主の戦国世界』(東京大学出版会、一九九七年)
古澤直人『歴史科学叢書　鎌倉幕府と中世国家』(校倉書房、一九九一年)

【近世法史に関するもの】

石井良助『法制史論集第八巻　近世民事訴訟法史』(創文社、一九八四年)
同『第三江戸時代漫筆　盗み・ばくち』『第四江戸時代漫筆　人殺・密通』(明石書店、一九九〇年)
大竹秀男・服藤弘司編『幕藩国家の法と支配——高柳真三先生頌寿記念——』(有斐閣、一九八四年)
大平祐一『近世の非合法的訴訟』(創文社、二〇一一年)
同『近世日本の訴訟と法』(創文社、二〇一三年)
小林宏『日本における立法と法解釈の史的研究　第二巻近世』(汲古書院、二〇〇九年)
山中永之佑『幕藩・維新期の国家支配と法——官僚制・兵制・村・家・婚姻を主題とする——』(信山社、一九九一年)

【近代法史に関するもの】

石井紫郎編『青林講義シリーズ24　日本近代法史講義』(青林書院新社、一九七二年)
石井紫郎・水林彪校注『日本近代思想体系7　法と秩序』(岩波書店、一九九二年)
石井良助『法制史論集第四巻　民法典の編纂』(創文社、一九七九年)
開国百年記念文化事業会編・石井良助編纂『明治文化史(新装版)第2巻　法制』(原書房、一九八〇年)
手塚豊『手塚豊著作集　明治刑法史の研究』上・中・下[第4・第5・第6巻](慶應通信、一九八四〜八六年)
同『手塚豊著作集　明治民法史の研究』上・下[第7・第8巻](慶應通信、一九九〇・一九九一年)
松山大学法学部松大GP推進委員会編『シンポジウム「民法典論争資料集」(復刻増補版)の現代的意義』(松山大学、二〇一四年)→松大シンポジウム
我妻栄編集代表『旧法令集』(有斐閣、一九六八年)

史料出典一覧

本書で使用した史料および写真などについてその典拠を示すとともに、参照した文献・史料集などに関する略記法を明らかにしておきたい。

○古代に関する史料

青木和夫・笹山晴生・稲岡耕二・白藤禮幸校注『新日本古典文学大系　続日本紀』一～五（岩波書店、一九八九～一九九八年）→『続日本紀』

秋本吉郎校注『日本古典文学大系新装版　風土記』（岩波書店、一九九三年）所引『常陸国風土記』→『常陸国風土記』

井上光貞ほか校注『日本思想大系新装版　律令』（前掲）→『律令』

黒板勝美編『新訂増補国史大系新装版　延暦交替式・貞観交替式・延喜交替式・弘仁式・延喜式』（吉川弘文館、二〇〇〇年）→『延喜式』

同編『新訂増補国史大系新装版　類聚三代格・弘仁格抄』（吉川弘文館、二〇〇〇年）→『類聚三代格』

坂本太郎・家永三郎・井上光貞・大野晋校注『日本古典文学大系新装版　日本書紀』上・下（岩波書店、一九九三年）→『日本書紀』

佐藤進一・百瀬今朝雄・笠松宏至編『中世法制史料集』第六巻・公家法・公家家法・寺社法（岩波書店、二〇〇五年、第一刷）所収『法曹至要抄』→『法曹至要抄』

竹内理三編『平安遺文』全一五巻［古文書篇・金石文篇・題跋篇・索引篇］（東京堂出版、一九四七～一九八〇年）→「平遺」○（巻）○○○

辻善之助・久松潜一監修・竹内理三編『寧楽遺文』上・中・下巻（東京堂出版、一九六二年［訂正版］）→「寧楽遺」○（巻）○○○

仁井田陞『唐令拾遺』（東京大学出版会、一九六四年）復旧唐令「公式令」→「唐公式令」

○中世に関する史料

石井進ほか校注『日本思想大系新装版　中世政治社会思想　上』（前掲）→「中世政治社会思想　上」

岐阜県編『岐阜県史　史料編　古代・中世三』（一九七一年）→「岐阜」○○

佐藤進一・池内義資編『中世法制史料集』第一巻・鎌倉幕府法（岩波書店、二〇〇一年、第一五刷）→「鎌追」○○○

同編『中世法制史料集』第二巻・室町幕府法（岩波書店、一九九三年、第九刷）

佐藤進一・池内義資・百瀬今朝雄編『中世法制史料集』第三巻・武家家法Ⅰ（岩波書店、二〇〇一年、第九刷）

佐藤進一・百瀬今朝雄編『中世法制史料集』第四巻・武家家法Ⅱ（岩波書店、一九九八年、第一刷）

佐藤進一・百瀬今朝雄・笠松宏至編『中世法制史料集』第六巻［公家法・公家家法・寺社法］（前掲）

滋賀大学経済学部史料館編纂『滋賀大学日本経済文化研究所叢書　菅浦文書』上（第1冊）・下（第8冊）（有斐閣、一九六〇・一九六七年）→『菅浦文書』

瀬野精一郎編『増訂　鎌倉幕府裁許状集』上（関東裁許状篇）・下（六波羅・鎮西裁許状篇）（増訂版第二刷、吉川弘文館、一九九四年）→「関裁」○○○、「六裁」○○、「鎮裁」○○○
瀬野精一郎校訂『史料纂集〔古文書編〕　青方文書　第二』（続群書類従完成会、一九八六年〔改訂増補版〕）→『青方文書』○○○
『続群書類従』補遺二（続群書類従完成会、一九五八年、訂正三版）→『看聞御記』
竹内理三編『鎌倉遺文』古文書篇・全四二巻、および同篇補遺・全四巻（東京堂出版、一九九五年完結）→「鎌遺」○（巻）○○○
同編『続史料大成　第四一巻　多聞院日記四巻』（臨川書店、一九七八年）→『多聞院日記』
仲村研編『荘園史料叢書　紀伊國阿氏河荘史料　二』（吉川弘文館、一九七七年）→「阿弖（氏）河荘史料」○○○
長岡京市役所『長岡京市史　資料編三』（一九九三年）

○近世および近代に関する史料

麻生磯次・板坂元・堤精二校注『日本古典文学大系　西鶴集』下巻（岩波書店、一九六〇年）→『西鶴集』
石井・水林校注『法と秩序』（前掲）→『法と秩序』
石井良助編・校訂『近世法制史料叢書』第一～第三（創文社、一九五九年〔復刊訂正〕）
石井良助編『御仕置例類集』第一～第十六冊（名著出版、一九七一～一九七四年）
石井良助・服藤弘司編『問答集4　三秘集・公裁集』（吉田正志担当）（創文社、二〇〇〇年）
同右『問答集5　三聴秘録』（大平祐一担当）（創文社、二〇〇一年）
司法省蔵版・法制史学会編・石井良助校訂『徳川禁令考』前集六巻・後集四巻・別巻（創文社、一九五九・一九六一年）
高柳眞三・石井良助編『御觸書寛保集成』（岩波書店、一九七六年、第三刷）
同『御觸書天保集成』下巻（岩波書店、一九七七年）
辻達也校訂『撰要類集』第一～第三（続群書類従完成会、一九六七～一九七九年）
藩法史料叢書刊行会編（吉田正志担当）『仙台藩（上）（藩法史料叢書3）』（創文社、二〇〇二年）
前田育徳会編『加賀藩史料』第十五編（清文堂出版、一九七〇年〔復刻版〕）
松浦静山著・中村幸彦＝中野三敏校訂『東洋文庫　甲子夜話続篇』四（平凡社、一九七七年）
我妻栄編集代表『旧法令集』（前掲）→『旧法令集』

●第1講

史料1　『延喜式』巻八祝詞、六月晦大祓
史料2　『常陸国風土記』行方郡

史料3　『日本書紀』大化二年（六四六）三月甲申条
史料4　『日本書紀』大化二年（六四六）八月癸酉条
史料5　『同右』大化三年（六四七）四月壬午条
史料6　養老獄令1犯罪条（『律令』）
史料7　養老獄令2郡決条（『律令』）
史料8　養老公式令63訴訟条（『律令』）
史料9　唐公式令四〇（『唐令拾遺』）
史料10　『類聚三代格』弘仁六年（八一五）十一月二十日官符

●第2講

史料1～史料5　「平遺」④一六六〇
史料6　武田祐吉・佐藤謙三訳『訓読　日本三代実録』（臨川書店、一九八六年）

●第3講

史料1～史料2　『中世法制史料集』第一巻
史料3　『清水町誌　史料編』八五頁以下。
史料4　「高野山文書」関東御教書案［写真1］（「鎌遺」⑬一〇二三六・『中世法制史料集』第一巻、三二三頁）
史料5　『中世政治社会思想　上』
史料6　「高野山文書」建治二年六月五日付紀伊國阿弖河荘雑掌申状案（「阿弖河荘史料」一二三〇）
史料7　「同右」建治二年六月　日付紀伊國阿弖河荘地頭湯浅宗親陳状案（「阿氐河荘史料」一二三一）

写真1　「柳原本」（明治大学刑事博物館編集・発行『明治大学刑事博物館図録』一九七九年、六七頁）
写真2　山口県文書館所蔵「山内家文書」正安三年二月五日付沙弥某譲状（延慶四年三月廿六日付沙弥真性裏封）（「鎌遺」㉛二四二六四）。文書の表には「譲与　備後国信敷庄事　山内弥三郎通綱　右、依為□□嫡子、譲与備後国守護職之間、安堵御下文給畢、仍彼庄同可令領知之状如件、□(正)安三年二月五日　沙弥（花押）」と記される一方、裏には「此状為謀書之由、海老名左衛門尉忠藤令申之間、所封裏也、延慶□(四)年三月廿六日　沙弥真性（花押）」と記されている。

●第4講

史料1　『徳川禁令考』前集・第五―二七八九（一五九頁）
史料2　「御当家令条」二七六（『近世法制史料叢書』第二、一五二頁）
史料3　『御觸書寛保集成』二四九八（一一七二頁）
史料4　『藩法史料叢書三　仙台藩（上）』七六頁
史料5　『甲子夜話続篇』四（巻之四十七）、一二五頁
史料6　『加賀藩史料（復刻版）』第十五編、四二九頁

●第5講

史料1　『徳川禁令考』前集・第五―二九五五

史料2　『同右』前集・第六―三四五〇
史料3　『御觸書寛保集成』二五六〇
史料4　神宮司庁蔵編『古事類苑（普及版）』法律部三（吉川弘文館、一九八三年）法律部五四・下編下・訴訟下
史料5　『法令全書』

●第6講

史料1　的場半介編『明治百年史叢書　第八〇巻　江藤南白　下』（原書房、一九六八年）一〇七頁
史料2　大久保泰甫・高橋良彰著『ボワソナード民法典の編纂』三四頁
史料3　『同右』一四六頁

●第7講

史料1　京都府立総合資料館所蔵「東寺百合文書」む函・一六・至徳二年（一三八五）四月日付大法師栄暁重申状（京都府立総合資料館「東寺百合文書WEB」参照）
史料2　「東大寺文書」六波羅御教書案（「岐阜」一七三・「同」一七二参照）
史料3　「同右」六波羅御教書案（「岐阜」一八一）
史料4　『中世法制史料集』第一巻、六八～六九頁
史料5　『同右』第一巻、六九～七〇頁
史料6　『同右』第一巻、七六～七七頁
史料7　「御成敗式目」第三五条（『中世政治社会思想　上』）
史料8　「飯野家文書」伊賀盛光代正法訴状（『定本飯野家文書　中世篇』飯野文庫、二〇〇二年、一一八号文書）
史料9　『看聞御記』上
史料10　「白河本・東寺百合文書」（一一二）寛正七年三月十三日付廿一口供僧方評定引付（中田『法制史論集』第三巻下、九四七―九四八頁）
史料11　「鎌追」七三条（『中世法制史料集』第一巻・『中世政治社会思想　上』参照）
史料12　『看聞御記』下

●第8講

史料1　渡邊綱也校注『日本古典文学大系　沙石集』（岩波書店、一九六六年）
史料2・史料3　『沙汰未練書』（『中世法制史料集』第二巻）
史料4　「東大寺文書」美濃国茜部荘地頭代雑掌連署和与状（「岐阜」二五四）
史料5　「同右」関東裁許状（「岐阜」二五九）
写真1　史料4（東大寺図書館所蔵）
写真2　史料5（東大寺図書館所蔵）

●第9講

史料1　近江奥島庄隠規文（『中世政治社会思想　下』一六四頁）
史料2・史料4・史料5　文安六年二月十三日付菅浦

史料3　物荘合戦注記（『菅浦文書』上—六二八）
史料6　寛正二年十一月三日付菅浦大浦両庄騒動記（『菅浦文書』上—三二三）
史料7　天文二十二年六月十五日付西岡国人等書状写（『長岡京市史　資料編三』一六六頁）
　　　天文二十三年五月二十日付多羅尾綱知書状写（『同右』一六七頁）

●第10講
史料1　『中世法制史料集』第四巻一〇一頁
史料2　『中世法制史料集』第四巻七五頁
史料3　永徳四年二月二三日付（『中世法制史料集』第四巻八三頁）
史料4　嘉慶二年六月一日付（『中世法制史料集』第四巻八七頁）
史料5　応永二十一年十二月十一日付（『中世法制史料集』第四巻一〇五頁）
史料6　『青方文書』三三九号
史料7　『青方文書』三九七号
史料8　『中世法制史料集』第四巻一七七頁
史料9　『中世法制史料集』第四巻二〇九頁

●第11講
史料1　「棠蔭秘鑑　元」（『徳川禁令考』別巻、一六頁）
史料2　『御仕置例類集』天保類集十三之帳〈二四一〉
史料3　『三聴秘録』六—三三二（四三一頁）
史料4　『同右』六—三三二（四三二頁）

●コラム3
写真1　著者（畠山亮）撮影

●第12講
史料1・史料5　『新律綱領』・『仮刑律』（『法と秩序』）
史料2　熊本藩『刑法草書』（小林編『熊本藩法制史料集』）
史料3　熊本藩『刑律和解及御裁判』（『同右』）
史料4　『養老律』（『律令』）
史料6　『明治一五年刑法』（『旧法令集』）

●第13講
史料1・史料2・史料4　『旧法令集』
史料3　ボアソナード著『ボアソナード文献双書⑲　刑法草案註釈（下巻）』（宗文館書店、一九八八年［明治一九年版復刻］）五三六〜五三七頁
史料5〜史料7、史料9　『中世法制史料集』第三巻および『中世政治社会思想　上』
史料8　『徳川禁令考』前集・第六
史料10〜史料14　「棠蔭秘鑑　亨」（『徳川禁令考』別巻）

●第14講
史料1・史料6　『中世法制史料集』第三巻一一七頁
史料2　『同右』第六巻四一六頁

史料3　『同右』第二巻三一頁
史料4　『同右』第三巻一四〇頁
史料5　『同右』第四巻二四六頁
写真1　「黒川家旧蔵本」（『明治大学刑事博物館図録』（前掲）一九七九年、九一・九三頁）

●コラム4

写真1　日本遺産日根荘ホームページ(https://hinenosho.jp/bunkazai/hinenosho_iseki.html)

●第15講

史料1・史料2・史料4〜史料7　「棠蔭秘鑑　亨」（『徳川禁令考』別巻）
史料3　『御觸書天保集成』下―六三三三（七六七頁）

●第16講

史料1　『宇下人言・修行録』〈岩波書店、一九四二年〉一一八頁
史料2　『古事類苑〔普及版〕』法律部二、四一七〜四一八頁
史料3　高塩博・神崎直美「矯正協会所蔵「寄場人足旧記留」――解題と翻刻――」『國學院大學日本文化研究所紀要』第七六輯一六四頁、一九九五年
史料4　『天保撰要類集』第九十四　人足寄場之部一
史料5　『御仕置例類集』続類集壱之帳〈二二〉

●第17講

史料1　『続日本紀』養老七年（七二三）四月辛亥条
史料2　『同右』天平十五年（七四三）五月乙丑条
史料3　『法曹至要抄』巻中（『中世法制史料集』第六巻、三一一頁）
史料4　「東寺文書」六芸箱・禮二・近江国甲可郡蔵部郷墾田野地売買券（「寧楽遺」中・経済編上・六五八〜九頁、『大日本古文書』第三巻・五一三〜四頁）
史料5　『続日本紀』延暦二年（七八三）六月乙卯条
史料6　「大東急記念文庫内古梓堂文庫文書」六条令解（「平遺」①四）

●第18講

史料1　「東寺百合文書」京函・四八・康永四年九月日付山城國下久世庄名主百姓等陳状幷具書案〔（一）山城国下久世庄名主百姓等陳状幷具書案（二）永仁五年三月六日付関東事書案（三）永仁五年七月二二日付関東事書案（四）永仁五年七月二二日付関東御教書案〕。なお、『史料　京都の歴史　第十三巻　南区』（平凡社、一九九二年）参照。
史料2　「鎌追」六七九条（『中世法制史料集』第一巻）
史料3　『大日本古文書』家わけ第一九・醍醐寺文書之四―六四四（四）「菩提寺西堺田地券文案（前欠）」
史料4　「鎌追」六五七条（『中世法制史料集』第一

史料5　巻・『中世政治社会思想　上』参照）
史料6　「志賀文書」禅季譲状（『鎌遺』㉖九四二六）
「勝尾寺文書」尼心蓮房契状（『鎌遺』㉖九五五〇、引用に際して仮名表記の原文を書き改めている）

写真1　史料1（京都府立京都学・歴彩館「東寺百合文書ＷＥＢ」所蔵）

●第19講
史料1　「大東家旧蔵文書」内舎人在原広綱田地売券（『鎌遺』②六四八）
史料2　「勧修寺文書」藤原重家田地売券（『鎌遺』④二二六七）
史料3　「九条家文書」円海房田地売券（『鎌遺』⑱一三六九五）
史料4　「東寺百合文書」レ函・二〇・熊田久継田地売券（『鎌遺』㉖一九五二五）
史料5　「大東家旧蔵文書」僧長允田畠売券（『鎌遺』③一三八九）
写真1　史料4（京都府立京都学・歴彩館「東寺百合文書ＷＥＢ」所蔵）

●第20講
史料1　『御觸書寛保集成』二二五五二
史料2　『同右』二二五七六
史料3　『御觸書天保集成』下―六四七九
史料4　『御觸書寛保集成』二二五七七
史料5　『御觸書天保集成』下―六二〇四
史料6　『㊙録《ひろく》政譜集』坤・一四九（石井『近世民事訴訟法史』一五四―一五五頁）
史料7　『地方落穂集』巻一四（滝本誠一編『日本経済大典』第二四巻、明治文献、一九六九年）

●第21講
史料1　『御觸書寛保集成』二二六〇一
史料2　「寛政刑典」三一（『徳川禁令考』別巻）
史料3・史料4　「行刑條例」（『徳川禁令考』後集・第二）
史料5〜史料7　長岡京市教育委員会所蔵「長法寺村文書」
史料8　『法令全書』
写真1　長岡京市教育委員会所蔵「佐藤久夫家文書」七―七四

●第22講
史料1　唐戸令応分条（『唐令拾遺』）
史料2　大宝戸令応分条（中田『法制史論集』第一巻、五三頁）
史料3　養老戸令応分条（『律令』）
史料4　「内閣文庫所蔵文書」民安占子家地処分状（『平遺』①―二〇二）
史料5　「同」民安占子家地処分状（『平遺』①二〇三）
史料6　「唐招提寺文書」宝亀二年二月廿二日付家屋

資財請返解案（「寧楽遺」中・経済編・六四三頁〔『大日本古文書』第六巻、一一八頁〕、橋本義則『平安宮成立史の研究』の釈文を参考にした）

●第23講
史料1・史料2・史料4　『中世政治社会思想　上』
史料3・史料5～史料7　『中世法制史料集』第一巻
略系図1　田端『日本中世の社会と女性』二一二頁
略系図2　山本「中世家族の争い―裁許状の世界から―」三四頁
※1　「松浦山代文書」延応元年（一二三九）五月二五日付関東裁許状（「関裁」六〇）
※2　「正閏史料外編近藤清石文庫九二（五の三）」文永九年（一二七二）十二月二十六日付関東裁許状案（「関裁」一三二）
※3　「田代文書」元享四年八月十三日付六波羅裁許状案（「六裁」六三）
写真1　※2（山口県文書館所蔵）

●第24講
史料1　斬馬剣禅『東西両京之大学――東京帝大と京都帝大――』（講談社学術文庫、一九八八年）
史料2～史料5　穂積八束「民法出テ、忠孝亡フ」（長尾編『穂積八束集』）
図1　穂積家略系図
写真1　穂積重威編『穂積八束博士論文集（増補改版）』（有斐閣、一九四三年所載の口絵〔一九一三年初版〕）

●コラム6
写真1　法務省ホームページ（https://www.moj.go.jp/housei/tosho-tenji/housei06_00004.html）

あとがき――ふたたび「日本法史」とは何か――

「日本法（制）史」とは一体何を学ぶための科目なのだろうか。本書を一通り読み終えたいまの皆さんは、どんな感想をもたれたでしょうか。

かつて刊行された日本法史の概説書や教科書などを繙いてみると、例えば、「法制史は、いわば法の眼鏡をかけて歴史を探究しようとするものであり、しかもその眼鏡は時代を追って、度を合わせることのできるものでなければならない」と述べられるなかで「日本法制史は、法を通して日本民族の法の生成発展を捉えようとするものである」（高柳眞三『有斐閣全書　日本法制史』（一）、有斐閣、一九四九年）とされているほか、「法というものは、各時代において、各時代なりの体系を有している」との考え方に立って理解する「日本における法制史」であり、この意味で「日本の法制の歴史を研究の対象とする」ところの「日本法制史学」は「日本における法制の変遷発達を研究する学問である」（石井良助『日本法制史概要』創文社、一九五二年）、などのように記されています。のちには、それまでの日本法史に関する講述の主たる対象であった前近代法史に加えて新たに近代法史が講述の対象として付け加えられ、日本法史の全体を鳥瞰することが試みられるなかでは、「日本民族を規制してきた法の構造と機能を各時代において明らかにし、その変動の歴史を概説すること」（大竹秀男・牧英正編『青林双書　日本法制史』青林書院、一九七五年）などと述べられています。

このように、「日本法史」という一つの学問分野は何のために、何を目的として、何を明らかにしようとするものであるのか、あるいは、その中では何を教えられることが期待されているのか、などという根本的な問題（日本法史が法律学あるいは歴史学に跨がる一分野であるという問題も含めて）について、様々な思いを巡らせながら日本法史の全体像を明らかにしようと先人たちも、もがいてきたのです。

とはいえ、やはり案ずるより産むが易しです。皆さんが少しでも関心をもったテーマがあればそれをある意味で大切な授かり物として温めながら、その内容に関する理解を少しずつでも深めていってくれれば良いのです。これは同時に、日本法史を学ぶことの大切さや、その学問的な魅力なりをどのようにすれば皆さんに分かってもらえるのか、さらには、日本法の辿ってきた歴史的な意味を、文化的背景を異にする様々な社会の人々に対してもどれだけ分かり易く伝えることができるのかなど、教える側にとってつねに立ち還るべき原点でもあるのです。

二〇二五年三月

編　者

法律文化ベーシック・ブックス〔HBB⁺〕

史料でひもとく日本法史

2025年 4 月30日　初版第 1 刷発行

編　者　村《むら》上《かみ》一《かず》博《ひろ》・西《にし》村《むら》安《やす》博《ひろ》

発行者　畑　　光

発行所　株式会社 法律文化社

〒603-8053 京都市北区上賀茂岩ヶ垣内町71
電話 075(791)7131　FAX 075(721)8400
customer.h@hou-bun.co.jp
https://www.hou-bun.com/

印刷：中村印刷㈱／製本：㈱吉田三誠堂製本所
装幀：白沢　正

ISBN 978-4-589-04402-0